노동자를 위한 한국경제론

이 책은 저작권법에 따라 보호받는 저작물이므로 무단전재와 무단복제를 금지하며,
이 책의 일부나 전부를 다시 쓰려면 저작권자와 이책의 동의를 받아야 합니다.

ⓒ 나원준, 재단법인 진보정책연구원

노동자를 위한 한국경제론

초판 발행 2025년 11월 1일
2쇄 발행 2025년 11월 25일

지은이 나원준

펴낸이 김재연
펴낸곳 진보정책연구원
기획 신석진, 김수림
주소 서울 종로구 인사동5길 26 401호(관훈동 홍익빌딩)
사무소 서울 영등포구 의사당대로1(여의도동, 국회) 의원회관 448호
홈페이지 jinboparty.com
전자우편 jinbopoly@gmail.com
전화 02-6788-3218
팩스 02-6788-0467
출판등록 2024년 10월 16일
등록번호 제2024-000114호
ISBN 979-11-990445-3-1(03320)

가격 : 25,000원

인쇄제본 새로운날

저자 서문

이 책은 뜨거웠던 2025년 여름 6월부터 8월까지 7회에 걸쳐 이루어진 총 14시간 분량의 한국경제론 강의를 정리하고 보완한 결과물이다. 진보정책연구원이 기획한 이 강의에는 진보당의 서울 및 경기 지역 노동자 당원 22명이 수강생으로 참여했다. 강의의 취지는 1987년부터 비교적 최근까지 한국경제의 역사적 전개와 구조적 특질을 노동자 민중의 시각에서 함께 다시 읽어내는 것이었다. 당시 강의 때마다 미리 제공했던 수업 자료와, '생각해볼 문제'를 활용한 수강생들과의 토론이 이 책의 원재료가 되었다. 강의 내용을 가다듬고 채워 넣어 9개의 장으로 재구성했다.

먼저 이 책의 제1장에서는 한국경제의 배경이 되는 20세기 세계경제의 역사에 대해, 그리고 제2장에서는 한국경제의 장기 추세에 대해 조망한다. 제3장부터 제5장까지는 노태우 정권부터 박근혜 정권까지 시간의 흐름 순으로 한국경제의 전개 과정을 살펴본다. 이어지는 제6장부터 제9장까지는 주제 영역별로 한국경제의 구조적 특질을 다루는데, 각 장의 핵심어는 순서대로 종속(제6장), 제조업과 복지(제7장), 분단(제8장), 87년 체제(제9장)다. 어떤 천이든 가로로 씨줄이 놓이고 세로로 날줄이 놓이는데 이 책은 제3장부터 제5장까지가 날줄이고 제6장부터 제9장까지는 씨줄인 셈이다. 제6장부터 제8장까지는 각 장이 자주, 민주, 통일이라는 한국 민중운동의 역사적 가치 지향에 각각 대응되게끔 구성하기도 했다.

한국경제를 주제로 하는 서적은 시중에 많다. 대학의 전공 교과 과정에 따른 한국경제론 교과서도 흔하다. 재테크나 자기계발 등 솔깃한 관심사로 독자들을 유혹하며 한국경제의 시사 현안을 소개하는 상업적인 글은 지나칠 정도로 넘쳐난다. 그런데 짐짓 객관적인 듯 겉모습을 갖추고 중립을 가장하는 경우라도 그 책들 중에는 승리한 기업가나 권력자, 그리고 그들을 닮고 싶은 이들의 시선에 기울어 한국경제의 성장과 위기 극복의 성공 역사를 서술한 것이 많다. 한 사회를 지배하는 사상은 그 사회를 지배하는 계급의 사상이라던 오래전 철학자의 말은 틀리지 않았다.

만약 이 책이 효율과 경쟁, 성장을 중시하는 그 긴 목록에 그저 한 줄 더하고 마는 결과로 그칠 것 같았으면, 필자로서는 이 책을 아예 시작하지도 않았을 것이다. 한국의 다수 노동자 민중은 그간에 화려한 한국경제 성공의 무대 뒷면에 가려진 채로 제국주의와 독점

자본에 의해 배제와 불평등, 착취의 대상으로 내몰려왔다. 그러나 고단한 하루, 오르지 않는 임금, 불안한 노후로 지친 이들이야말로 실제로는 한국경제를 지탱해온 가장 튼튼한 버팀목이었다.

이 책의 한국경제론은 여태 그늘처럼 백색잡음처럼 여겨져 온 이들 노동자 민중의 편에 감히 서고자 한다. 이 책은 현존하는 체제 질서에 저항하는 진보적 사회 운동을 지원하려는 교육적 실천에 그 문제의식을 두고 있다. 이를 위해 이 책은 2025년 여름 강의에서 한국경제를 함께 다시 읽었던 경험을 발판으로 삼아, 과거 민중운동의 대표적인 현대사 교재였던 『다시 쓰는 한국현대사』의 이야기가 멈추었던 1987년 시점으로 되돌아가 한국경제를 다시 쓰는 작업을 이어간다. 그런 만큼 이 책은 관점이 확고하다. 하지만 동시에 이 책에서는 진보 정치 세력이 현존 체제에 대한 객관적 평가에 기초해 전술적으로 유연하고 신축적인 태도를 견지할 필요성이 강조된다. 이 책의 내용과 특징이 여러 독자들 사이에서 토론되어 미력이나마 현장 조직과 실천 투쟁, 그리고 진보 정치의 진전에 도움이 될 수 있기를 소망할 따름이다.

집필 과정에서는 보통의 노동자들이 누구나 큰 어려움 없이 읽을 수 있도록 쉽게 풀어쓰려고 노력했으나 필자의 역량이 부족하고 경제 용어의 장벽이 낮지 않은 탓에 가독성에 대한 걱정을 지울 길

없다. 기회가 허락된다면 향후 꾸준히 개정을 이어갈 것이다. 이렇듯 세상에 내어놓기 부끄러운 수준의 책이지만, 진보정책연구원의 신석진 원장님과 김수림 연구원님, 그리고 22명 수강생의 도움과 자극이 없었더라면 이 정도의 책이라도 마무리하지 못했을 것이다. 늘 힘이 되는 가족들에게도 감사의 마음을 전한다.

2025년 10월 대구에서

추천사

이준구 서울대 명예교수·경제학

우리나라 경제학자들 중에는 보수적인 성향이 강한 사람들이 압도적으로 많다. 미국 경제학자들을 보면 보수와 진보가 대체로 반반 정도가 되는 것 같고, 어찌 보면 진보적 성향의 경제학자의 숫자가 조금 더 많다는 느낌까지 든다. 그런데 우리나라의 경우에는 진보적 성향의 경제학자를 거의 찾아보기 어려울 정도로 보수적 색채가 강하다. 우리 경제학계가 왜 그런 성향을 보이게 되었는지에 대해서는 나 역시 아직까지 이렇다 할 답을 찾지 못한 상황이다.

이 점에서 볼 때 이 책의 저자 나원준 교수는 독특한 존재라고 말할 수 있다. 드넓은 보수의 바다를 헤쳐가는 몇 척 안되는 진보의 배들 중 하나로 보이기 때문이다. 이 책에서 그의 진보적 성향은 한 점 의문이 없이 드러나 있다. 저자 서문에서 그는 "이 책이 효율과 경쟁, 성장을 중시하는 그 긴 목록에 그저 한 줄 더하고 마는 결과로 그칠 것 같았으면, 필자로서는 이 책을 아예 시작하지도 않았을 것이다."라는 당찬 결의를 내비치고 있다. 이 말 한 마디로 이 책과 관련된 그의 의지를 온전하게 읽을 수 있다.

저자가 노동과 노동자를 바라보는 시각은 우리 경제학계의 주류를 이루고 있는 신고전파 경제학자들과 확실하게 그 결이 다르다. 그는 노동자들이 한국경제 성공의 무대 뒷면에 가려진 채로 배제와 불평등, 그리고 착취의 대상으로 내몰려 왔다고 말한다. 그러나 실제로는 이들이야말로 그동안 한국경제를 지탱해 온 가장 튼튼한 버팀목이었다는 것이 그의 주장이다. 우리가 흔히 듣는 신고전파 경제학자들의 생각과는 달라도 한참이나 다른 시각이 아닐 수 없다.

저자는 "우리 사회에서 지금까지 마치 그늘처럼, 백색잡음처럼 여겨져 온 노동자 민중의 편에 서서 이 책을 썼다."는 점을 분명하게 밝히고 있다. 쓸모없는 중립성이나 객관성을 추구할 것이 아니라, 어떤 것이 옳고 그름에 대한 자신의 주관을 떳떳하게 밝히는 편을 선택한 셈이다. 나는 저자의 이 솔직함과 당당함을 높이 평가해 주고 싶다. 자기 주장을 펴면서도 이럴 수도 있고 저럴 수도 있다는 식으로 글을 쓰는 것이 우리 사회 지식인들의 전형적인 모습 아닌가? 이에 비해 대를 쪼개는 듯한 단호함으로 글을 쓰는 저자에게서 사이다와도 같은 후련함을 느낀다.

솔직히 말해 나는 노동문제의 전문가가 아니라 저자가 주장하는 것들을 일일이 평가하기가 어렵다. 그러나 그가 효율성을 지상과제로 여기는 우리 경제학계의 주류 신고전파 경제학자들과는 확연히 다른 시각에서 책을 쓰는 시도를 감행했다는 점만은 분명하게 안다. 효율성 못지 않게 공평성이 중요하다고 외치는 그에게 강한 공감을 느낀다. 나 역시 그동안 바로 이 점이 우리 경제학계의 문제점이라는 생각을 마음속에 품어 왔다. 사실 이것은 우리 경제학계만의 문제가 아니라 신고전파 경제학 전반의 문제이기도 하지만 말이다.

이 책 전반에 걸쳐 노동자를 바라보는 저자의 따뜻한 시선이 느껴진다. 그렇다고 해서 노동자를 편들기 위해 이론과 동떨어진 억지 논리를 동원하고 있는 것은 아니다. 엄밀한 이론적 기초에 입각해 노동문제의 여러 측면을 균형 잡힌 시각에서 논의하고 있다. 이 점에서 볼 때 그의 따뜻한 가슴 못지않게 차가운 머리도 돋보이게 만드는 좋은 책이라고 말할 수 있다. 따뜻한 가슴과 차가운 머리의 적절한 균형은 좋은 경제학자가 갖춰야 할 기본적인 덕목이다.

저자는 서문에서 보통의 노동자들이 누구나 큰 어려움 없이 읽을 수 있도록 쉽게 풀어쓰려는 노력을 했다고 밝혔다. 그러나 본인도 솔직하게 인정하듯, 그 정도로 쉽게 풀어쓰지는 못한 것 같은 느낌이다. 이 주제의 성격상 내용이 충실하면서도 소설 읽듯 편하게 읽을 수 있는 책을 만드는 것은 본질적으로 불가능한 일일지 모른다. 설사 이해하기 어려운 부분이 있더라도, 충실한 내용의 책을 만들기 위해 불가피하게 치러야 하는 비용이라고 본다.

추천사

류동민 충남대 교수·경제학

　경제가 중립적이라는 환상은 뿌리 깊은 것이다. 정치를 살리자는 말은 낯설게 들릴지언정 경제를 살리자는 말은 누구도 거부할 수 없는 정언명령처럼 들린다. 그렇지만 재벌 대기업의 경제가 있다면 영세자영업의 경제도 있고 정규직 노동자의 경제와는 또 다른 비정규직 노동자의 경제가 있다. 경제를 살리자는 구호가 많은 경우 누군가의 경제를 살리는 대신 다른 누군가의 경제는 죽일 수도 있다는 뜻을 함축하는 까닭이기도 하다. 사뭇 진지한 표정으로 국가 경제를 걱정하는 고위 관료나 정치인이 때로는 협잡에 가까운 경제적 사익 추구를 마다하지 않는 것 또한 그들이 유달리 탐욕스러운 인간인 탓만은 아니다. 먹고 살며 지내는 삶의 물질적 기반이 그렇게 그들을 밀어붙이기 때문이다. 경제학은 바로 그 물질적 기반을 다루는 학문이거니와, 잊지 말아야 하나 흔히 잊히는 것은 그 기반이 처지가 서로 다른 이들에게는 달리 작용한다는 것이다.

　중립성의 환상을 깨고 한국 경제를 바라보는 일이 결코 쉬운 작업은 아니다. 그저 서술되는 문장의 주어를 재벌이나 정부에서 노동자로 바꾼다고 해서 되는 것은 아니기 때문이다. 치밀한 분석을 통해 두꺼운 편견의 벽을 깨트려 나가는 작업, 그 편견이 단지 개인의 치우친 의견이 아니라 삶의 물질적 기초에서 비롯되는 계급적 이해관계와 얽혀 있음을 드러내는 작업이어야 하는 것이다.

무엇보다도 이 책의 교정쇄를 읽으면서 진보적 케인스주의 경제학자로만 알고 있던 지은이가 마르크스 경제학에도 깊은 관심과 이해를 지니고 있음을 확인할 수 있었다. 마르크스를 입에 올리지 않으면서 마르크스처럼 말하기, 즉 구체적 현실에 대한 구체적인 계급분석은 다름 아닌 한국경제론에서부터 시작되어야 할 것이며, 이 책은 그 출발선상에 서 있는 셈이다.

제2차 세계대전 이후 세계 경제의 상황에서 출발하여 한국 경제로 줌인$^{Zoom\ in}$, 박정희로부터 박근혜 정권에 이르는 통사적 서술, 그 과정에서 민주노조운동의 역사에 대한 반성, 그리고 안이하게도 "좌파"나 "진보"로 분류되곤 하는 김대중, 노무현 정부에 대한 경제학적 관점에서의 통렬한 비판, 그럼에도 기득권 세력 내부의 미묘한 차이를 놓치지 않는 태도, 예를 들어 우리의 오늘은 1987년에 기원한 것인가 혹은 1997년에 기원한 것인가 등의 논점도 빠지지 않고 다루어진다. 이른바 진보세력에서도 한물간 것으로 치부되곤

하는 민족경제의 전망을 진보적이고 민주적인 발전국가라는 개념을 이용하여 적극적으로 해석하려는 시도는 학문적으로도 새로운 것이며 앞으로도 더욱 천착하여야 할 것이다. 이와 관련, 경제적 종속의 개념 정립을 시도한 것 또한 귀담아들을 만하다. 한반도가 사회과학의 진정한 보고일 수 있는 것은 역설적으로 남북분단 때문일 것이다. 분단 체제에 대한 고려의 끈을 놓지 않은 채 한국 경제의 문제들을 바라보는 시각은 그래서 매우 소중하다. 12·3 계엄에 대한 분석으로 끝을 맺는 것은 이 책이 만들어진 시간적 계기와도 관련이 있을 것이지만, 내게는 지은이의 작업이 이제 비로소 시작되어 앞으로 끊임없이 차이를 수반하는 반복으로 진행되어 나갈 것이라는 상징적 의미로도 읽힌다.

목차

저자 서문 · 5
추천사 · 9

제1장 | 전후 세계경제의 역사 · 19
- 20세기 세계경제 : 브레턴우즈 체제의 형성과 위기
- 브레턴우즈 이후의 세계경제 : 신자유주의, 금융화, 다극화

제2장 | 한국경제, 멀리서 보기 · 59
- 한국경제의 생산 구조, 지출 구조, 분배 구조 : 장기 추세
- 박정희, 발전 국가론, 민족 경제론

제3장 | 1987-1997, 노태우 정권과 김영삼 정권 · 81
- 노태우와 김영삼의 국가 주도 신자유주의
- 노동의 도전과 자본의 응전
- 정권과 재벌
- 외환위기의 원인

제4장 | 1998-2007, 김대중 정권과 노무현 정권 · 117

- IMF 사태의 여파와 김대중 정권
- 노무현 정권의 신자유주의
- 경제민주주의 논쟁
- 비정규직 문제와 양극화

제5장 | 2008-2016, 한미 FTA, 이명박 정권과 박근혜 정권 · 151

- 한미 FTA의 경제 효과
- 이명박 정권과 구체제 세력의 부활
- 박근혜 정권과 촛불 항쟁

제6장 | 한국경제의 종속 · 183

- 종속의 개념
- 제국주의
- 한국경제의 종속을 보여주는 핵심 지표들

제7장 | 한국경제의 생산체제와 복지국가 · 209

- 조립형 산업화 전략과 재벌체제의 공급체계
- 21세기 한국 제조업의 전개
- 복지국가와 자본의 전략
- 한국의 자산 기반 복지

제8장 | 분단과 전쟁의 나라 · 239
- 동아시아의 정치 경제 질서
- 분단, 안보 국가, 전쟁 정치
- 분단 국가의 신자유주의
- 분단 체제에서 복지국가는 어느 정도나 가능한가

제9장 | 87년 체제 · 279
- 87년 정치 체제의 변화
- 한국경제 노동 체제의 변화
- 12.3 계엄

제1장
전후 세계경제의 역사

20세기 세계경제
: 브레턴우즈 체제의 형성과 위기

　한국경제는 세계경제 속에서 진화해왔다. 1990년대 본격적인 시장 개방 이전에도 이후에도 역대 정권의 기본 전략은 수출 주도 성장이었다. 수출 중심 공업화의 과정에서는 대내적 불균형과 함께 대외 경제 여건에 따른 부침을 감수해야 했다. 한국은 국가 자체가 분단이라는 특수한 국제 정세 속에서 탄생했고 그와 같은 정치적 조건은 경제 발전과 시민사회 형성에도 뿌리 깊게 작용했다. 그런 점에서 한국은 다른 어느 나라보다도 국제적 영향에 크게 노출되어 온 경우라고 할 수 있다. 한국경제를 공부하기에 앞서 먼저 배경적인 논의로 이 제1장에서 20세기 세계사의 변천을 조망하는 이유다.

　브레턴우즈 체제Bretton Woods system는 1945년에 막을 내린 제2차 세계대전 후의 국제 통화 체제를 일컫는다. 브레턴우즈 체제에서는 미국 달러가 영국의 파운드 스털링을 대신해 기축통화로 공인되었다.

1944년 7월, 제2차 세계대전이 곧 끝나리라고 여겨지던 어느 날 미국, 영국 등 연합국 대표들이 전후 국제 질서에 대해 논의하기 위해 모였다. 회의 장소는 미국 뉴햄프셔 주에 소재한 브레턴우즈^{Bretton} ^{Woods}라는 곳이었다.

브레턴우즈 회의에서는 끔찍했던 세계대전이 다시 일어나지 않도록 하는 새로운 국제 질서가 모색되었다. 당시에는 1930년대에 자본주의 세계를 대량 실업과 파산의 벼랑 끝으로 몰아넣은 세계 대공황이 제2차 세계대전의 중요한 원인이었다는 공감대가 있었다. 대공황으로 자본주의 국가들이 경제위기에 빠지면서 독일의 나치 같은 극우 파시즘 세력이 정권을 잡을 수 있었고 이들이 인종주의와 반공주의를 선동하며 침략에 나서면서 세계가 전쟁의 화마에 휩싸이게 되었다는 인식이었다. 이에 따라 브레턴우즈에서는 향후 국제 질서를 어떻게 재편해야 대공황의 재발을 막을 수 있을지가 집중적으로 논의되었다.

우리들의 이야기도 대공황의 원인에서부터 시작한다. 1930년대 세계 대공황은 미국에서 시작되었다. 대공황의 발생 원인에 대해서는 여러 가지 설명이 제안되어 왔다. 극단적으로 보수적인 시장 원리주의 경제학자 밀턴 프리드먼$^{Milton\ Friedman}$은 1930년 12월에 이름이 '미국은행'이었던 어느 뉴욕 소재 민간 은행이 파산하면서 공포 심리가 번졌고 그로 인해 미국 전국적으로 통화량[1]이 급감한 것에서 대공황의 원인을 찾았다. 은행 도산이 전염병처럼 퍼져나가는 가운데 미국의 중앙은행[2]인 연방준비제도^{Federal Reserve system}가 제대로 대처하지 못하면서 어쩌면 주기적인 불황으로 끝났을지도 모르는 일인데 세계 대공황으로까지 번졌다는 주장이었다.[3]

이와 같은 통화주의자들의 주장에 맞서 케인스 학파[4] 경제학자들은 대공황의 원인으로 수요 부족을 강조했다. 1920년대는 미국 경제가 급속도로 성장하던 시기였다. 기술 진보에 힘입어 대량 생

---

[1] 유통 중인 돈의 양, 즉 화폐량을 뜻한다. 통화는 화폐와 같은 말이다.

[2] 중앙은행은 법적으로 부여받은 권한과 금융 시장에서의 공신력을 바탕으로 화폐를 발행하고 금리(이자율)를 조절하며 상거래의 필수 요소인 지급결제가 원활히 이루어지도록 관리하는 국가장치이다. 중앙은행은 은행의 은행이며 또한 정부의 은행이다. 정부나 은행들은 중앙은행에 예금을 들고 중앙은행으로부터 대출을 받는다. 정부의 살림을 재정이라 하는데 재정 자금 가운데 특히 중앙정부의 자금인 국고는 중앙은행으로 집중된다. 보통의 기업이나 가계는 중앙은행과 직접 거래하지 않는다.

[3] 이와 같은 프리드먼의 학설을 '통화주의' 내지는 '화폐수량설'이라고 부른다. 이 학설에 따르면 중앙은행이 통화량을 자기 뜻대로 바꿀 수 있으며 통화량을 늘리면, 즉 돈을 많이 풀면, 물가가 오른다. 반대로 통화량을 줄이면, 즉 돈줄을 조이면 물가가 떨어진다고 주장된다. 그런데 이런 주장은 이후 수많은 경제학자들의 연구에 의해 반박되어 지금은 사실 더 이상 논의할 가치가 없다. 현대 경제에서는 실제로는 중앙은행이 통화량을 마음대로 조절할 수 없다. 설령 중앙은행이 통화량을 늘릴 수 있다고 해도 그런 이유로 반드시 물가가 오르는 것도 아니다. 전문적인 경제학자들 중에 여전히 통화주의를 신봉하는 경우는 대체로 극히 보수적인 시장 원리주의를 따르는 경우이거나 아니면 지식이 과거 어느 시점에서 멈춘 경우라고 할 수 있다. 그럼에도 불구하고 통화주의와 화폐수량설이 직관이나 상식에 잘 들어맞는 것 역시 사실이다. 그러나 우리의 직관과 상식이 늘 진리의 최고 기준일 수는 없다. 우리의 일상을 구성하는 경험 속에서 땅은 평평하다. 해가 떴다가 진다. 지구가 도는 게 아니라. 그러나 진리는 그것과는 다르다. 사회가 과학적으로 인식되어야 한다면 통화주의와 화폐수량설의 주장에 진보 정치가 의지해서는 안 된다.

[4] 케인스 학파란 영국의 경제학자 존 메이너드 케인스(John Maynard Keynes)의 경제사상을 따르는 경제학자들을 가리킨다. 케인스와 케인스 학파 경제학자들은 경제 침체의 원인을 수요 부족에서 찾는 경우가 많다. 대중들의 구매력 부족으로 인해 생산물이 판매되지 않아 상품 가치가 실현되지 않으면서 자본주의가 공황을 맞게 된다는 생각이다. 케인스 학파 가운데 다수를 점해온 우파는 신고전학파와 함께 정통 주류 경제학을 세웠다. 케인스 학파 가운데 좌파는 '포스트 케인스 학파'라는 이름의 진보적 소수로 남아있다.

산이 자리를 잡으면서 노동 생산성[5]이 빠르게 향상되었다. 대출 확대로 민간 채무가 크게 늘어나고 투기가 극성을 부리기도 했다. 그러나 그 과정에서 실질 임금이 정체 상태를 면치 못하면서 대중들의 구매력은 턱없이 부족했다. 이에 따른 과잉 생산이 공황을 초래했다는 주장이었다. 마르크스주의 경제학도 비슷한 문제의식을 가지고 있었다. 다만 케인스 학파 경제학자들은 이와 같은 문제를 제도적 개선과 정책 오류의 시정으로 바로잡을 수 있다고 본 반면 마르크스주의 경제학자들은 이는 자본주의 체제의 구조적 모순에 따른 필연적인 결과이며 체제를 끝장내지 않는 한 시정할 수 없다고 본 점에서 차이가 있었다.

대공황의 실제 원인이 통화주의자들과 케인스 학파, 이 둘 중 어느 쪽 주장에 가까운 것이든, 결과적으로는 각국 정부가 재량적으로 기민하게 거시경제[6] 정책을 운용할 수 있었더라면 상황이 최악으로 내몰리지 않고 조금은 더 나아질 법도 했다. 그 점에서 특히 많은 경제학자들이 주목한 것은 금본위제$^{gold\ standard}$가 지닌 약점이었다. 금본위제[7]는 금의 보유량에 화폐 발행량을 일치시키는 통화 제도

---

[5] 노동 생산성은 노동 투입 한 단위당 생산량을 의미한다. 노동 생산성이 향상되면 가령 똑같은 한 시간을 일해도 생산량이 더 늘어난다.

[6] 거시경제는 국가경제로 이해하면 충분하다.

[7] 일정 금액의 화폐를 일정 무게의 금과 교환('태환'이라고도 함)할 수 있도록 약속한 화폐 제도가 금본위제이다. 대공황으로 접어들 무렵 세계 주요 국가들은 패권 국가인 영국을 포함해 금본위제를 따르고 있었다.

인데, 대공황 초기에 경제 상황이 급속도로 악화되는 가운데에서도 각국이 금본위제에 집착하다보니 신축적인 정책 대처가 어려웠다는 것이다. 금본위제에서는 금 보유량이 갑자기 늘지 않는 이상 재정 정책이든 통화 정책이든[8] 경제를 살리는 방향으로 시행하기 어려웠던 탓이다. 실제로 금본위제에서 일찍 이탈한 나라일수록 대공황의 충격을 적게 겪었던 것이 확인된 사실이다.

금본위제 외에도 당시의 국제 관계에는 대공황을 심화시킨 또 다른 측면이 있었다. 그것은 2025년 요즘 미국 트럼프 정권이 벌이고 있는 일들과 유사하다. 당시 미국이 자국으로 수입되는 상품에 대해 평균 59.1%의 고율 관세를 적용했던 1930년 스무트 홀리 관세Smoot-Hawley Tariff 등 각국의 보호 무역 조치가 대공황에 크게 기여했다. 각국이 경쟁적으로 자국 통화 가치를 낮춘 것[9]도 나쁜 영향을 미쳤

---

8 재정 정책과 통화 정책은 대표적인 두 가지 거시경제 정책이다. 재정 정책은 정부가 재정의 총량과 재정 수지를 변화시킴으로써 국가경제에 영향을 미치려는 것이다. 재정의 총량을 늘리거나 재정 수지를 적자로(즉 재정 수입에 비해 재정 지출을 더 크게) 편성할 때 수요가 살아나 경제가 회복될 수 있다. 반대로 경제가 과열되어 불안정한 상태라면 재정의 총량을 줄이거나 재정 수지를 흑자로(즉 재정 지출에 비해 재정 수입을 더 크게) 편성해 수요를 제한함으로써 경제를 가라앉힐 수 있다. 한편 통화 정책은 정부 대신에 중앙은행이 금리, 즉 이자율을 높이거나 낮춤으로써 국가경제에 영향을 미치려는 것이다. 금리를 낮추면 수요가 살아나 경제가 회복될 수 있다. 반면 금리를 높이면 수요를 제한함으로써 경제를 가라앉힐 수 있다. 기억해두자! 재정 정책은 정부가, 통화 정책은 중앙은행이 맡으며 기본적으로 재정 정책은 정부 예산을 변화시키는 것이고 통화 정책은 금리를 변화시키는 것이다.

9 이를 '평가 절하'라고 한다. 평가 절하는 자국 화폐의 가치를 의도적으로 낮추는 정책이다. 자국 화폐의 가치가 떨어지면 수출을 늘릴 수 있고 수입을 줄일 수 있기에 경제가 침체된 나라 정부는 평가 절하를 추구하곤 한다. 자국 화폐의 가치가 떨어지면 어떻게 수출이 늘고 수입이 줄까? 가령 미국이 달러 가치를 떨어뜨리자면 1달러와 교환되는 엔화 금액을 줄여야 한다. 예를 들어 1달러에 100엔 하던 것을 1달러에 50엔이 되게 바꿨다고 하자. 그러면 일본에 자동차를 수출하는 미국 자동차 회사로서는 원가 1,000달러짜리 차를 예전에는 십만(100,000)엔 이상 받아야 했는데 이젠 오만(50,000)엔 이상 받으면 된다. 미국 자동차 회사는 오만 엔 이상 십만 엔 이하로 가격을 책정함으로써 일본 시장으로의 자동차 수출을 늘릴 수 있다. 그런데 최근 트럼프가 이 같은 일을 다시 계획하는 중이다. 관세는 올리고 달러 가치는 인위적으로 떨어뜨리려는 것이 꼭 1930년대 세계 대공황의 전야와 닮았다.

다. 이런 현상에 대해 포스트 케인스 학파 경제학자 조안 로빈슨[Joan Robinson]은 근린궁핍화[beggar-thy-neighbor] 정책이라고 비판했다.[10]

그밖에 다른 보수적인 설명 중에는 당시 국제 질서가 무정부 상태에 가까워 패권 국가가 분명치 않았던 점이 대공황의 확산을 키웠다는 해석도 있다. 당시 영국은 패권 국가 지위를 유지할 능력이 없었고 미국은 패권 국가의 책임을 떠맡을 의사가 없었다는 설명이 그렇다. 이런 설명은 강력한 패권 국가가 존재할 때에만 경제적 안정이 가능하다는 메시지로 연결되는 점에서 주의할 필요가 있다. 제국주의 나라 지배 계급의 입맛에 맞는 설명이기 때문이다. 다만 국제적으로 금융 위기가 확산되는 것을 막고 유사시 위기를 진정시킬 국제기구의 역할이 중요하다는 지적은 귀담아 들을 만한 것이었다.

브레턴우즈 회의에서 각국 대표들은 이상 소개한 대공황의 원인 진단에 기초해 몇 가지 중요한 합의를 도출했다. 첫 번째 합의 사항은, 경제 상황의 변화에 각국 정부가 정책적 자율성을 발휘할 수 있어야 한다는 원칙이었다. 이는 자본 이동을 통제하면[11] 불가능한 일

---

10 포스트 케인스 학파 경제학은 폴란드 사회주의 경제학자 미하우 칼레츠키(Michal Kalecki)와 영국 경제학자 조안 로빈슨의 영향을 받아 자본주의 체제의 분배 문제와 계급 갈등을 강조하며 아울러 미국 경제학자 하이먼 민스키(Hyman Minsky)의 영향을 받아 자본주의 체제에 내재된 금융 불안정 경향에도 주목해왔다. 여기서 근린궁핍화 정책이라는 용어는, 자국의 이익을 위해 서슴없이 다른 나라를 경제적 곤경에 빠뜨리려는 정책 행태를 비판하려는 목적으로 쓰는 말이다.

11 국가가 자본 이동을 통제한다면 국내에 투자한 외국인 기업의 자본 철수처럼 해외로 자본을 빼돌리는 일이 제한된다. 마찬가지로 국내 자본이 해외로 투자되는 일, 해외 자본이 국내로 들어오는 일도 제한된다. 물론 여기서의 제한이 전면 금지까지는 아닐 수 있다.

만은 아니었다. 자본이 통제되지 않고 완전히 자유롭게 이동할 수 있다고 해 보자. 그런 경우 국제적으로 자금을 운용하는 자본가 계급으로서는 국가의 정책이 자신에게 불리하다 싶으면 해외로 이탈하는 방식으로 정책의 영향을 피해갈 수 있다. 그렇게 되면 국가의 정책 자체가 무력해지고 만다. 어떤 의미에서는 자본 이동이야말로 국가와 노동자 계급에 대한 자본가 계급의 강력한 무기인 셈이다.

우리가 브레턴우즈 체제라고 부르는 전후 국제 질서에서 자본 이동은 기본적으로는 국가에 의해 통제되었다. 본래 제국주의 국가의 종속국에 대한 자본 수출[12]의 기본 형태는 해외 기업을 인수하거나 신규로 사업장을 설치하는 등 외국인 투자 기업 형태의 직접 투자Foreign Direct Investment, FDI라고 할 수 있지만 브레턴우즈 체제에서 국제 투자는 직접 투자나 증권 투자보다는 차관, 즉 대출의 형태로 더 많이 이루어졌다. 자본 이동이 제한되었던 탓이다. 국가는 외국인 투자를 유치하더라도 적지 않은 경우 자국 내 규제로 통제할 수 있는 제도적 여력을 확보하고자 했다. 차관은 차관을 제공하는 공여국의 의지보다는 차관을 제공받는 수혜국 정부의 자율적인 발전 계획에 따라 활용되는 경우가 더 많았다.

---

12 자본 수출은 한 나라의 자본이 투자 목적으로 다른 나라로 이동되는 현상이다. 자본 수출은 직접 투자와 증권 투자(다른 나라의 채권이나 주식을 구매하려는 목적의 투자), 기타 투자로 구분되며 차관(대출)은 기타 투자의 한 형태이다. 반대말은 자본 수입이다. 국제 수지에서 자본 수출은 자금 유출을 수반하므로 자본 수지 적자, 자본 수입은 자금 유입을 수반하므로 자본 수지 흑자에 해당한다.

오늘날 주류 경제학인 신고전학파 경제학[13]에 따르면 국가의 경제 개입은 대개 부작용만 초래하며 실패하기 쉽다. 그런 이유로 보수적인 경제학자들은 경제는 시장 원리에 맡겨야 잘 돌아간다고 믿는다. 경제 침체를 막고자 수요를 되살리는 정책도 전혀 효과가 없을 뿐만 아니라 오히려 물가를 불안하게 하는 등 경제에 부담만 가중시킨다고 주장하곤 한다. 반면에 경제학자들 사이에서는 진보적일수록 국가 개입을 더 지지하는 경향이 있다. 자본주의 체제는 모순을 안고 있어 본래 불안정하다. 특히 시장은 독점 자본과 같은 산업의 지배자들이 장악한 불평등한 공간이어서 목줄을 풀어놓으면 마치 미친개처럼 공동체 사회와 그 구성원들을 물어뜯을 수도 있다. 그런 이유로 국가 개입은 필수적이다.

그런데 국가의 경제 개입이 효과적이려면 자본 이동이 통제될 필요가 있다. 참고로 1870년대부터 제1차 세계대전이 발발하는 1914년 전까지의 기간은 국제적으로 자본 이동이 대규모로 이루어진 것으로 특징지어진다. 이 시기 각국의 해외 투자 잔액을 더하면 전 세계 GDP(국내 총생산)[14]의 7~10%에 달했는데 심지어는 1990년대

---

[13] 경제학의 역사에서 1860년대 후반과 1870년대 초는 뜻 깊은 시기였는데 그 이유는 고전파 경제학을 비판하며 피지배 계급의 정치경제학을 제시한 칼 마르크스의 『자본론』 제1권 초판이 1867년에, 그리고 개정판이 1873년에 출판되었고 또한 고전파 경제학을 대체할 새로운 지배 계급의 경제학인 신고전파 경제학이 이듬해 1874년 레옹 왈라스의 『순수 경제학 요론』으로 정립되었기 때문이다. 영원히 불화할 수밖에 없는 두 개의 경제학이 거의 동시에 등장했던 셈이다.

[14] 국내 총생산은 한 국가의 국내에서 한 해 동안 이루어진 생산 활동의 수준을 파악하기 위한 개념이다. 국내 총생산은 국민들 한 명 한 명의 일 년 간의 소득을 모두 더한 국민 소득과 그 크기가 비슷하다.

에도 동 비율은 5%에 미치지 못했다. 21세기에 들어와서야 19세기 말과 비슷해진다. 1800년대 말까지만 해도 자유롭게 이루어지던 자본 이동이 제2차 세계대전 이후 브레턴우즈 체제에서는 각국 정부에 의해 제한되었다는 사실을 기억할 필요가 있다. 20세기 말부터 자본 이동은 다시 완전한 자유를 획득했다.

그러니 원래부터 자본은 이동이 자유로운 것이고 늘 그래야 한다는 생각부터 바꿔야 옳다. 자본 이동의 자유는 역사적으로 보면 어디까지나 노동과 자본의 역관계에 따라 달라질 수 있는 것이었다. 노동자 계급의 정치적 힘이 약화되는 국면에서 자본 이동에 대한 제한 역시 약화되었다. 진보 정치는 민중의 경제적 존엄을 위해서라면 자본의 권력이라도 마땅히 통제할 수 있어야 한다. 자본 이동에 대한 적정 수준의 과세부터 장차 진보 정치의 의제가 되어야 하는 이유다.

브레턴우즈 체제에서 자본이 통제된 가운데 각국의 케인스주의적 경제 관리는 재정 지출 측면에서는 경기 변동에 대응해 침체기에는 정부가 재정을 풀어 지출을 늘리는 방식으로 대중의 부족한 구매력을 확충하고, 호황기에는 정부가 재정을 줄여 물가 불안을 막는 방식으로 이루어졌다. 이른바 경기 역행적인[15] 재정 정책이었다. 조세 정책은 역사상 가장 강화된 누진 구조로 과세 공정성을 기했다. 일정 수준 이상 공공 부문 비중이 유지되는 혼합경제[16] 특성을 보였고 복지국가의 심화 발전이 이루어졌다. 금융 정책은 경쟁 제한, 금리 규제, 여수신[17] 규제, 금산 분리, 일반 은행 업무와 금융 투자 업무의 분리 등으로 금융 위기의 재발을 막는 데에 초점을 맞추었다. 그 모든 것들은 1970년대 말부터 신자유주의의 도래를 배경으로 무너졌다.

두 번째 합의 사항은 자유 무역을 복원하는 것이었다. 그런데 국가 간에 교역이 활성화되기 위해서는 우선 국제 무역의 결제 수단인 세계 화폐가 가치가 안정적인 것이어야 한다. 우리가 길이를 재는 데 쓰는 '자'의 눈금이 줄어들었다 늘어났다 하면 그 자로 길이를 잴 수 있을까? 그러니 세계 화폐는 그 가치가 안정적이어야 한

---

15 '역행적'이라는 말은 방향이 반대라는 의미이다. 경기가 좋으면 재정을 조이고 경기가 나쁘면 재정을 푸는 것이 곧 역행적인 것이다. 정신없는 혹은 악의적인 정권이 아니라면 정책을 경기 역행적으로 해야 한다. 해고 노동자나 실업자를 위한 구직 급여나 몇몇 복지 지출은 자동적으로 경기 역행적으로 지출이 이루어지게끔 설계된 정책의 대표적인 예이다. 이를테면 경기가 침체되면서 실업이 늘면 구직 급여 지출이 자동적으로 늘어난다. 이를 두고 경제학에서는 '자동 안정화 장치'라는 용어를 쓴다. 그런데 최근 국민연금 제도 개편 관련으로는 같은 용어가 정반대의 의미로 쓰이고 있다. 예를 들어 경제 상황이 악화되어 연금 기금의 운용수익이 줄어들면 월급에서 공제되는 국민연금 보험료를 자동적으로 올린다고 하니 그렇다. 경기가 나빠진다고 재정을 조이는 셈이다. 그런 제도는 정신없는 혹은 악의적인 정권이나 시행하는 것이다.

16 혼합경제란 시장경제의 큰 틀은 유지하면서도 국영 및 공영 부문 비중을 일정 수준 이상 유지해 국가의 개입이 제도화된 경제 체제이다.

17 여수신은 여신과 수신을 함께 일컫는 용어다. 여신은 은행이 대출 고객에게 신용을 주는(제공하는) 것으로 대출에 해당한다. 수신은 은행이 예금주로부터 신용을 받는(제공받는) 것으로 예금에 해당한다.

다. 따지고 보면 그래서 금본위제가 도입된 것이었다. 금보다 더 가치가 안정된 재화가 없다고 본 것이다.

교역이 활성화되려면 아울러 국가 간에 서로 다른 통화의 상대적 가치도 큰 변동이 없는 편이 유리했다. 가령 미국 달러와 비교한 원화 가치가 들쑥날쑥한 것보다는 예측 가능한 편이 한국 수출업자로서는 유리할 것이다. 여기서 달러와 원화의 상대적 가치, 즉 국가 간 통화의 상대적 가치란 서로 다른 나라의 화폐를 어떤 비율로 교환할 것이냐 하는 문제인데 이를 우리는 환율$^{exchange\ rate}$이라고 부른다.[18] 앞의 이야기는 환율이 가급적이면 고정되는 편이 실물 교역에는 유리하다는 뜻이다. 환율이 변동이 크면 수출과 수입을 어느 시점에 하느냐에 따라 이득과 손실이 달라지는데 그런 불확실성은 곤란한 것이다. 고전적인 금본위제에서 모든 나라가 자국 화폐 가치를 일정량의 금으로 고정시켰던 것은 바로 그런 이유에서였다. 비

---

18 한국에서 환율은 일본 엔화에 대한 환율, 중국 위안화에 대한 환율, 유로에 대한 환율, 영국 파운드 스털링에 대한 환율 등이 따로 있긴 하지만 역시 원달러 환율이 제일 중심이다. 달러가 금 역할을 대신하는, 그래서 달러가 사실상 유일한 세계 화폐로 기능하고 있어서다. 원달러 환율은 쉽게 말해 1달러가 얼마냐, 즉 달러의 가격이 얼마냐를 나타낸다. 우리는 사과를 구입할 때 사과 가격만큼을 지불해야 한다. 마찬가지다. 우리가 달러를 구입하려면 달러의 가격인 환율만큼을 지불해야 한다. 1달러가 1,500원이면 1,500원을 지불해야 1달러를 장만할 수 있다. 따라서 달러가 비싸지면 환율이 오른다. 달러가 싸지면 환율이 내린다. 그렇다면 한국에 수출하는 미국 기업은 어떤 조건에서 수출을 많이 할 수 있을까? 어떤 조건에서 한국에 물건을 더 많이 팔 수 있을까? 정답은, '미국 기업은 달러가 싸면 더 많이 수출할 수 있다'이다. 환율이 1,500원인 경우, 미국 내 생산 원가가 1달러인 미국산 제품을 미국 기업이 한국 시장에 수출해 판매하려면 최소한 1,500원은 받아야 한다. 그래야 생산 원가 1달러를 회수할 수 있어서다. 그런데 환율이 1,000원이 되면 원가 1달러를 회수하기 위해 1,000원만 받아도 된다. 1,000원에 한국에서 팔고 그 1,000원을 환전하면 1달러가 되기 때문이다. 한국 소비자들이라면 1,500원에 사던 물건을 1,000원에 살 수 있으면 두 개 살 것을 세 개 살 수도 있을 법하다. 요컨대 환율이 1,500원에서 1,000원으로 떨어지면 미국 기업은 한국에 수출을 늘릴 수 있다. 왜 요즘 트럼프가 자국의 무역 적자를 줄이기 위해 수출을 늘리고 수입을 줄이겠다면서 환율을 억지로 떨어뜨리겠다고 나서는지 이제 이해할 수 있을 것이다.

록 전쟁과 대공황을 거치면서 그와 같은 고전적인 금본위제는 실패로 판명되어 작동을 멈추긴 했지만 말이다.

브레턴우즈 체제에서는 과거의 실패한 고정환율제로 그대로 돌아가지는 않았다. 대신에 금환본위제gold-exchange standard라는 변형된 금본위제가 시도되었다. 금환본위제에서 각국은 이제 직접 자국 통화의 금과의 비율을 정하고 거기에 얽매일 필요는 없었다. 하지만 자국 통화의 달러와의 교환 비율만큼은 일정 값으로 고정시켰다. 미국은 두 차례 세계대전에서 모든 것이 파괴된 유럽의 경쟁자들과는 사정이 달랐다. 진주만은 일본의 공격을 받았지만 본토에서는 연기도 안 났다. 그러다보니 전쟁을 마치고 나니 전 세계 산업 생산의 60%가 미국에서 이루어지고 있었다. 군수 물자를 영국 등 연합국에 팔면서 수출로 돈을 많이 벌었다. 수출을 하고 대금을 금으로 받아오면서 전 세계 금의 75% 정도가 미국으로 모여들었다. 그렇게 모인 금을 가지고 미국은 금 1온스(약 28그램)를 35달러로 고정시켰다. 누구든 자국 통화를 달러로 환전해서 뉴욕에 들고 오면 해당 달러 가치에 상응하는 금을 미국 중앙은행의 지하 창고에서 끄집어내 지급할 것이라고 약속했다.

이렇게 브레턴우즈 체제에서 각국은 화폐 발행량을 직접 자국 내 금 보유량과 연동시키지 않아도 되었다. 금과 관련된 일은 미국이 맡아 주었다. 적어도 전쟁 전의 고전적인 금본위제 때보다는 거시경제 정책에 있어 재량의 폭이 넓어진 셈이었다. 그 점은 정책적 자율성에 대한 브레턴우즈의 합의와 맥이 통하는 것이었다.

세 번째 합의 사항은 유사시 금융 위기의 불을 끌 국제적 '최종 대부자'[19]를 두는 것이었다. 그렇게 해서 국제 통화 기금, 우리에게 익숙한 IMF^{International Monetary Fund}가 창설되었다. 케인스주의적인 재정 정책으로 재정을 확장하는 가운데 무역에서 적자를 보는 상황이 이어지면, 아무리 자본 이동을 제한하고 있다고는 해도 일정액의 달러에 고정시킨 해당 나라 통화 가치는 떨어질 위험에 처할 수 있다. 완전히 세계로부터 단절된 나라만 아니면, 조금의 틈만 보여도 비집고 들어가 이윤을 실현하려는 투기 자본의 공격이 벌어져 해당 나라 통화를 투매하는 사태가 빚어질 수 있어서다. 그 경우 IMF가 개입해 그 나라에 달러를 빌려주면 투기적인 공격을 막아내고 달러에 고정시켜 놓은 해당 나라 통화의 가치를 지켜낼 수 있으리라는 복안이었다.

이와 같이 브레턴우즈 회의에서 합의된 전후 새로운 국제 질서

---

19 국내적으로 금융 기관의 채무 상환에 문제가 생길 경우 최종적으로 해당 나라 중앙은행이 자금을 대부(대출)해줌으로써 금융 위기를 피할 수 있다. 그 때 중앙은행이 그 나라 안에서 최종 대부자가 된다. 한편 어떤 정부나 금융 기관이 외채 상환에 어려움을 겪을 경우 최종적으로 미국이나 IMF와 같은 국제기구가 달러를 대부해줌으로써 외환위기를 벗어나게 해줄 수 있다. 그 때 미국이나 IMF 같은 기구가 국제적으로 최종 대부자가 된다. 미국이나 IMF가 최종 대부자 기능을 수행하는 일차적인 목적은 문제가 생긴 나라에 빌려준 돈을 금융 자본이 되돌려 받을 수 있게 하려는 데 있다.

는 기본적으로 각국의 정책 자율성을 확보하면서 자유 무역을 통한 번영을 도모했다. 이는 전후 자본주의 진영 내에서 유일 초강대국이자 패권 국가가 된 미국의 지배계급이 선한 의도를 가졌던 때문은 아니었다. 그것은 전쟁이 초래했던 계급 간, 사회 세력 간 역관계의 중대한 변화를 반영했다. 전후 질서가 재편되며 브레턴우즈 체제가 등장했던 배후에는 무엇보다도 반파시즘 전쟁을 승리로 이끈 소련을 위시한 공산주의 진영의 현존이라는 압도적인 요인이 작용하고 있었다. 온몸 바쳐 전쟁에 기여하며 희생을 감내했던 각국 노동자 계급의 정치적 영향력이 확대된 면도 있었다. 그리고 제3세계 민족 해방 운동의 완강한 저항 때문에 제아무리 서방의 강국이라 하더라도 더 이상 과거처럼 식민지 지배를 유지하기 어려워진 사정도 작용하고 있었다.

그와 같은 대내외적 요인의 영향과 무관치 않게 미국에서는 이른바 '뉴딜'[20]의 정치 연합에 의한 지배가 대체로 1970년대 초까지 이어졌다. 뉴딜 연합은 민주당이 전통적인 지지층인 남부 백인에 국한되지 않고 뉴딜 정책의 혜택을 수혜한 도시의 블루칼라 노동자 계급, 농민층, 흑인과 도시 소수자들로 지지층 기반을 확대하는 데 성공하면서 형성되었다. 뉴딜 정책은 노동 보호, 누진 구조를

---

20 뉴딜(New Deal)은 1933년 3월 대공황시기부터 시작해 1945년 4월까지 집권했던 미국 대통령 프랭클린 루즈벨트(Franklin D. Roosevelt)가 추진했던 포괄적인 미국 사회 개혁으로 미국의 역대 집권당 정책 가운데 가장 진보적이고 친노동적인 색채를 띠었다. 뉴딜 정책의 영향은 신자유주의가 전면화되기 전까지 미국 사회에서 비교적 오래 지속되었다.

강화한 조세 제도, 복지 제도, 농업 지원, 케인스주의적 국가 개입 등으로 미국 역사상 가장 진보적이었던 시절을 상징했다. 유럽에서는 케인스주의 복지 국가가 확립되었다. 특히 북유럽에서는 사민주의 정권이 장기 집권에 성공했다. 이들 선진 산업국에서는 노사 타협에 기초해 생산성과 보조를 맞춘 임금 인상이 이루어졌다. 대량 생산에 조응하는 대량 소비의 시대가 열렸고 그 속에서 자본주의 대중문화가 꽃을 피웠다. 1945년 제2차 세계대전 종전 시점부터 1970년대 초까지의 이른바 '자본주의 황금기', 혹은 '영광의 30년'이 브레턴우즈 체제의 역사였다.

이 대목에서는, 과거와 같은 노골적인 수탈로 식민지를 통해 잉여를 확보하는 것에 한계에 다다르면서 전통적인 제국주의 국가들이 어쩔 수 없이 내수 부양으로 돌아선 사실에도 주목하는 게 좋겠다. 1914년 제1차 세계대전 발발 이전과 비교할 때 제2차 세계대전 종전 후 자본주의 체제의 역사적 특수성은 수요 부족 문제를 어떻게 해결했는지에 달려 있었다. 1914년 이전에 수요 부족 문제는 주로 식민지를 통해 해결되었다. 하지만 전후에는 내수 확대가 결정적인 역할을 했다. 케인스주의 복지 국가로 대중의 구매력이 향상되면서 창출된 유리한 수요 조건이 큰 역할을 한 것만큼은 틀림이 없었다.

과거에는 제국주의 국가들 사이에서 식민지 쟁탈전이 벌어지는 경우가 적지 않았다. 그러나 식민주의가 종말을 맞으면서 산업 국가들한테는 내수에 기초한 축적이 강제되었다. 또 내수 기반 경제로 변신하려면 국내 경제 정책의 자율성을 보장받기 위한 새로운 국제 질서가 요구되었는데 브레턴우즈의 새로운 합의는 바로 그와 같은 자본의 변화된 축적 전략에 제법 어울리는 것이었다.

한편 브레턴우즈 체제에서의 자유 무역은 정책적 자율성을 어느 정도 갖춘 국가의 관리 하에 수행되었다. 자유 무역이라고는 하지만 전면적인 개방이나 무조건적인 자유화와는 거리가 멀었다. 전후 세계 무역 질서는 관세 및 무역에 관한 일반 협정General Agreement on Tariffs and Trade, GATT에 의해 대표되었다. GATT는 각국이 교역에 있어 최혜국most favoured nation, MFN 대우 원칙을 준수할 것을 요구하는 규범 역할을 했다. 최혜국 대우란 한 국가가 특정 외국에게 가장 유리하게 부여하는 대우가 있다면, 다른 나라한테도 그와 똑같은 대우를 적용하라는 것이어서 한마디로 나라가 다르다고 차별하지는 말라는 뜻이었다. 가상의 예를 들자면 한국이 특정 국가로부터의 자동차 수입에 부과하는 관세율을 10%에서 8%로 낮췄다면, 이제 어떤 나라로부터 수입하든 차별 없이 한국은 자동차 수입 관세 8%를 적용해야 한다는

의미이다.[21]

GATT의 최혜국 대우 조항은 그 역사적 연원이 깊다. 최혜국 대우는 뉴딜 정책의 한 부분으로 1934년에 제정된 '호혜관세법'에서도 채택되었다. 어떤 의미에서는 뉴딜 호혜관세법이 GATT로 이어져 브레턴우즈의 통상 질서를 규정했다고도 볼 법하다. 미국의 외교 노선은 전통적으로 고립주의를 따랐고 대공황을 야기한 주범 중 하나로 지목되었던 고율 관세 역시 그와 같은 고립주의의 소산이었다. 호혜관세법은 그런 문제점을 극복하고자 국제주의적인 지향을 분명히 했다. 그랬기에 저율 관세로 자유 무역의 기틀을 세웠다. 그런데 호혜관세법에서는 최혜국 대우 원칙을 수용하면서도 교역 당사국 간 협상이 중시되었다. 따라서 보호가 필요한 국내 산업에 대해서는 시장을 개방하지 않아도 되었다.

국제 연합^{UN} 내에서도 종속 이론 경제학자 라울 프레비시$^{Raul\ Prebish}$의 주도로 유엔 무역 개발 회의$^{UN\ Conference\ on\ Trade\ and\ Development,\ UNCTAD}$가 설립되면서 불평등 무역에 대한 제3세계 개발도상국들의 문제제기가 있었다. 이는 개발도상국으로 인정된 나라들이 GATT 하에서 선진국들보다 관세율을 높게 책정해 자국 산업을 일정 정도 보호하는 관

---

21 단, 최혜국 대우에는 예외가 있다. 그것은 자유 무역 협정(free trade agreement, FTA)이다. 쌍방 간에, 혹은 여러 나라들 사이에 동시에 FTA를 체결하면 최혜국 대우에 따른 관세율이 아니라 협상을 거쳐 정한 관세율로 무역이 이루어진다. FTA에 따른 관세율은 그런 의미에서 차별적이다.

세 상 특혜가 허용되는 계기가 되었다. 한국도 1970년대부터 그에 따른 혜택을 오랫동안 누려 왔다. 관세율이 높든 낮든, 나라에 따라 차별하지만 않는다면 최혜국 대우 원칙은 지킨 셈이었다. 아울러 GATT는 비관세 장벽과 관련해서는 규정이 미비했는데 이 역시 교역 당사자 간 협상을 중시한 뉴딜의 정신과 연결되는 지점이 있었다. 이상 살펴본 바와 같이 브레턴우즈의 통상 질서는 우리가 신자유주의나 수입 개방이란 이름으로 떠올리게 되는 그런 가혹한 자유 무역은 아니었다. 그것은 국가에 의해 관리되는 자유 무역이었다.

지금까지 설명한 내용에 기초할 때 브레턴우즈 체제는 국가의 자율성이 중시되는 점에서 진보적인 성격이 없지 않은 국제 질서였다. 다만 진보적인 면만 있었던 것은 아니다. 브레턴우즈의 부분적인 진보성은 전후 공산주의 진영의 확대, 선진국 내 노동자 계급의 대두, 세계 각지에서의 민족 해방 운동의 승리와 탈식민화에 따른 국제적인 차원에서의 세력 간 역량 재배치의 결과물이었다. 그러나 브레턴우즈는 또한 미국 패권에 대한 국제적 인정을 전제로 성립된, 절충적이고 타협적인 질서이기도 했다. 전후 자본주의 진영에서 미국의 군사력과 경제력은 압도적인 것이었다. 미국은 영국으로부터 제국의 왕관을 물려받아 새로운 패권 국가로 등극했다. 자본주의 진영에서 미국은 유일 초강대국의 지위를 차지했다.

금환본위제 하에서 금으로의 태환이 달러를 거쳐 이루어지는 점에서 달러는 자본주의 진영 내에서 유일한 기축 통화, 유일한 세계 화폐로 공인되었다. 달러가 갖게 된 이런 권력을 '달러 패권', 혹은 '달러 헤게모니'라고 부르는데 이 달러 패권이야말로 제국주의 미국이 세계를 관리하는 핵심 지배 수단으로 기능하게 되었다.

이와 관련해 경제학자 케인스는 브레턴우즈 회의에서 달러와 같은 특정 개별 국가의 화폐를 기축 통화로 삼으면 안 된다면서 다자주의[22]적인 세계 화폐를 새로 만들어 국가 간 결제에 쓰자고 제안했다. 아울러 국가 간 무역 불균형이 누적되지 않도록 해 분쟁의 소지를 줄일 수 있는 국제기구를 창설하자고도 제안했다. 당시 회의에서 그의 제안은 경제적으로나 논리적으로는 최상의 대안으로 받아들여졌다. 세계 각국에서 참여한 전문가들이 케인스의 제안에 수긍했다. 하지만 미국이 강력한 패권을 행사하는 현실 앞에서는 그도 어쩔 수 없이 무릎을 꿇어야 했다. 미국은 달러가 유일한 기축통화로 인정받아야 한다는 입장을 고집했다. 결과적으로 케인스의 제안은 거부되었다. 다만 그런 상황에서도 케인스는 끝내 자본 통제에 대해서만큼은 포기하지 않고 국제적 합의를 이끌어내는 것에 전념했다. 달러 패권을 인정해주는 대신 자본 이동에 대한 통제는 지켜

---

22 한 나라의 일방적인 권력 행사에 반대하며 여러 나라가 공동의 목표를 중심으로 협력하는 국제 관계를 의미한다. 다만 역사적으로 보면 다자주의도 왜곡된 의미를 띠는 경우가 있었다. 가령 제국주의 나라들이 기득권을 지키기 위해 국제기구에서 함께 영향력을 행사하는 경우에도 다자주의로 포장되곤 했다.

낸 결과였다.[23]

　브레턴우즈 회의에서 케인스가 옹호한 가치는 국제적 다자주의, 정책 자율성, 개방 축소 그리고 '국가자본주의'[24]였다. 각국이 국내 경제 여건을 안정적으로 관리할 필요성이 점점 더 커지는 마당에 국제적 개방은 수준을 과거보다 훨씬 더 낮춰야 한다고 보았다. 세계경제 안정화를 위한 다자주의적인 국제 질서를 정비하고 그 안에서 각국이 정책 자율성을 확보하면서 국가자본주의적 발전을 도모해야 한다는 생각이었다.

　그러나 미국은 케인스의 이런 관점에 반대했다. 미국은 자국 중심으로 국제 질서를 수립해 미국의 경제적 팽창에 전 세계를 개방시킨다는 목표를 가졌다. 불가피하게 양보하는 경우에조차 미국은 자국만의 특권을 확보했다. 예를 들어 IMF와 세계은행에서 거부권을 행사할 수 있는 유일한 나라가 미국이었다. 미국은 달러를 유일한 세계 화폐로 만들고 런던 대신 뉴욕을 국제 금융의 중심지로 삼

23　당시 브레턴우즈 회의를 주도했던 미국 대표단을 이끈 이는 해리 덱스터 화이트(Harry Dexter White)라는 미국 재무부 관리였다. 세간에는 그가 케인스와의 일대 결전을 거쳐 달러를 유일한 기축 통화 지위로 끌어올린 것처럼 알려져 있다. 대표적으로 국내에도 번역 소개된 벤 스틸의 책, 『브레턴우즈 전투』에서 그렇게 그려졌다. 그러나 사실은 화이트도 케인스의 의견에 동의했고 그가 준비했던 미국 대표단의 최초 제안도 케인스의 영향을 강하게 받은 것이었다. 다만 미국 대표단 내부에서 화이트를 제치고 달러 패권을 확립하려던 시도가 있었고 화이트는 회의 과정에서 뒤로 물러나야 했다. 우연의 일치일 수 있지만 화이트는 나중에 미국 정부에 의해 소련 간첩으로 지목되었고 수사 중 사망했다.

24　국가자본주의는 국가가 공공 부문을 일정 비중 이상 유지하면서 산업 발전의 기획자로 나서는 등 국가의 경제적 역할이 중시되는 혼합경제 자본주의라고 생각하면 된다.

으려고 했다.

과거 영국은 자국이 직접 지배하는 식민지를 세계 곳곳에 거느리고 있었다. 영국에게 식민지는 낮은 가격에 자원(원자재)을 확보하는 원천이었다. 영국에게 식민지는 영국 내 과잉 생산물을 수출로 밀어낼 수 있는 시장이기도 했다. 영국 자본은 식민지를 상대로 한 교역에서 큰 이득을 누렸다. 엄청나게 수탈했기에 막대한 잉여를 획득할 수 있었던 것이다. 그렇게 영국이 식민지에서 무역으로 벌어들인 돈은 다시 전 세계로 투자되었다. 영국 금융 자본은 그 결과로도 큰 수익을 올렸다. 영국은 19세기 말에는 평균적으로 국내 총생산의 약 10%를 해외 투자에 썼다. 그 정도로 많은 부를 식민지로부터 수탈했던 셈이다. 영국의 대규모 해외 투자 과정에서 파운드 스털링은 전 세계로 뻗어나갔다. 파운드가 기축 통화이자 국제 유동성으로 자리 잡게 된 배경이다.

그러나 전후 세계 질서는 달랐다. 예전의 식민지가 하나둘씩 독립하면서 식민지 인민에 대해서는 자결권이 적용되지 않는다던 과거의 인식은 효력을 상실했다. 아무리 위선과 가식에 찌든 것이라 해도 이제 국민 국가들은 유엔 헌장에 따른 법적 평등을 누렸고 침략 전쟁은 명목상 금지되었다. 제국주의가 수세에 몰린 형편이었다. 다소 형식적일 수는 있지만 주권의 평등과 불개입 원칙은 지지를 받았다. 브레턴우즈 체제에서 신흥 독립국들은 자국의 지배 계급이 그럴 의지와 능력만 있다면 선진 산업국과의 경쟁을 추구할만한 일정한 정책 자율성은 갖추게 된 것이었다.

그런 점에서 미국은 영국과는 달리 직접적인 식민지 수탈로 잉여를 확보하기 어려웠다. 미국의 수출은 이미 1950년대 후반부터는 줄어들고 있었다. 1960년대 후반부터는 무역에서 흑자를 보기가 더 이상 어려운 지경이 되었다.[25] 그래도 1960년대까지는 해외 직접 투자 형태로 자본 수출을 그럭저럭 이어갔다. 그러나 군비 지출에 막대한 돈을 계속 쓰다 보니 해외에 투자할 자금이 부족했다. 미국은 고전적인 제국주의 이론에서 예견했던 것과는 사뭇 다르게 제대로 자본 수출을 수행하기 어려운 제국으로 점점 변해갔다. 그런데 막상 달러로 기축 통화를 삼은 이상 국제적으로 달러 유동성이 부족한 상태가 되지 않도록 달러를 전 세계적으로 충분히 공급하긴 해야 했다.

미국은 영국과는 아예 다른 길을 걸을 수밖에 없었다. 거꾸로 무역에서 적자를 보는 방식으로 달러를 세계에 제공한 것이었다. 미국은 달러를 찍어서 해외 상품부터 수입했다. 그렇게 미국인들은

---

25   무역 흑자는 수입보다 수출이 큰 것이다. 수출을 하면 그만큼 국민 소득이 늘어난다. 수출로 누군가는 임금으로든, 이윤으로든 돈을 벌기 때문이다. 반대로 수입을 하면 그만큼 국민 소득은 줄어든다. 수입을 할 때는 소득을 포기하고 돈을 내줘야 하는 때문이다. 그러므로 무역 흑자만큼 국내 소득과 생산이 늘어난다.

소비를 즐겼다. 그런데 미국이 해외 수입을 늘리면서 달러가 외국으로 빠져나가기만 한다면 달러 가치는 떨어질 수밖에 없었다. 미국은 달러를 일정량의 금으로 바꿔주기로 약속했다. 그런데 금은 안 늘어나고 있음에도 해외로부터의 수입을 위해 미국 밖으로 빠져나가는 달러가 늘어나고 있으니 문제가 생기지 않을 수 없었다. 결국 미국 정부는 달러를 금으로 바꾸려는 나라들에게 금 대신에 억지로 미국 정부가 발행한 국채[26]를 손에 쥐어주고 돌려보내기 시작했다.

이제 미국에 상품을 수출하고 달러를 벌어들인 나라들은 뉴욕의 미국 중앙은행 지하실 금고에서 금을 받아오지는 못하고 대신에 그 달러로 미국 국채를 사야 했다. 달러로서는 미국의 상품 수입 때문에 미국 밖으로 나가 세계 화폐의 다양한 용도로 쓰였다가, 수출 국가의 미국 국채 매입 과정에서 미국 안으로 다시 돌아오는 새로운 여정을 시작하게 되었다. 그렇게 새로운 방식의 자금 재순환이 이루어졌다. 그러나 그것은 불안정한 방식이었다. 왜냐하면 그 길은 미국이 지속적으로 국채를 찍어내 대외 채무를 쌓아가야만 하는 막다른 길이었기 때문이다. 또한 군비 지출과 무역 적자가 누적되면서 미국의 금 보유고는 이미 눈에 띄게 빠른 속도로 줄어들었기 때

---

26 국채는 각국 정부가 발행하는 채권이다. 채권은 일정 만기 후 원금을 돌려주기로 약속하고 자금을 꾸는 금융 수단이다. 채권을 발행한 국가는 빚을 지는 셈이고 매년 약속한 이자를 채권 투자자에게 지급해야 한다.

문이다. 달러를 금으로 교환해주기로 했던 약속을 더 이상 지킬 수 없게 되면서 브레턴우즈 체제는 위기로 빠져들고 있었다.

브레턴우즈 이후의 세계경제
: 신자유주의, 금융화, 다극화

1971년 8월 15일 미국은 더 이상 달러를 금으로 교환해주지 않는다고 전 세계에 통고했다. 한 번 닫힌 창구는 영영 다시 열리지 않았다. 금과 교환 비율이 고정되어 있던 달러 중심의 고정 환율제는 1973년 3월 영구적으로 폐기되었다. 이후 세계경제는 환율이 실시간으로 변동하는 변동 환율제로 이행했다. 환율은 외환 시장에서의 수급 상황에 따라 결정되었다. 고정 환율제가 폐기되면서 달러 가치는 거의 자유 낙하했다. 금 가격이 치솟았다. 달러 가치가 폭락하면서 금이 아닌 달러로 대외 준비 자산[27]을 보유하고 있던 나라들 대부분은 큰 손해를 볼 수밖에 없었다. 이 사건은 브레턴우즈 체제의 붕괴를 알리는 신호탄이 되었다.

---

27 대외 준비 자산은 무역이나 국제 자본 거래의 결과로 외국과 결제를 수행하기 위해 중앙은행이 보유하고 있는 자산을 말한다. 보통 달러와 같은 기축 통화 외화 자산이나 금 등이 대외 준비 자산으로 활용된다.

이런 상황이 어느 날 갑자기 벌어졌을 리는 없었다. 브레턴우즈 체제의 고정 환율제는 달러 가치의 안정성이 담보되어야 유지될 수 있었다. 그러나 그러기에는 정작 미국의 산업 경쟁력이 발목을 잡았다. 미국 산업이 경쟁력을 상실한 이유는 다양했다. 패권 국가답게 자유 무역의 전도사 노릇을 하느라 정부가 산업 정책에서 나몰라라 손을 뗐던 탓도 있었다. 바짝 추격해오는 서독이나 일본에 비해 생산 설비가 노후화한 것도 추가적인 이유였다. GATT 체제 하에서는 관세로 보호받는 나라들이 있었는데 이들 때문에 미국은 자국 제조업이 해외로 떠나가는 현상을 감수해야 했다. 소비를 위한 해외로부터의 수입은 줄어들지 않는 반면 수출할 자국 산업이 공동화되면서 경쟁력을 상실하자 수출로 벌어들인 금보다 수입으로 빠져나간 금이 많았다. 무역 적자는 피해갈 도리가 없었고 그런 이유로 금이 줄었다.

미국으로서는 군비 지출도 규모가 너무 컸다. 미국은 1940년대 말부터 이미 본격적인 재무장에 나섰다. 이후 미국 경제는 체질적으로 군수 산업의 팽창에 의존하면서 명실상부한 '영구 군비 경제'가 되었다. 군비 지출은 일시적으로는 국내 생산을 늘려 성장률을 높일 수도 있다. 하지만 해외 군사 지원, 주둔비 등 다양한 명목으로 돈이 들기 때문에 금은 지속적으로 빠져나갔고 국제 수지를 구조적인 적자로 만들었다.

1960년대에 들어서면 미국이 가진 금은 이미 충분히 고갈된 상태였다. 이런 여건에서는 달러에 대한 신뢰가 유지되기 어려웠다. 달러 가치가 안정되리라고 기대할 수 없었다. 1971년 8월의 금 태환 중지는 그런 배경에서 벌어진 사건이었다. 금 태환 중지로 브레턴우즈 체제를 떠받치던 기둥 하나가 뽑혀나가자 체제는 해체되어 갔다. 전후 회복 국면을 거친 선진 산업국들은 1970년대 들어 자본 통제부터 풀었다. 각국 내에서 영향력을 키워온 금융 자본은 자본 이동의 자유화를 염원했다. 다국적 기업이 점차 늘어나면서 산업 자본[28]도 자본 이동을 적극 지지하고 나섰다.

무역 적자가 늘어만 가는 미국도 자본 통제를 제거하고 싶었다. 해외 자본이 미국 내로 들어오게 할 수만 있다면 설령 무역에서 계속 적자를 보더라도 달러 가치를 안정시켜 달러 패권을 휘두를 수 있다는 판단에서였다. 달러 가치가 위협 받지 않으려면 미국 정부와 자본으로서는 끊임없이 자국 내로 자금이 유입되게 해야 했다.

자본이 국경을 넘나드는 세상에서는 국가가 자본을 사회적으로 통제하기 어려웠다. 자본은 이윤 창출에 유리한 곳이면 뒤도 돌아보지 않고 지구 어디든 찾아 떠났다. 자본의 이탈을 두려워한 국가

---

28 산업 자본은 직접적인 생산 활동을 통해 이윤을 창출하는 점에서 금융 자본과 다르다. 금융 자본은 산업 자본이 생산한 가치를 재배분하는 역할을 하며 새롭게 경제적 가치를 창출하지는 않는다.

들은 너나 할 것 없이 규제를 완화했고 감세에 발 벗고 나섰다. 자본을 통제했던 고삐가 풀리자 환율이 급변했다. 금리도, 원자재 가격도, 주식 가격도, 상품 가격도 변동성이 커져만 갔다. 생산 비용이 마구 변하고 자본 간에 경쟁이 격화되면서 생산 체제의 불안정성도 커졌다.

이와 관련해 마르크스주의 경제학자 로버트 브레너Robert Brenner의 설명에 주목할 필요가 있다. 브레너에 따르면, 전후 자본주의 세계경제는 서독과 일본이 미국과 본격적으로 경쟁하면서 장기 호황에 접어들었다. 그런데 호황을 겪으면서 초과 설비와 과잉 생산이 누적되었다. 이로 인해 1973년 이후로는 이윤율이 하락했다. 장기 침체가 시작되었다. 심각한 경기 불황과 인플레이션을 동시에 몰고 온[29] 석유 파동을 계기로 세계 자본주의는 축적의 위기로 내달렸다. 케인스주의와 복지 국가의 시대 역시 영광의 30년을 마감했다.

이와 같은 변화는 생산 비용의 절감을 위한 노동 유연화를 낳았다. 노동 유연화는 고용과 임금을 자본에 유리하게 신축적으로 조정할 수 있게끔 하는 것이었다. 고용 유연화가 적극적으로 이루어지면서 노동자 계급은 세계 곳곳에서 정리 해고와 비정규직이 양산

---

[29] 경기가 침체되면서 물가가 급등하는 현상을 스태그플레이션(stagflation)이라고 한다. 스태그플레이션은 대개 석유 파동과 같은 공급 측 요인으로 인해 생산 비용이 오를 때 발생한다.

되는 현실을 마주하게 되었다. 임금 유연화도 함께 이루어져 성과에 따른 임금 차별이 확대되었다. 노동 유연화는 자본이 축적 위기와 그에 따른 시장 위험을 노동자들에게 뒤집어씌우는 방식이었다. 자본은 또한 이윤 창출의 기회를 확대하기 위해 공급망[30]을 전 지구 범위로 확대시켰다. 초국적 기업이 그렇게 등장했다. 국가에 의한 산업 통제, 무역 규제는 초국적 기업의 등장으로 인해 무력화되기 일쑤였다.[31] 초국적 자본은 최고 수준의 노동 유연화를 달성할 수 있었다. 노동 유연화는 노동 보호가 취약한 주변부 나라들에서 극에 달했다. 그곳에서 임금과 노동 조건은 '밑바닥을 향한 경주race-to-the-bottom'로 내몰렸다.

이 모든 변화에는 하나의 이름이 있다. 그것이 신자유주의다. 한번 빗장이 풀리자 금융 자본이 세상을 집어삼키면서 일어난 변화였다. 자본 이동의 자유는 금융 자본에 날개를 달아주었다. 금융 자본의 권력이 막강해졌다. 다만 그렇다고 해서 신자유주의 때문에 국가의 기능이 약화된 것은 아니었다. 오히려 초국적 기업들은 국가의 지원에 기대어 성장할 수 있었다. 대다수의 초국적 기업들은 여전히 어느 한 나라의 자본가들이 확고하게 통제하고 있었다. 국가

---

30 공급망은 원자재를 확보하는 단계부터 최종 소비자에 이르는 단계까지 제품과 서비스가 이동하는 연결망을 의미한다.

31 초국적 기업이란 전 세계 여러 나라에 자회사와 지사를 설치해 생산과 판매 활동을 벌이는 기업이다. UNCTAD 보고에 따르면 2013년 기준으로 무역의 80%가 초국적 기업과 연계된 공급망 내에서 발생하고 있다(파올로 제르바우도, 『거대한 반격』, 2021, 다른백년).

가 약화되었다기보다는 차라리 국가의 역할이 바뀌었다고 보는 편이 정확하다. 자국의 독점 자본이 거대 초국적 기업으로 무대에 오를 수 있도록 지원하는 것이 국가의 새로운 역할이었다. 노동자 계급의 힘이 약해지면서 국가가 자본가 계급의 도구로 전락한 셈이었다.

브레턴우즈 체제를 대체한 신자유주의 체제에서 미국의 세계경제 지배에 있어 한 가지 모습은 제3세계 채무국들에 대한 신자유주의적인 수탈로 나타났다. 달러가 부족한 나라들에 대해 미국은 과거 채권국의 모습 그대로 IMF와 같은 국제기구를 활용해 '워싱턴 컨센서스'를 강요했다. 워싱턴 컨센서스는 미국이 자본주의 체제를 개발도상국에 발전 모델로 이식하려는 전략이었다. 그것은 자국의 위성국을 만들고자 하는 미국의 대외 정책과 궤를 같이 했다. 워싱턴 컨센서스가 강요되면서 채무국들은 국내 정책을 자율적으로 자기 의지대로 추진하기 어려워졌다. 산업화 계획이 방해받기 일쑤였고 공공 부문이 축소되었다. 민영화와 긴축이 어쩔 수 없는 선택이 되었다. 구조조정이 자연스러운 수순이 되었다. 미국에 근거를 둔 초국적 자본이 금융 투자자로서 종종 광물 자원 개발권과 공공 기반 시설을 인수했다. 농업 자급화도 저지당했다. 원자재 및 노동력의 저가 공급이 이들에게 주어진 역할로 남았다. 요컨대 자립적 발전의 전망이 가로막힌 것이었다.

다만 달러의 불안정성은 커져만 갔다. 그 점은 금융화financialization라고 불리는 현상과 연관되어 있다. 금융화라는 용어는 그 의미가 복합적이다. 대개 경제 내에서 실물 생산보다 금융 부문의 역할이 커지면 금융화가 진전된다고 말한다. 그런 점에서 금융화는 신자유주의 현상이기도 하다. 그런데 제국주의 미국의 역할을 중심으로 제2차 세계대전 이후의 세계 자본주의를 역사적으로 조망함에 있어서는 금융화에 새로운 의미가 덧붙여진다.

금융화의 새로운 의미란 대규모 달러 자금이 국제적으로 재순환되어 미국 내로 유입되었던 역사적 사실과 연관된다. 역사적인 금융화는 미국 중심, 달러 중심 현상으로 나타났다. 그렇게 된 데에는 이유가 있다. 미국은 전후 변화된 국제 질서 때문에 더 이상 식민지를 직접적으로 관리하며 잉여를 수탈하는 방식으로는 패권을 유지할 수 없었다. 게다가 후발 경쟁 국가에 쫓기며 점점 산업 경쟁력이 취약해지던 터였다. 달러 가치가 점점 더 진폭이 커지며 흔들리는 것은 불가피했다. 그런데 일시적이나마 미국 내로 대규모 달러 자금이 유입되는 국면에서는 달러 가치가 잠시 다시 안정을 되찾을 수 있었다. 자본 이동이 자유화된 뒤로는 금융화가 바로 그와 같은 방식으로 달러 가치를 떠받치는 계기로 작용했다.

미국이 처음으로 자본 통제를 본격적으로 폐지하고 해외 자본

이동을 자유화한 것은 1974년이었다. 1973년과 1974년의 석유 파동을 거치며 석유 수출국 기구^{OPEC}의 산유국들은 석유 수출로 달러를 엄청나게 벌어들였다. 이들은 왜 유가를 급격히 인상했나. 그 이유는 유가가 기존에 달러로 표시되어 있었기에 달러 가치가 하락하면서 산유국들이 손해를 봤던 까닭이었다. 산유국들로서는 어차피 금으로 바꿀 수도 없게 된 달러 때문에 가만히 앉아서 손실을 보고 있을 수만은 없었다. 그래서 산유국들이 유가를 올렸던 것이다.

그런데 산유국들은 석유 수출로 벌어들인 달러로 미국 금융 자산을 취득하고 나섰다. 이른바 '오일 머니'가 미국으로 재순환해 돌아오는 일이 벌어졌다. 실제로는 그 과정을 미국이 주선했다. 미국이 석유 수입으로 지불한 달러가 미국으로 다시 돌아왔다. 무역에서 적자를 봤지만 '자본 수지'[32]에서 흑자를 봤으니 달러 가치가 흔들리지 않는다. 그렇게 미국으로의 첫 번째 자금 유입의 물결이 일었다. 첫 번째 금융화였다.

당시 미국 은행들은 서방 경제의 장기 침체 속에서 자국으로 되돌아온 석유 수출국의 흑자 자금을 중남미 등의 개발도상국에 빌려

---

32   무역 수지는 수출입 차이로 인해 외환을 얼마나 벌어들였는가를 나타낸다. 여기서 외환은 달러다. 대외 교역에서 결제 통화가 달러이기 때문이다. 무역 수지와 달리 자본 수지는 자본 유입과 자본 유출의 차이로 달러가 얼마나 자국 내로 들어왔는가를 나타낸다. 본문에서 미국은 중동 국가들로부터 석유를 수입하면서 달러를 내준 다음(무역 적자) 중동 국가들에게 국채를 팔아 달러를 다시 챙긴 셈이다(자본 수지 흑자). 나간 만큼 들어왔으면 미국 입장에서 대외 적자가 아니고 따라서 미국의 화폐인 달러의 가치는 떨어지지 않을 수 있다.

졌다. 그러나 1980년대 초에 미국의 중앙은행인 연방준비제도가 금리를 급격히 올리자 여러 개발도상국들이 미국에서 빌려 쓴 달러 빚 외채를 갚지 못해 파산하는 일이 속출했다. 이처럼 첫 번째 금융화의 귀결은 1982년 외채 위기로 나타났다.

두 번째 금융화의 물결은 1980년대 초 연방준비제도가 고금리로 통화 정책을 전환하면서 개시되었다. 1979년에 발발한 제2차 석유 파동으로 물가가 폭등하고 달러 가치가 급락했다. 이에 미국은 고금리로 전환했다. 이는 달러 가치를 떠받치려는 선택이었다. 금리가 오르자 높은 수익률을 원하는 해외 자금이 다시 미국으로 유입되면서 달러 가치가 올랐다. 그러나 그렇게 미국 내로 유입된 자금은 장기 침체로 인해 미국 내에서는 생산적으로 활용될 길이 없었다. 이제 세계 각지로부터 미국으로 흘러들어온 돈은 미국 주식 시장으로 내몰렸다. 결과적으로는 주식 가격에 거품만 키웠다. 그리하여 두 번째 금융화의 마지막 장면은 1987년 10월 주식 시장 거품이 터진 '검은 월요일(블랙 먼데이)'이 장식했다.

세 번째 대규모 자금 유입은 1990년대 들어 일본이 무역 흑자로 벌어들인 달러로 미국 국채를 대량 매입하면서 발생했다. 이 세 번째 금융화는 1995년에 있었던 역(逆, reverse 플라자 합의와 관련이 있었다. 역 플라자 합의란 1985년에 있었던 플라자 합의를 뒤집는 내용이었다. 1985년에 미국은 만성적인 대일 무역 적자를 해소하기 위해 일본과 플라자 합의를 맺은 바 있었다. 플라자 합의는 일본이 경제적 불이익을 감수하고 미국 앞에 무릎을 꿇은 사건이었다. 플라자 합의에 따라 일본은 억지로 엔화의 가치를 높여야 했다. 그것은 달러의 상대적 가치를 낮춰 미국의 수출을 돕기 위한 조치였다. 잘 알려진 것처럼 그 후 일본은 경제가 침체되면서 '잃어버린 20년'으로 빠져들었다.

그런데 사실 플라자 합의로도 미국의 무역 적자는 줄어들 기미조차 보이지 않았다. 이에 미국은 다시 달러 가치를 올려 '강(强)달러'로 돌아가고 싶어 했다. 이번에도 일본은 미국의 요구를 받아들여 역 플라자 합의를 맺었다. 역 플라자 합의에서는 거꾸로 엔화 가치를 인위적으로 낮췄다. 엔화 가치가 떨어지고 달러 가치가 오르자 국제 금융 시장은 일대 혼란에 빠졌다. 그 과정에서 아시아에 진출해 있던 투기 자본들이 일제히 투자 자금을 회수해 미국의 달러 자산 매입에 나섰다. 그 결과가 1997년 아시아 외환위기였다. 한국도 그 희생양이었다. 이처럼 세 번째 금융화도 결국 그 끝은 금융 위기였다.

아시아 외환위기 이후 미국은 전 세계로부터 자금을 빨아들이는 나라가 되었다. 세계 각국의 저축된 재원들이 특히 미국 주식 시장으로 쏟아져 들어왔다. 정보 기술IT 업종을 중심으로 신경제에 대한 신화가 퍼져 나갔고 주가는 급등했다. 주가가 오르자 더 많은 자금이 미국 주식 시장을 향했다. 그러나 그 결말은 처참했다. 2000년과 2001년의 닷컴 버블 붕괴로 주가가 폭락했다. 이후 미국으로의 자금 유입은 주식 시장 대신 부동산 시장을 향했다. 그리고 이번에는 그 귀결이 2007년 서브프라임 사태와 뒤이은 2008년 글로벌 금융 위기였다. 따지고 보면 네 번째와 다섯 번째 금융화도 결말은 금융 위기였다.

미국의 지배계급은 이와 같은 연이은 금융화를 조성하고 유지함으로써 기축 통화로서의 달러의 세계적 지위를 뒷받침하기 위한 정책과 전략을 추구했다. 금융화 과정에서 미국 내로 대거 유입된 자금은 주식이나 주택 가격을 끌어올려 미국 시민들의 소비를 자극하기도 했다. 게다가 미국 은행들은 그 소비의 불에 대출 확대라는 기름까지 끼얹었다. 미국은 이른바 '부채 기반 소비 주도 성장'을 이어갔다. 경제가 성장하려면 반드시 그 성장을 이끌 수요[33]가 있어야 한다. 부채 기반 소비 주도 성장이란 말은, 미국의 경제성장이 빚에 의존한 소비 수요에 의해 주도되었다는 뜻이다.

미국 지배층은 부채 기반 소비 주도 성장을 위해서도 주식 가격

---

33   국민 경제에서 수요란 생산물의 구매를 의미한다. 즉 생산물을 획득하고자 소득을 지출하는 것이다. 수요가 있어야 생산물의 가치가 실현되고 생산자에게 소득이 생긴다. 그래야 생산자는 다음 번 생산을 이어갈 수 있다. 그런 의미에서 수요는 국민 소득을 창출해내고 경제성장을 이끈다.

과 주택 가격의 거품을 키워야 했다. 주식이나 주택 같은 자산의 가격이 근본 가치를 벗어나 거품이 붙어야 빚도 더 늘릴 수 있고 그래야 소비도 더 늘릴 수 있어서였다. 그러나 미국이 선택해온 그 길은 과도한 빚과 소비에 의존하며 금융 위기를 끊임없이 발생시키는 비정상적인 성장의 길이 아닐 수 없었다. 그 과정에서 미국 경제의 한계도, 미국 패권의 위기도 점점 더 분명해졌다. 다음 그림은 21세기 들어 세계 화폐로서 달러의 점차 변화하는 위상을 보여준다.

달러의 위상

*자료 : IMF 원 자료로부터 필자 계산

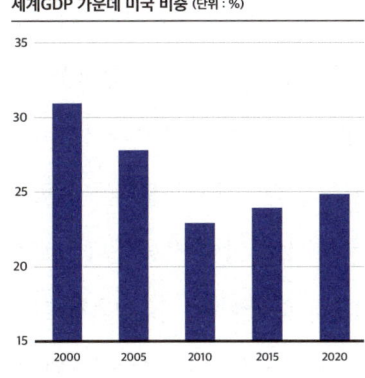

세계GDP 가운데 미국 비중 (단위 : %)

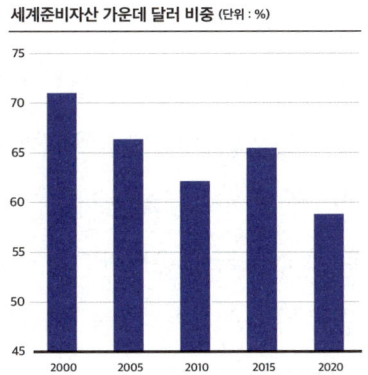

세계준비자산 가운데 달러 비중 (단위 : %)

경제 규모 및 경상 수지 비교

*자료 : IMF, 한국은행, 한국무역협회 무역통계 데이터에 기초해 필자가 계산한 결과임

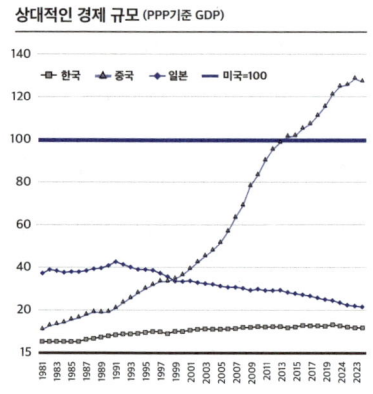

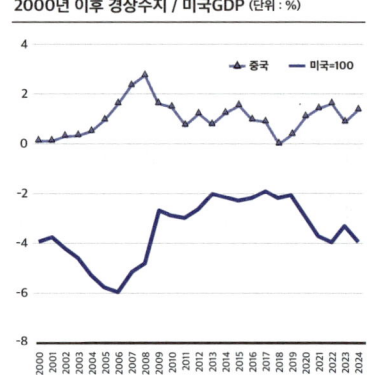

다극화로의 긴 여정은 그렇게 이미 오래 전부터 시작되었다. 이어지는 그림은 경제 규모와 경상 수지[34] 측면에서 미국과 중국을 비교한다. 보통 경제 규모의 국제 비교에 있어서는, 각국의 물가 수준 차이를 고려해 재화와 서비스에 대한 실질적인 구매력^{PPP}을 기준으로 각국의 국내 총생산^{GDP}을 비교하는 방식이 많이 쓰이는데, 그와 같은 기준을 적용하면 이미 2010년대에 중국이 미국을 앞지르기 시작했다. 최근에는 중국의 경제 규모가 미국을 20% 이상 초과한 상태다. 중국과 미국의 경제 관계는 중국이 세계 무역 기구^{WTO} 자유 무역 체제에 참여한 2001년 이후 중국과 미국의 경상 수지를 비교해 보면 잘 드러난다. 미국은 경상 수지에서 내내 적자를 면치 못했

---

[34] 경상 수지는 상품과 서비스의 수출입(상품 수지와 서비스 수지)에 외국으로부터의 소득 획득 및 외국에 대한 소득 지급(소득 수지)의 결과를 더한 것이다. 경상 수지의 한 부분인 상품 수지는 관세청 통관 기준 무역 수지와 개념은 비슷하지만 집계 방식이 다르다. 그래서 상품 수지와 무역 수지는 값에 차이가 있다.

다. 반면 중국은 흑자를 유지해 왔다.

세계대전 직후 미국한테는 지나치게 과도한 권력이 주어졌다. 그 때문에 세계는 케인스의 원래 구상이 실현하고자 했던 다자주의적이면서 각국의 자율성을 중시하는 국제 질서로부터 멀어져야 했다. 우회로는 길었다. 한때 2008년 금융 위기로 그 우회로는 막다른 길목에 들어선 듯 했으나 그 끝은 여태 보이지 않는다. 그러나 최근 수십 년간의 신자유주의 경제 체제가 자연에 대해서나 공동체에 대해서나 얼마나 파괴적이었는지 잊어서는 안 된다. 오늘 진보 정치는 국가의 자주성, 호혜적인 국제 관계, 우리 국가가 다수 대중의 이익을 지향하는 것이 되도록 더 민주화되어야 할 필요성에 대한 인식을 긴 호흡으로 다시금 가다듬을 필요가 있다. 전후 세계경제의 역사가 그 사실을 일깨운다.

제1장 전후 세계경제의 역사
생각해 볼 문제

1 왜 케인스는 전후 국제 질서 재편을 둘러싼 논의 과정에서 개방성을 낮추더라도 자율성을 갖고 국가자본주의적 발전을 도모할 것을 주장했을까? 이와 관련해 경제적 자립은 어떤 가치가 있다고 생각하는가?

2 자본 이동을 통제하지 않고도, 즉 지금처럼 아무 제한 없이 자본 이동이 이루어지는 상황에서도 각국의 정책적 자율성을 온전히 보장받을 수 있을까? 한국의 진보 정치는 이 문제를 어떻게 받아들여야 할까?

3 결국 브레턴우즈 체제가 붕괴하게 된 한 가지 원인은 미국이 무역 적자를 볼 수밖에 없는 구조가 형성된 탓에 있어 보인다. 왜 미국은 무역 적자를 볼 수밖에 없었을까? 왜 지금도 미국은 무역 적자에 허덕이고 있을까?

4 브레턴우즈 체제가 붕괴된 후 신자유주의 시대에 들어 국가가 자본가 계급의 도구로 전락했다면 브레턴우즈 체제에서 국가는 자본가 계급의 도구가 아니었다는 말인가? 자본가 계급의 국가인데도 다수 대중의 이익을 지향하는 것이 되도록 민주화해서 고쳐 쓸 수 있을까?

5 금융화에 기반한 미국의 부채 기반 소비 주도 성장은 어떤 문제가 있길래 비정상적인 성장의 길이라는 것일까? 그렇다면 어떤 성장이 정상적이고 바람직한 길일까?

제2장
한국경제, 멀리서 보기

한국경제의 생산 구조, 지출 구조, 분배 구조
: 장기 추세

한국전쟁 이후 한국경제의 양적 성장을 공정하게 평가한다면, 한마디로 예외적이었다. 세계적으로 유례를 찾기 힘들 정도로 대단한 것이었다. 산업 선진국에서 1백년 이상에 걸쳐 달성한 성과를 불과 20~30년 만에 빠른 공업화로 이루었다. 1961년부터 1980년까지 20년 동안은 연평균 경제 성장률이 8.5%에 달했다. 그 결과 한국은 빈곤으로부터 탈출했다. 1970년대 후반이 되면 쌀 자급을 달성하면서 보릿고개에서 벗어났다. 그 즈음에 북한 경제를 앞질렀다고 알려진다.

'한강의 기적'이라는 표현은 박정희 집권 전인 제2공화국 당시 장면 총리가 경제 성장의 기적을 만들자는 취지로 사용하기 시작했다. 한국경제의 놀라운 성장 속도에 대해 국제적으로 더 잘 알려진 표현은 아마도 세계은행(World Bank)에서 1993년에 펴낸 보고서의 제목

'동아시아의 기적The East Asian Miracle'일 것이다. 그 보고서에서 한국은 아시아의 신흥 공업국 네 마리 용 중 하나로 기술되었다.

다만 범위를 한반도 전체로 넓히면 경제적인 '기적'이라는 용어를 해외에서 처음 쓴 사람은 영국의 포스트 케인스 학파 경제학자 조안 로빈슨이었다. 최초의 여성 노벨상 수상자가 될 뻔했던 일화로 유명한 로빈슨 여사는 1965년에 잡지 ≪먼슬리 리뷰 Monthly Review≫에 '한국의 기적The Korean Miracle'이라는 논문을 게재했는데 이 논문에서는 북한에서 이루어진 경제 개발의 놀라운 성과를 두고 기적이라고 표현했다. 그러니까 기적이란 용어는 원래 북한에 대해 붙여진 것이었다. 로빈슨 여사는 이후 1977년에도 같은 잡지에 다시 북한 경제성과를 평가하는 논문을 게재했는데 그 논문에서도 역

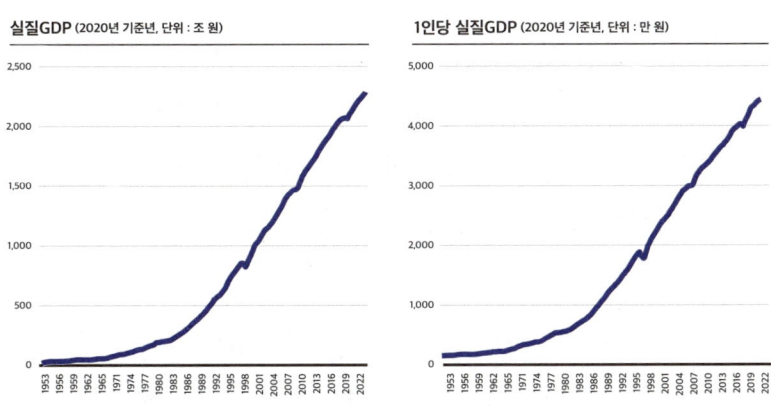

한국경제의 양적 성장

*자료 : 한국은행 ECOS

시 사회주의 북한의 성공에 대한 기대를 숨기지 않았다.

다시 한국으로 돌아오면, 한국경제의 국민 1인당 국내 총생산^{GDP} 규모는 1953년 한국전쟁 휴전의 해에만 해도 세계 109위로 가장 가난한 나라 축에 들었다. 이후 빠른 경제 성장에 힘입어 2023년에는 1인당 국내 총생산이 인구 5천만 명 이상인 나라 중에서는 미국, 독일, 영국, 프랑스, 이탈리아 다음인 여섯 번째를 기록할 정도가 되었다. 총산출 수준을 나타내는 전체 GDP 규모는 2020년에 세계 9위까지 올랐다.

2024년 현재 1인당 국내 총생산은 4,940만원에 달한다. 2019년에 처음 4천만 원을 넘어섰다. 물가 변동의 영향을 제거하고 따지면 한국전쟁 후 최근까지 1인당 실질 생산이 직전 연도보다 줄어든 해는 1956년, 1960년, 1980년, 1998년, 2020년뿐이었다. 1980년은 제2차 석유 파동 때문이었고 1998년과 2020년은 각각 IMF 사태와 코로나 사태 때문이었다. 심지어는 전 세계가 극심한 경기 침체를 겪었던 2008년 글로벌 금융 위기 기간에도 한국의 1인당 실질 생산은 직전 연도보다 늘었다.

도대체 한국경제에서 그동안 어떤 일이 있었던 것일까? 그 점을 알아보기 위해 먼저 경제의 구조적 변화 양상을 한 눈에 파악할 수 있는 몇 가지 경제 변수들의 시계열 자료[35]부터 살펴보자. 그 전에 한 가지. 경제 구조를 보여주는 변수들이 긴 추세를 갖고 변하는 이유는 무엇일까? 그 이유는 시간이 흐르면서 경제의 초기 조건의 영향이 약해짐에 따라, 초기 조건에 남아있던 불균형적인 요소가 점차 해소될 수 있기 때문이다. 또 국가의 제도나 정책이 특정 방향으로 오랫동안 작용하면서 경제의 구조 변화를 초래할 수도 있다. 마지막으로 기술 변화나 국제 질서의 변화 등도 경제의 구조적 변화에 영향을 미치기 마련이다.

우리가 먼저 볼 자료는 생산구조에 대한 것이다. 즉 산업 부문별로 얼마나 부가가치[36]를 창출했는지 확인한다. 부가가치 기준 생산구조 변화 추세를 보면 농림어업은 한국전쟁 직후부터 1960년대 초반까지는 비중이 50%에 육박했으나 지금은 비중이 낮은 수준으로 하락했음을 알 수 있다. 수십 년에 걸친 농업 경시 정책의 이면일 터이다. 산업 구성이 고도화되면서 제조업(건설업 포함)은 1970년대 말에 30%를 넘어섰다. 1980년대 말부터는 그 비중이 비교적 안정

---

35 시계열 자료는 동일한 경제 변수의 시간에 따른 변화를 추적하는 데이터이다. 가령 2010년 소비자 물가, 2011년 소비자 물가, 2012년 소비자 물가, 그런 식이다. 반면에 횡단면 자료는 동일 시점에 대해 여러 경제 변수들의 값을 모은 데이터이다. 가령 2011년 서울의 평균 집값, 2011년 서울의 인구, 2011년 서울 시민들의 평균 소득, 그런 식이다.

36 부가가치는 생산 단계별로 부가된, 즉 더해진 가치이다. 생산 과정에서 기업이 매입한 원재료나 중간재에 얼마나 새롭게 가치가 더해졌는가를 나타내는 개념이 부가가치이다. 예를 들어 제빵업자가 밀가루를 비롯한 재료비로 500만원을 썼고 빵 등을 600만원어치 팔았다면 부가가치는 100만원이다. 이 부가가치는 제빵업자 본인의 노동 소득과 이윤, 제빵업자가 고용한 노동자의 임금으로 분배된다. 부가가치는 해당 생산 부문(이 예에서는 제빵업체)의 순 생산액이라고 이해할 수 있다.

한국경제의 생산 구조 변화

*자료 : 한국은행 ECOS

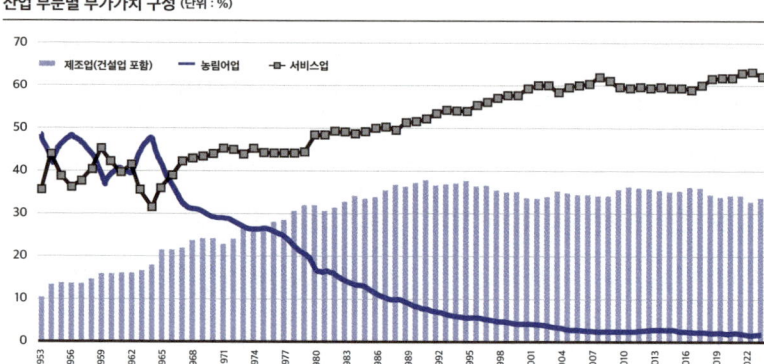

적이다. 서비스업을 포함해 생산 구조가 전체적으로 안정화된 것은 대체로 2000년대 초 무렵으로 보인다.

다음으로 지출 구조다. 일상생활에서 지출은 돈을 쓰는 행위이지만 국민 경제에서 지출은 상품과 서비스의 구매 행위를 뜻한다. 가계는 소비를 위해 지출을 하고 기업은 고정 자본[37]을 형성하기 위한 투자[38]를 위해 지출을 한다. 전자가 민간소비이고 후자가 투자이다. 정부도 지출을 한다. 정부 지출도 소비가 있고 투자가 있다. 정부 지출로 경제 내 고정 자본이 늘어나면 그것은 정부 투자이고 정

---

37 기계장치나 차량운반구 등 설비, 주택이나 공장 같은 건축물 등 생산을 수행하는 단위에서 생산 활동의 목적으로 보유하는 유무형의 자산을 가리킨다.

38 투자라는 말을 일상에서는 주식이나 코인, 아파트의 취득이라는 뜻으로 사용하지만 엄밀하게 따지면 국민 경제에서 투자는 고정 자본을 형성하려는 목적의 지출, 즉 실물 투자만을 가리킨다. 그럼 주식이나 코인, 아파트에 '투자'하는 것은 무엇이라고 불러야 정확한 표현일까? 그것은 국민 경제에서 '저축'에 해당한다. 저축은 일상에서는 은행 예금을 늘리는 행위로 이해되지만 국민 경제에서 저축은 벌어들인 소득 가운데 소비하지 않고 돈을 남기는 것에 해당한다. 그 남은 돈을 가지고 사람들은 은행에 맡기거나 코인을 사거나 주식을 사는 방식으로 저축하는 셈이다.

한국경제의 지출 구조 변화

*자료 : 한국은행 ECOS

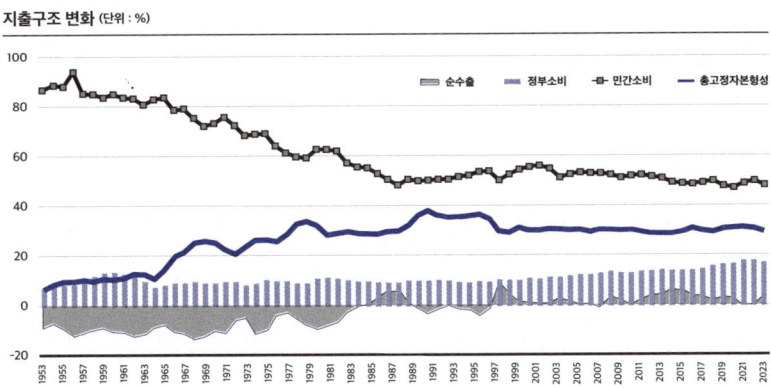

부 지출로 고정 자본이 늘어나지 않으면 정부 소비이다. 정부가 청사 건물을 지으려고 건설업체에 발주를 하면 그게 정부 투자다. 정부가 행정 서비스를 제공하기 위해 사무용품을 구입하면 그게 정부 소비이다. 정부 지출은 그러니까 정부가 조달청을 통해 상품과 서비스를 구매하는 공공 조달 행위이다.[39] 지출 구조의 마지막 항목은 순純, net 수출이다. 순 수출은 수출에서 수입을 뺀 것인데 수출은 해외 주민들이 국내 상품을 구매하는 지출에 해당한다. 수입은 수출의 반대니까 빼준다. 지금까지 네 가지 지출 항목이 언급되었다. 민간 소비, 투자, 정부지출, 순 수출. 이 넷을 더하면 국내 총생산이 된다. 말하자면 국내에서 한 해 동안 생산된 가치 전체가 이 네 가지 방식

---

[39] 정부나 지자체가 가계 소득을 지원하려는 목적으로 민생지원금을 지급한다면 그것은 정부 지출일까? 용어를 엄격하게 쓰자면, 국민 경제에서 민생지원금은 정부나 지자체가 상품이나 서비스를 구매하는 행위가 아니므로 정부 지출이 아니다. 정확한 표현은 정부의 '이전 지출'이다. 정부가 가계의 소득을 늘려주는 '공적 소득 이전' 행위를 한 것이다.

중 하나로 누군가에 의해 구매되어 지출의 대상이 된다는 뜻이다. 국민 경제의 지출 구조란 소비, 투자, 정부지출, 순 수출이 차지하는 비중을 나타낸다.

한국경제의 지출 구조를 보면 1980년대 전반까지는 지출 구조가 불안정했음을 알 수 있다. 생산 구조에서 제조업 비중이 안정화되던 1980년대 후반부터는 지출 구조도 비교적 안정되는 모습이 나타난다. 그런 점에서는 한국경제가 어느 정도 정합적인 내적 균형을 갖추게 된 것도 어쩌면 그 때쯤부터라고 볼 법하다. 1980년대 후반이 되기 전까지 한국경제에는 불균형적인 요소가 내부에 존재해 중장기적인 조정 과정이 이어지고 있었으리라는 짐작을 할 수 있다.

순 수출은 1950년대부터 시작해 1980년대 초까지 줄곧 마이너스(-) 값이었다. 이는 수출보다 수입이 많았다는 뜻이다. 수출보다 수입이 많으니 무역 적자였다. 쌓여만 가던 한국의 무역 적자는 그러나 1980년대 중엽 미국과 일본 사이에 플라자 합의가 맺어지면서 끝이 났다. 한국이 무역 흑자로 전환한 것이었다. 그 시절을 우리는 '3저 호황'이라고도 부른다. 세 가지가 낮아서 한국경제가 잘 풀렸다. 일단 금리가 낮았다. 돈을 싸게 빌릴 수 있으니까 기업들이 투자를 많이 했다. 환율이 낮았다. 환율이 낮으면 달러 값이 싼 셈이니 미국에서 물건을 싸게 사올 수 있다. 수입 물가가 떨어진 것이다. 플라자 합의로 미국 달러 가치가 인위적으로 낮춰졌기 때문인데 일본이 수출 시장을 잃으면서 한국 기업들이 미국으로의 수출을 늘릴 수 있었다. 유가도 낮았다. 석유 값이 싸니 기업들로서는 생산 원가가 떨어졌다.

이후 1990년대에도 사실 무역 적자는 꽤 자주 나타났다. 하지만 외환위기 이후 2000년대에 들어서면 무역 적자를 보는 일이 잘 없었고 무역 흑자가 정상이었다. 후발 산업국에서는 무역 구조 특성상 수출이 늘어날수록 무역 적자가 누적되는 경우가 적지 않다. 그러나 한국은 그 수준을 넘어섰다. 한국은 더 이상은 외국으로부터 빚을 빌려 쓰는 채무국이 아니다. 후발 산업국 치고는 예외적으로 외국에 돈을 꿔 주는 채권국으로의 전환에 성공했던 것이다. 특히 2000년대 이후 첨단 제조업 중심으로 글로벌 공급망의 고부가가치 영역에서 경쟁 우위를 확보한 것은 한국경제가 양적 기준으로 선진국 문턱에 도달하는 과정에서 큰 기여를 했다.

지출 구조 측면에서 추가적으로 몇 가지 눈에 띄는 사실이 있다. 다음은 장기적인 변화에서는 가시적인 추세가 아닐 수 있지만 일정 국면에서는 뚜렷이 나타나는 특징들이다. 먼저 민간소비는 1980년대 말부터 외환위기 직전까지 GDP의 60%를 넘는 높은 비중을 보였으나 외환위기 이후 그 비중이 60% 밑으로 하락했고 21세기 들어서는 지속적으로 하락하는 흐름을 보이고 있다. 다음으로 정부 지출은 1980년대 말부터 2008년 글로벌 금융위기 전까지는 꾸준히 그 비중이 하락했다. 민간 경제 영역이 확대되면서 일어난 현상일 수 있다. 그러나 2010년대 들어서면서 다시 늘어나는 흐름에 있다. 이는 소비가 위축되면서 민간 부문 내수가 둔화하자 이를 국가 재정으로 보완하려는 과정에서 나타난 현상으로 파악된다. 마지막으로 경제 구조의 대외 의존성이 빠른 속도로 심화되었다. GDP 가운데 수출이 차지하는 비중은 경제성장 과정에서 빠르게 상승해 2011년과 2012년에 50%를 넘어서기도 했으며 2022년부터는 45% 선을 유지하고 있다.

소비와 정부지출 및 수출 비중의 변화 (단위 : %)   *자료 : 한국은행 ECOS

국민 경제 안에서 경제활동은 생산, 지출, 분배의 셋 중 하나다. 분배는 생산된 가치가 경제 단위들 사이에서 어떻게 나누어지는가와 관련된다.[40] 생산 구조와 지출 구조에 이어 분배 구조를 살펴볼 차례다. 다음 그림은 한국전쟁 이후 최근까지 한국경제의 분배 구조를 요약한 결과이다.

한국경제의 분배 구조 변화

*자료: 한국은행 ECOS

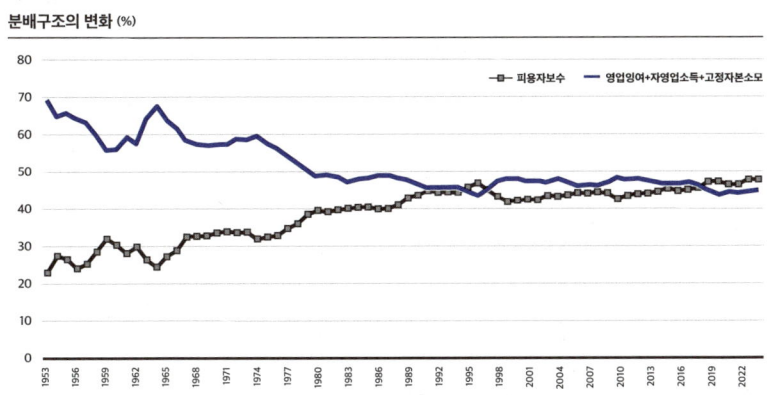

여기서 피용자보수란 임금 노동자에게 귀속되는 소득을 나타낸다. 여기에는 임금 외에 사측에서 부담하는 사회보험료도 포함된다. 자영업 소득은 이론적으로는 그 중 일부를 노동 소득으로 보는 편이 타당하지만, 자영업 소득 가운데 노동 소득이 얼마인지에 대

---

[40] 생산 활동을 거쳐 창출된 가치는 소득이라는 이름으로 경제 단위들 사이에서 분배된다. 그렇게 분배된 가치는 각 단위에 의해 지출된다. 소득이 지출되는 것이다. 지출되지 않고 남은 소득이 저축이다. 그런데 애초에 가치 생산이 이루어질 수 있었던 이유는 지출이 먼저 있었기 때문이다. 공장은 물량을 수주해야 돌아간다. 발주는 누가 하는가? 구매하려는, 즉 공장의 생산물에 돈을 지출하려는 누군가가 발주를 넣는 것이다. 이렇게 생산은 지출을 전제한다. 그런 의미에서 생산, 분배, 지출은 서로 물고 물리는 순환적인 관계가 된다.

한 객관적 기준이 있지는 않다. 그림에서는 자영업 소득을 일단 피용자보수에 포함시키지 않고 전액 사용자 소득에 해당한다고 간주했다. 한편 고정자본소모는, 시간이 흐르면 공장이나 기계의 가치가 하락하는 현상을 감안해서 집계해놓는 통계적 개념이다. 일반 기업에서는 이를 감가상각이라고 부르는데 국민 경제 차원에서는 그 이름이 고정자본소모다. 투자를 주로 기업들이 하므로 고정자본소모는 기본적으로 사용자들이 미래 투자를 위해 적립해간다는 개념으로 이해하면 크게 틀리지는 않는다. 마지막으로 영업잉여는 국민 경제 내에서 경제 단위들 사이에 분배되는 국민 소득 전체에서 피용자보수 등을 차감하고 남은 나머지 개념이며 기업 이윤에 해당한다고 보면 된다.

한국경제의 분배 구조를 살펴보면 1980년대 중반까지만 해도 불균형이 조정되는 과정이 이어지면서 그 구조가 불안정했음을 알 수 있다. 대체로 1980년대 말부터는 최근 분배 양상과 비교적 근접한 수준에서 분배 구조가 안정된 것처럼 보인다.

1980년대 말은 한국경제에 있어 지출 구조가 안정화된 시점이었고 생산 구조도 제조업 비중을 중심으로 안정화된 시점이라고 앞에서 설명했다. 분배 구조 역시 1980년대 말 이후 최근까지 비교적 안정적인 흐름을 보이고 있다. 이와 같이 한국경제는 한국전쟁 이후 1980년대까지는 경제 내 불균형 상태가 이어지면서 지속적인 구조 변화를 경험했다면, 1980년대 말부터는 비로소 여러모로 균형적인 모습을 갖추게 된 것으로 보인다. 1987년을 거친 뒤인 1990년대와 그 이후의 시간이란 곧 그 이전까지는 어떤 불균형적이고 불비례적인 요소가 경제 내에 작동함에 따라 불안정한 조정 과정 속에 놓여 있던 한국경제가 드디어 일종의 균형 성장 경로로 접어든 것만 같은 기간이었다.

경제 구조의 이와 같은 특성은 한 가지 시사점이 있다. 한국경제에 대해 정성진이 제시한 하나의 해석[41]은 1987년 이전까지 한국경제가 안정적인 '사회적 축적 구조'를 형성하고 있었는데 6월 항쟁과 7,8,9월 노동자 대투쟁을 하나의 계기로 기존의 사회적 축적 구조가 붕괴했다고 본다. 그리고 이로 인해 한국경제가 장기 불황으로 돌입하게 되었다고 진단한다. 그런 시각에서는 1980년대 말부터 1992년까지의 불황이 한국경제 구조적 위기의 초입 국면이고 이후 1990년대 중반의 호황, 그리고 특히 2000년대 첫 10년간의 호황에 대해 구조적 위기 속 순환적 반전이라고 이해하게 된다.

그런데 정말 그렇게 볼 수 있을까? 앞에서 본 것과 같은 경제 구조 특성을 감안하더라도 한국경제의 안정적 구조가 무너지면서 장

---

41 정성진, 「한국 경제의 사회적 축적구조와 그 붕괴」, 『마르크스와 한국경제』, 책갈피, 2005.

기 불황과 구조적 위기가 1987년부터 개시되었다고 볼 수 있을까? 그와 같은 설명 방식으로는 1987년 이후 있었던 어떤 호황도 위기 속 일시적 반전 이상이 아니다. 1987년 이후의 어떤 불황도 구조적 위기의 심화에 해당할 뿐이다. 그러나 40년 가까이 이어지면서 호황을 여러 번 통과한 위기라면 별로 중요한 위기 같지는 않다.

간단히 경제 구조 변화만 살펴보더라도 한국경제가 1987년 이전에 정합적이고 균형적인 상태에 있었다고 주장하기는 난망한 것 같다. 그런 점에서는 1987년 이후 한국 자본주의가 구조적 위기에 빠져 있다는 주장은 재검토가 필요해 보인다. 외국의 사회적 축적 구조 이론을 한국에 적용할 때에는 좀 더 주의를 기울여야만 할 것 같다. 그렇다면 1987년 즈음에 한국경제에서는 어떤 일들이 벌어졌을까. 지금부터는 그 점에 대해 알아보자.

박정희, 발전 국가론, 민족 경제론

　1960년대, 1970년대 박정희 정권의 한국경제는 관료가 주도한 점, 그리고 대외 종속이 강하게 나타났던 점이 핵심적인 특징이었다. 박정희 정권 시절 초기만 해도 민간은 역량이 미성숙한 상태였다. 따라서 민간 시장에 경제 발전을 맡겨둘 일은 아니었다. 대신에 상대적으로 유능한 관료 집단이 경제 계획을 앞장서서 이끌었다.

　그 시절엔 경제 발전에 쓸 돈도 부족했다. 국내에 저축된 자금이 부족했기에 정권은 한편으로는 저축 재원을 총동원하면서 다른 한편으로는 외자 도입에도 적극 나섰다. 공업화는 외자 도입에 결정적으로 의존하는 방식으로 이루어졌다. 공업화의 기반을 조성하는 것에 투자의 최고 우선순위를 부여했다. 박정희 정권은 수출 촉진을 위해 정기적으로 구체적인 수출 수치 목표를 발표했다. 수출 목표 달성을 위한 세부 계획이 개별 기업 단위에서부터 실행되도록 직접 통제했다. 정권은 재벌들에게 투자에 필요한 자금을 배분했다. 한국의 재벌체제는 그 과정에서 육성되었다. 재벌 육성 정책의 결과로 재벌들이 차지하는 경제적 비중도 크게 늘었다. 부가가치 기준으로 재벌 비중은 1970년대 초만 해도 10%에 채 못 미쳤으나 1980년대 초가 되면 전체 경제의 4분의 1을 차지할 정도였다. 그 10여 년간 박정희 정권은 특혜금융 등의 수단으로 한국에 재벌체제를 구축했다. 소수 재벌과 부자들을 위해 다수 민중을 경제적 권리로부터 배제한 점에서 그것은 경제적 독재 체제라고 부를 만했다.

정권은 폭력적으로 자본 축적을 지원했다. 민생은 피폐해졌다. 수출을 국가적으로 늘리고자 했는데, 수출을 늘리려면 수출품 가격을 싸게 맞춰야 했기에 노동자들에게는 저임금이 강제되었다. 1970년대 임금은 정부 개입으로 실제 생계비의 절반 수준에 묶여 있었다. 제조업 노동자들은 주 60시간을 한참 넘게 노동에 내몰렸다. 재벌들은 장시간 노동을 강제하며 투자 자금의 본전을 회수하는 데 드는 기간을 최대한 줄이는 데 혈안이 되었다. 노동자들로서는 저임금 때문에도 어쩔 수 없이 잔업으로 끌려 들어갔다. 별다른 기술이라 할 만한 것이 없었기에 한국의 경제 성장은 자연히 노동력과 같은 투입 요소를 양적으로 극대화하는 외연적 성장[42]의 길을 걷게 되었다.

---

42 산업 경쟁력이 취약한 나라에서는 경제 성장이 노동과 자본, 즉 생산 요소의 투입량을 늘리는 양적 성장, 다른 말로 외연적 성장인 경우가 많다. 반면 요소 투입보다 기술 진보에 기대어 이루어지는 성장을 질적 성장, 내포적 성장이라고 한다. 한국은 장시간 노동에 따른 외연적 성장을 세계적으로 대표해온 나라였다.

노동자들의 임금을 억누르기 위한 저곡가도 강제되었다. 농업은 경시되었다. 당시 새마을 운동은 실제로는 건자재 부문의 과잉 생산을 해소하는 방안으로 추진된 것이었다. 새마을 운동은 농촌의 가난을 농민 책임으로 돌렸다. 농촌 사회를 개량한다면서 농민들을 무상 노동으로 내몰았다. 먹고 살 것이 없는 농촌은 빠르게 황폐해졌다. 농촌을 떠나 도시 변두리 지역으로 향하는 이주 행렬이 이어졌다. 그러나 민중의 저항은 철저히 억압되었다. 국내 자본가 계급의 착취에 제국주의 자본의 수탈이 더해졌다. 신식민지 민중에게는 초과 착취, 이중 수탈의 굴레가 씌워졌다.

부작용이 만만치 않았다. 수출 공업 부문과 경제 내 나머지 부문 간 격차가 불균형적으로 벌어졌다. 경제 구조가 파편화되었고 국내적으로 산업 부문 간 연관은 미흡하기 짝이 없었다. 이와 같은 박정희의 경제 개발 방식에 대한 진보적 반론이 제기되었다. 빨치산 출신 경제학자 박현채는 자립적이고 균형 잡힌 민족 경제의 건설을 주창했다. 박현채는 경제 자립의 기반을 갖추고 대중의 구매력을 키워 내수 시장을 균형적으로 발전시키는 대안적 경로를 '민족 경제론'이라는 이름으로 제시했다. 국내적으로 완결된 재생산 구조를 갖추어야 한다는 지론이었다. 이를 위해 재벌 대신 중소기업을 육성하고 해외 의존을 줄이기 위한 수입 대체 산업화를 추진하며 농업 협동화를 통해 농가 소득을 확충할 것을 주장했다. 박현채는 왜 그런 주장을 했는가. 그는 "자립적 민족 경제를 확립하는 길은 생활하는 민중의 소망에 따라 국민 경제의 내용을 정립하는 것"이라고 밝힌 바 있다. 사실 민중의 경제적 소망을 실현함에 있어서는 GDP 성장률이나 수출 증가율 같은 수치가 갖는 의미는 제한된 것인지도 모른다. 정작 민중에게, 그리고 박현채에게 중요한 과제는 가난을 벗어나는 것, 일자리를 보장하는 것, 교육·의료·주거 등 필수 서비스에 대한 보편적 접근성을 확보하는 것이었다.

박정희 정권이든 전두환 정권이든, 군부 독재 치하에서 한국의 경제 발전은 전형적인 후발 자본주의 '발전 국가' 모델로 설명이 가능했다. 박현채의 비판이 아니더라도 발전 국가의 산업 정책에 대해서는 비판적인 시각이 많다. 다만 그런 비판 가운데 상당 부분은 발전 국가를 독재나 권위주의 통치와 동일한 의미로 오해하는 것에서 출발하는 듯하다. 혹시 발전 국가가 민주적일 수는 없을까? 발전 국가에 '아래로부터의 개입'과 '민주적 통제'가 도입될 수는 없을까? 만약 그 방향으로 우리들의 생각이 진전될 수 있다면, 진보 정치는 시장 원리주의에 대항하는 유력한 프레임이자 신자유주의가 득세하면서 케인스주의와 함께 중심에서 밀려난 발전 국가론에 대해 긍정적으로 사고할 수 있을 법하다.

발전 국가의 한 가지 특징은 국가가 자본을 지휘하는 관계에 있다는 것이다. 개별 자본은 서로 경쟁하므로 그들 사이에서는 이해 관계가 충돌하기 마련이다. 전체 자본가 계급을 의미하는 총 자본과 개별 자본의 이해관계도 서로 다르기 쉽다. 이와 같은 충돌과 차이는 합리적으로 조정되어야 하는데, 시장에 맡겨두면 조정이 실패하기 쉽고 비용이 많이 든다는 것이 발전 국가론 전통의 경제학자들이 해온 생각이다. 그 지점에서 산업 정책이 필요해진다. 그리고 발전 국가가 경제에 기여할 수 있다고 본다. 특히 기후 위기 대응과 같은 오늘날 대전환의 과제 때문에도 우리는 발전 국가론에 다시 주의를 기울일 필요가 있다. 물론 기존 논의에 비하면 여러 걸음 더 앞으로 나아가야 한다. 진보 정치는 '진보적인 산업 정책', '민주적인 발전 국가'를 구상하고 그 설계도를 대중들 앞에 제시할 수 있어야 한다.

장하준에 따르면 산업 정책의 표준적인 정의는 "국가가 경제 전반에 효율적일 것으로 인식한 결과를, 특정 산업과 그 요소인 기업으로 하여금 달성토록 하는 것을 목표로 하는 정책"이다. 여기서 경제 전반에 걸친 효율성이 쉬운 말로 '국익'이다. 개별 기업 입장에서는 손해로 보이는 사업이라도 국가가 '더 큰 목적'을 위해 참여하도록 인센티브나 벌칙을 설계할 수 있다. 그런데 산업 정책이 그런 것이라면, 왜 하필 효율성만 문제로 삼는가. '더 큰 목적'에 사회공공성 가치나, 필수 서비스에 대한 접근성과 같은 인류의 진정한 필요를 포함시킬 수는 없을까. 만약 그렇게 할 수 있다면 우리는 진보적인 산업 정책에 대해서도 이야기할 수 있다.

제2장 한국경제, 멀리서 보기
생각해 볼 문제

1 한국 자본주의가 1987년 이전까지 균형 상태에 있었다가 1987년 계급투쟁을 하나의 계기로 하여 위기에 빠져들었다는 주장이 타당하지 않을 수 있다고 했지만, 그렇다고 해서 거꾸로 1987년의 사건으로 인해 한국경제가 위기에 처할 가능성이 사라졌다고 주장할 수 있는가?

2 민간소비의 구조적 감소와 무역의존도의 추세적 증가는 한국경제의 성장 원천이 점차 대외 의존적인 성격을 강화하고 있다는 의미로 해석될 수 있다. 이는 바람직한 모습인가? 주된 성장 원천이 어떤 것일 때 경제가 건전하게 발전한다고 할 수 있겠는가?

3 자립적 민족 경제에서는 수출 공업화는 반드시 배제된다고 보면 될까? 박현채가 박정희를 비판했고 박정희식 경제성장 모델이 발전 국가론에 의해 설명될 수 있다면, 결과적으로 자립적 민족 경제는 발전 국가와 대립된다고 생각하면 될까? 아니면 자립적 민족 경제라는 것이 민주적인 발전 국가의 진보적인 산업 정책과 연결될 수 있을까?

4 발전 국가에 '아래로부터의 개입'과 '민주적 통제'를 도입할 수 있을까? 이와 관련해 스페인 몬드라곤이나 대구 달구벌버스 사례에 대해 조사하고 노동자 자주관리가 가진 비전과 한계에 대해 밝히시오.

제3장

1987-1997, 노태우 정권과 김영삼 정권

노태우와 김영삼의 국가 주도 신자유주의

신자유주의는 세계적으로는 1970년대 두 차례 석유 파동을 거치면서 자본주의가 축적의 위기를 맞자 이에 대한 자본의 대응으로 1980년대 미국의 레이건 정권, 영국의 대처 정권에 의해 본격적으로 도입되었다. 그럼 한국에서는 어땠을까. 아마도 적지 않은 분들이 1997년 외환위기 전까지는 신자유주의가 아니고 외환위기 이후 신자유주의가 된 것처럼 떠올릴 듯하다. 한국에서 신자유주의 축적 체제가 결정적으로 확립된 계기는 두말할 것 없이 IMF 사태였으니 그렇게 떠올려도 크게 틀린 생각만은 아니다. 다만 1987년에 집권한 노태우 정권 당시부터 이미 한국은 신자유주의로의 전환을 요구하는 압력을 외부로부터 받고 있었다는 것이 사실에 더 가깝다. 앞에서 이미 소개한 이른바 워싱턴 컨센서스가 그것이었다. 1989년에 미국 보수 학계에 의해 처음 제안되어 이후 미국 정부 관료들과 국제기구에서 널리 받아들여진 워싱턴 컨센서스의 제안은 한마디로 개발도상국에 대해서도 신자유주의적 개방과 규제 완화를 강요하는 내용이었다. 1990년대 초부터 한국경제는 신자유주의 처방을 따를 것을 요구하는 외압을 마주했다. 당시 한국은 플라자 합의 이후 3저 호황에 따른 무역 흑자로 재미를 톡톡히 보고 있었기에 개방 압력이 더욱 가중되었다.

그런데 우리는 한 가지 사실을 유념해야 한다. 신자유주의는 사회적 관계의 모든 영역에서 자본의 무한 경쟁 논리를 도입하려는 사상이다. 미국과 서유럽에서 신자유주의는 케인스주의와 뉴딜이 시도했던 노동을 포섭하고 복지 국가를 강화하는 정책에 대한 반발로 등장했다. 신자유주의의 등장에 나름의 사회 내적인 논리가 없지 않았던 셈이다. 그렇다면 한국에서도 신자유주의가 미국이나 서유럽에서와 같은 논리로 등장했는가? 한국은 케인스주의나 뉴딜의 경험이 애초에 전혀 없었다. 복지 국가는 없었고 노동은 한국전쟁 이후 배제의 대상이었을 뿐이다. 그러고 보면 한국의 신자유주의는 미국에서 물 건너 들어온 수입품일 뿐이다. 한국 자본주의의 진화 과정에서 자체 발생한 산물이 아니었다. 한국경제의 신자유주의화는 외부로부터 이식된 변화였다.

물론 개방과 자유화라는, 얼핏 들었을 때 좋게 들릴 수도 있는 명분을 빙자한 신자유주의적 전환에 대한 요구를 국내적으로 재벌들이 제기해온 것만큼은 틀림없다. 그러나 당시 재벌들은 관료와의 결탁으로 누릴 혜택은 계속 누리되 이젠 시장 논리를 앞세움으로써 관료의 영향력을 축소시켜 공물을 상납해야 하는 자신들의 부담을 줄이고 더 많은 사업 기회를 넘보려는 계산이었을 뿐이다. 미국 물 먹고 미국식 경제학을 공부한 관료와 학자들이 신자유주의 흐름에 동참했지만 그들도 그저 지식 행상 수준이었다. 미국에서 배운 것을 어떻게 써먹어야 하는지도 몰랐고 미국과 한국은 현실이 너무 달랐다. 그런 점에서 한국의 신자유주의는 한국 사회의 내재적 발전의 요구와는 거리가 멀었다.

그러다 보니 한국의 신자유주의는 미국이나 서유럽과는 사뭇 다른 양상으로 자리를 잡아가지 않을 수 없었다. 세 가지 점에서 그랬다. 첫째, 한국에서 신자유주의는 기존의 재벌체제를 더욱 공고히 하는 방향으로 안착되었다. 총수에 의한 가족 지배하에 대규모 자본이 통제되고 정권과의 유착으로 위험이 관리되는 한국의 재벌체제는 따지고 보면 거의 봉건적인 것이었음에도 불구하고, 극단적인 시장 만능주의인 신자유주의와 아주 성공적으로 결합했다.

둘째, 한국에서 신자유주의는 노동에 대한 정권의 파쇼적인 공격 양상을 전혀 버리지 않았다. 그래도 신자유주의 이름값을 하려면 이른바 보이지 않는 손의 시장 질서에 의해 노동이 통제되어야 했다. 그러나 한국의 신자유주의는 그때나 지금이나 노동 기본권부터 부인했다. 노동에 대한 지배 세력의 공격성은 군부 독재 시절과 비교해도 아주 크게 줄어들지는 않았다. 한국의 자본은 군부 파시즘 정권의 물리적 억압 기제를 활용했다. 국가 폭력의 보이는 주먹에 의지했다. 특히 노태우 정권과 김영삼 정권은 노동 정책에 있어 신자유주의적인 내용과 지향을 포함하면서도 방식은 파쇼적인 양면적 속성을 지속적으로 보여주었다. 신자유주의적 유연화 자체가 국가에 의해 폭력적으로 강제된 측면이 있었다. 1994년 전국지하철노동조합협의회(전지협) 투쟁을 비롯해 노동조합의 파업에 공권력을 투입해 진압하는 경우가 잦았다. '뜨거운 아이스 아메리카노'가 이미 그때부터 있었나 보다. 노태우 정권과 김영삼 정권은 모순적이게도 '신자유주의적 파시즘' 정권이라고 불릴 법 했다.

셋째, 한국에서 신자유주의는 제대로 출생 신고도 못 해본 복지 제도를 아예 사산시키려고 들었다. 복지정책은 뭔가 실행도 해보기 전에 공격의 대상부터 되었다. 공공 서비스 분야에 대해 국가 책임 대신에 시장 원리를 적용해야 한다는 논리가 넘쳐났다.

노태우 정권은 1991년 한미 간 금융 정책 협의 이후 금융 규제 완화 조치를 거듭 추진했다. 금융 시장 개방 등 자본 자유화 조치는 노태우 정권 기간에 물꼬를 텄다. 노태우 정권은 외국인 투자에 대한 규제도 풀었다. 재벌들이 기술 이전을 받으려고 선진국 독점 자본과의 합작에 열을 올렸다. 그 과정에서 외국인 직접 투자가 급증했다. 김영삼 정권은 '세계화', '국가 경쟁력 강화'라는 이름으로 신자유주의 정책을 밀어붙였다. 공공 부문 개혁이라는 미명 하에 민영화도 추진했다. 공기업 운영에 영리 기준을 부과하기도 했다. 하지만 1990년대로 접어들면 외국인 직접 투자가 침체되었고 그나마도 제조업보다는 서비스업으로 투자가 쏠렸다. 외국 자본이 한국을 제조업의 유리한 투자 장소로 인식하지 않는다는 평가가 제기되던 시절 이야기다.

노태우와 김영삼, 두 정권 기간에 노동 정책은 분명히 신자유주의적 색채를 띤 것이었다. 그 일환으로 '무노동 무임금'이 강행되었다. 재벌들이 파업 등 노동조합 활동으로 손실을 봤다면서 신종 수법으로 막대한 금액의 손해 배상 청구 및 가압류와 같은 법제도 수단을 동원하고 나선 것도 같은 맥락에 있었다. 이 때쯤이면 신자유주의적인 노무 관리도 본격 도입되었다. 김영삼 정권은 날치기로 정리해고 도입을 시도하기도 했다. 외주 하청 등 노동 유연화가 추진되었던 것은 물론이다. 성과급도 확산되었다. 요컨대 신자유주의적 요소가 착착 들어오면서 기존의 노동 통제 양식이 좀 더 다변화된 것이었다. 1990년대의 노동자들은 외환위기 이전부터 이미 이중의 억압에 직면해 있었다. 기존 파시즘적 통제는 사라지지 않았는데 신자유주의적 공세에 정면으로 노출되어 있었기 때문이다.

신자유주의가 풀어놓은 규제 완화의 선물 보따리는 재벌이 차지했다. 재벌로의 경제력 집중은 완연했다. 다음 그림은 노태우, 김영삼 정권 기간 재벌이 차지한 부가가치 비중을 나타낸 것이다.

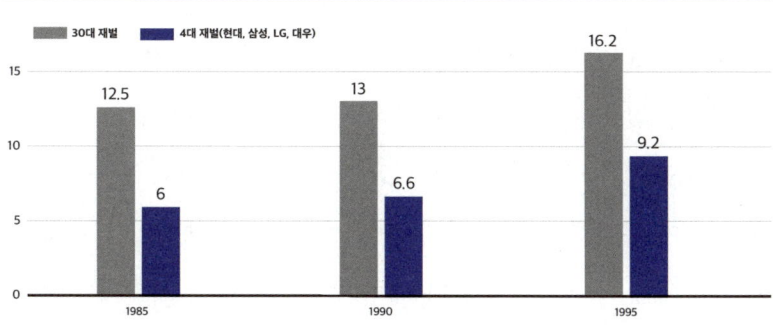

노태우 및 김영삼 정권 기간 재벌로의 경제력 집중 (단위: %) *4대 재벌은 제조업 부가가치 비중 기준

규제 완화로 노태우 정권 기간에 땅 값이 폭등했다. 그로 인한 혜택을 가장 많이 누린 집단도 재벌이었다. 지가 폭등으로 주거비가 치솟고 민생이 매우 어려워지자 군부 정권임에도 어쩔 수 없이 1989년에 '토지공개념'을 도입해 투기 억제에 나서기도 했다. 토지공개념은 토지의 소유와 처분을 공적으로 규제해 토지 사유에 따른 이득을 제한해야 한다는 생각이었다. 그러나 그런 시늉도 잠시뿐이었다. 광주 시민의 저항을 무참히 짓밟았던 살인마 정권은 땅 부자들의 저항 앞에서는 다소곳이 무릎을 꿇었다. 가재는 게 편이었다. 정권이든 재벌이든 땅 값이 올라 자기들 주머니가 두둑해졌을 테니 적당한 수준에서 봉합하면 그만이었다. 그러다 보니 김영삼 정권

기간인 1995년 기준으로 한국의 총 지가는 1994년 국민들의 소득을 모두 합친 국민 소득의 5.4배나 되었다. 이는 같은 해 미국의 0.6배, 일본의 3.5배와 비교해도 지나친 수준이었다. 그 당시부터 이미 한국은 조물주 위에 건물주였다.

한편 1990년대 들어 한국 자본의 해외 투자가 늘어난 점은 조심히 해석할 필요가 있다. 미국이나 일본에 비하면 경제 규모 대비 해외 투자 규모가 한국이 상대적으로 작은 편이긴 했다. 그럼에도 양적 팽창이 뚜렷해서 1990년대 중반 경에는 가전제품의 경우 품목에 따라서는 국내 생산량보다 해외 생산량이 많은 사례가 빈번했다. 그렇다면 우리한테는 1990년대 한국의 자본 수출 확대를 어떻게 볼 것인가 하는 질문이 제기될 수 있다. 좀 더 구체적으로 질문은 이런 것이다. 한국은 1990년대에 드디어 제국주의에 버금가는 아^亞제국주의가 되었는가.

제국주의의 고전 이론을 근거로 자본 수출을 독점 자본주의 완성의 결과로 파악하면서 제국주의의 증거로 간주한다면, 이는 한국 자본주의가 1990년대 이후 새로운 단계로 질적으로 변모했다는 증거로 이해될 수도 있다. 요즘도 종종 들려오는, 한국도 제국주의라는 이야기는 그 연장선에 있다.

그러나 자본이 국경을 넘어 가치 증식을 꾀하는 것은 제국주의만의 특성이 아니다. 그것은 자본 일반에 내재한 경향이어서, 자본이라면 예외 없이 더 높은 수익을 찾아 해외 투자를 꿈꾸기 마련이다. 따라서 단지 한국 자본이 해외에 투자한 것 자체를 가지고 제국주의나 亞제국주의라고 단정하는 해석은 지나친 비약이다. 도대체 제국주의가 어떤 것이라서 그런가. 제국주의는 정치군사적, 경제적, 문화적인 여러 측면을 종합적으로 고려한 개념이다. 제국주의의 자본 수출은, 독점 자본의 모국에 대해 신식민지라고 간주할 수 있는 나라나 지역을 상대로 한다. 신식민지로의 진출이 전제되지 않는 이상 단순히 해외에 진출한다는 것만으로 제국주의를 논할 수는 없다는 뜻이다. 따라서 1990년대 들어 한국 자본이 해외 투자를 늘렸다는 사실은 1990년대 들어 한국 자본주의가 제국주의로 바뀌었다거나 내지는 종속이 약화되었다고 판단할만한 근거가 못 된다.

그렇다면 제국주의가 아닌 나라는 어떻게 자본 수출을 하게 되는가. 비#제국주의적 자본 수출은 실제로는 상품 수출을 보완하는 성격을 더 강하게 갖는다. 무역 장벽이 있을 때 수출 시장을 확보하려면 무슨 용가리 통뼈도 아니고 비제국주의 나라라도 자본 수출로 장벽을 우회하지 않으면 안 된다. 그럴 때 자본 수출은 상품 수출의 판로를 열기 위한 방편일 뿐이다. 실제로 1990년대 한국 대기업의 자본 수출 가운데 많은 부분이 무역 장벽을 우회하면서 선진국 시장을 뚫기 위한 목적으로 이루어졌다. 따라서 비제국주의 나라가 자본 수출을 한다면 그 나라는 수출에 목매는, 따라서 오히려 대외 의존적인 경제 구조를 가진 나라이기 쉽다. 경제적 종속 때문에 자본 수출에 나서게 된다는 의미이다.

한국 재벌들이 동남아 등 해외에 진출해 노조를 인정하지 않거나 열악한 노동 조건을 강제하는 것에 대해 한국 진보 정치와 민주 노조운동은 국제주의 관점에서 반대해왔다. 반대가 당연하다. 운동 내에서 민족 감정을 앞세우는 경향을 비판하고 피해 외국인 노동자들과의 인간으로서의 연대에 좀 더 적극적으로 나설 필요가 있다. 외국에서 만행을 일삼는 악질 한국 재벌에 대해 실천적으로 제국주의라고 비난해도 무방하다.

그러나 한국 재벌의 만행을 가리키며 제국주의라고 비난하는 것과 미국을 제국주의라고 비난하는 것은 그 의미가 다르다. 미국은 한국을 정치, 군사, 문화, 경제, 통상 등 거의 모든 차원에서 전면적으로 지배하고자 하고 또 상당 부분 그 지배를 관철해 왔다. 하지만 한국이 전 세계 어떤 나라에 대해서건 정치적으로나 군사적으로 지배하고 있다는 소식은 들어본 적이 없다. 그런 차이를 무시하는 것은 민중을 속이는 짓이다.

다만 1990년대 한국 자본의 해외 투자에 대해, 당시 한국이라는 나라가 국내 자본이 보기에도 투자할만한 곳이 못 되는 상태로 전락했기 때문인 것처럼 판단한다면 그런 판단도 곤란하기는 마찬가지다. 당시 한국 자본이 해외 투자에 나선 것을 두고, 제국주의 자본이 한국을 떠나 다른 개발도상국으로 투자처를 변경하는 것과 같은 논리로 보는 시각 역시 온당치 않다.[43] 실제로는 한국 자본의 해외 투자 확대는 그만큼 한국 자본주의가 성숙했음을 보여준다고 평가해야 공정할 것이다.

43　장상환, 「한국경제와 제국주의」 『제국주의와 한국사회』 한울아카데미, 2002.

노동의 도전과 자본의 응전

한국 현대사에서 1987년 6월 항쟁과 7,8,9월 노동자 대투쟁은 사회 세력 간, 계급 간 역관계에 역전을 가져온 사건으로 이해된다. 특히 7,8,9월 노동자 대투쟁에 대해서는 노동자들이 하나의 계급으로 일어선 '노동자 계급 선언'이었다는 평가가 있다. 실제로 대투쟁 이후 노동조합 조직화가 폭발적으로 이루어지기도 했다. 전선의 한쪽에는 재벌과 결탁한 구체제 세력, 즉 군부 독재 세력의 지배가 대선을 거치며 합법적으로 연장되었다. 전선의 다른 쪽에는 노동자 계급의 정치적 진출이 이루어지고 있었다. 그러나 구체제 반동들은 노동 운동을 철저히 탄압했다. 변화된 세력 관계를 인정하려 들지 않았다. 노태우 정권과 김영삼 정권 기간을 두고 이른바 '계급 전쟁'의 10년이라고 부르는 이유다.[44]

노동 운동은 민주노조라는 진지를 구축하고 지역 내 연대, 업종

---

44 박승호, 『한국자본주의 역사 바로 알기』 나름북스, 2020, 제5장. 그리고 이정무, 『1987-1997』 민중의소리, 2025.

내 연대를 통해 1990년에 전국노동조합협의회(전노협) 건설이라는 결실을 맺었다. 정권은 전노협을 철저히 폭력적으로 와해시킴으로써 적어도 노동자 계급과의 관계에 있어서만큼은 87년 이전의 반동의 시대로 역사를 되돌리려고 했다. 1991년 5월 한진중공업 노동조합 박창수 위원장 옥중 살해는 당시 정권의 폭력성을 여실히 드러낸 상징적인 사건이었다. 이후 1995년 11월에 전국민주노동조합총연맹(민주노총)이 건설되었다. 재벌과 정권이 6월 항쟁까지만 인정하고 7,8,9월 대투쟁은 인정하지 않았다는 사실은 지금 돌아봐도 의미심장하다. 이제 막 정치 세력화에 나선 노동 운동으로서는 당시의 노동과 자본의 관계가 근본적인 적대 관계로 인식되었다. 그와 같은 인식은 정권과 자본도 마찬가지였다.

중요한 정치적 변동은 반드시 남다른 경제적 결과를 가져오는 법이다. 87년 6월 시민 항쟁과 7,8,9월 노동자 대투쟁에 따른 사회 세력 간 균형 변화는 분배 구조에 변화를 초래했다. 80년대 말과 그 이후, 실질 임금은 노동 생산성과 보조를 맞추거나 좀 더 빠르게 증가했다. 실질 임금이 노동 생산성보다 더 빠르게 증가하면 국민 소득 중 노동에 분배되는 소득 몫이 늘어나고 자본에 분배되는 소득 몫은 줄어든다.

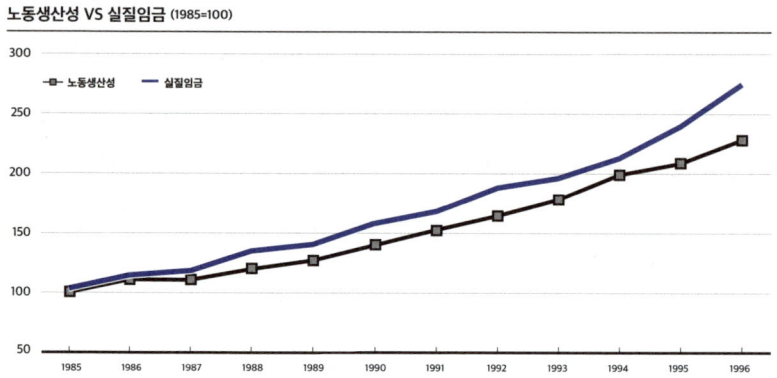

1987년 6월부터 9월까지의 민중의 대공세에 의해 한국 사회는 중대한 변화의 기로에 서게 되었다. 그러나 역사의 변곡점은 길었다. 그 후 약 10년에 걸친 기간 동안 변화의 방향은 유동적인 채로 남아 있었다. 그 10년은 계급이 서로, 사회 세력이 서로, 대치하던 투쟁의 국면이었다. 10년의 계급투쟁을 거친 뒤 한국 사회는 1997년에 외환위기를 맞았고 결국 신자유주의 체제로의 전면적인 전환으로 내몰렸다. 그런 의미에서 1987년부터 1997년까지는 일종의 과도기였다. 결말을 예단하기 힘든 이행기였다.

그 과도기를 마무리하면서 한국 사회에는 계급 간, 사회 세력 간 대치를 특정 방향으로 해소시킬 수 있을만한 기회가 두 차례 주어졌다. 첫 번째 기회는 김영삼 정권의 무리한 노동법, 안기부법 개악 시도와 이에 맞선 민주노총 총파업의 과정에 있었다. 김영삼 정권에게 경제협력개발기구OECD 가입은 국가적인 전략 목표였다. 재임 기간 중 선진국 진입에 성공했다는 치적으로 삼으려던 의도였다. 그러나 OECD는 김영삼 정권에게 국제 노동 기준부터 준수하라고 요구했다. OECD는 김영삼 정권을 상대로 복수노조 허용, 노동조합 전임자 임금 지급 문제 및 해고자와 실업자의 노동조합 가입 문제의 노사 자율 결정, 교원 및 공무원의 단결권 보장, 제3자 개입 금지 폐지, 형법상 업무방해죄 적용의 개선 등을 권고했다.

그러나 한국의 OECD 가입은 국제 노동 기준 관련 시정 조치가 이행되지 않은 상태에서 그냥 승인되고 말았다. 이에 김영삼 정권은 이 OECD 권고 사항 중 어느 것 하나도 반영하지 않고 노동 기본권을 더욱 제한하는 내용의 노동법 개악에 착수했다. 김영삼 정권이 추진한 1996년 말 노동법 개정의 기조는 명확했다. 그것은 전경련과 경총으로 조직된 대자본의 이해관계에 충실하게 임금, 고용 및 노동 조건을 유연화하는 신자유주의였다.

정권이 노동법 개악으로 역주행에 나서자 민주노총은 이에 맞서 1996년 11월 노동자 대회를 기점으로 12월 총파업 투쟁을 준비했다. 정권은 1996년 12월 말에 노동법 개정안과 안기부법 개정안을 보란 듯이 날치기 통과시켰다. 민주노총은 분단 이후 최대 규모의 총파업을 조직했다. 총파업 대열에는 한국노총도 합류했다. 시민들 사이에서도 정권에 대한 반대 여론이 끓어올랐다. 민주노총 총파업은 대중들 속에서 광범한 지지를 받았다. 투쟁은 이듬해 1월로 이어졌다. 투쟁 규모는 더욱 커졌다. 87년 6월 항쟁 초기와 유사한 양상이 전개되는가 싶었다. 결국 정권이 결국 한 발 물러나지 않을 수 없었다. 1997년 1월에 전격적으로 여야 영수 회담이 열렸다. 여야는 노동법 재개정에 착수했다. 날치기 악법을 무효화했다는 점에서만큼은 일단 민주노총의 총파업은 성공적이었다.

그러나 이후 정국 주도권은 제도권 정치의 여야 협상으로 넘어갔다. 상황이 다시 뒤집혔다. 노동법 재개정 과정에서 개선된 부분도 없지는 않았다. 민주노총이 합법화됐다. 산별 노조 설립이 가능해졌다. 제3자 개입 금지 조항이 삭제되었다. 그러나 개선은 그 정도에 그쳤다. 정리해고제는 즉시 도입하지는 않고 2년의 유예 기간을 두기로 했다. 심지어는 개악된 부분도 있었다. 노동 시간을 탄력적으로 조정할 수 있게 한 변형근로제가 대표적이었다. 그밖에 개정 노동법에 담겼던, 노동 기본권에 대한 심각한 제한 사항들은 크게 손을 보지 않은 상태로 여야 간 재개정 협상이 마무리되었다. 한편 총파업에 나섰던 현장 노동조합 중에는 고소, 고발, 징계, 손해배상, 가압류, 임금 손실 등 자본의 극심한 탄압으로 무력화되는 경우가 적지 않았다. 1996년 말 노동법 개악에 반대했던 민주노총 총파업은 자본이 노렸던 목표들을 일정 정도 미루게 만드는 데에 있어서는 성과가 없지 않았다. 그러나 노동 기본권의 확장을 강제해 낼 만큼의 공세적 성과는 거두지 못했다.

일각에서는 1996년 말 총파업에 대해 민주노총 지도부의 1996년 12월 13일 경고 파업 철회 결정, 1997년 1월 15일~18일의 3단계 총파업 당시 전면 파업에서 수요 파업으로 투쟁 수위를 낮춘 결정 등을 지적하며 지도부 책임론을 제기하기도 했다. 그런 지적도 일리는 있다. 다만 사태의 결말은 노동과 자본의 역관계에서 어느 한 쪽도 상대방을 압도할 수 없었던 당시 힘의 균형 상태를 드러낸 것으로 보인다.

1996년 말 민주노총 총파업은 87년 이후 10년간 대치해온 계급 간, 사회 세력 간 불안정한 잠정 균형 상태를 허물고 노동자 민중이 한 발 더 전진할 수 있는 하나의 계기였음에 틀림없다. 그러나 투쟁 과정에서 노동자 민중은 정권과 자본에 대해 힘의 우위를 확보하는 데 성공하지 못했다. 구체제 세력은 그 과정에서 위기를 모면했다. 다만 그렇다고 구체제 세력이 확실한 우위를 확보해 신자유주의로의 전환을 완성시킬 수 있었던 것도 아니다.

한국의 정권과 자본이 열망하던 신자유주의로의 완전한 전환을 위한 또 한 번의 기회는, 뜻밖에도 도둑처럼 외부에서 찾아왔다. 1987년 이후의 10년에 걸친 과도기에 마침표를 찍고 세력 관계의 잠정 균형 상태를 결정적으로 바꿔낸 것은 다름 아닌 IMF 외환위기였다. 외환위기는 한국 사회에서 신자유주의로의 전환을 확립하고 힘의 균형을 확실한 자본의 우위로 바꾸어 놓았다.

다만 김영삼 정권이 노동법 개정 과정에서 노사정 간 대화 채널로 노사정 합의 기구를 구성한 점은 특징적이었다. 이 때 처음 등장한 노사정 합의 기구는 이후 민주당 계열 정권에서 노사정위원회라는 제도 형태로 이어졌다. 노사정 합의주의는 여러 성격을 동시에 가질 수 있는데 적어도 김영삼 정권의 노사정 합의주의는 기구 설치 목적, 당시 노동 보호의 제도적 수준, 노동 정책 방향 등을 고려할 때 또 하나의 노동 통제 수단에 가까웠다.

정권과 재벌

노태우 정권과 재벌은 서로를 이용하면서도 도왔다. 정권은 재벌에 부동산 투기의 기회를 제공해 개발 이익을 안겨주었다. 재벌들은 3저 호황으로 떼돈을 벌어 부동산 투기에 썼다. 그 대가로 재벌은 개발 이익의 일정 부분을 정권에 정치 자금으로 상납했다. 노태우가 재벌들로부터 받았다고 자백한 정치 자금은 당시 경제 규모를 감안하면 천문학적인 액수였다. 그런 점에서 보면 노태우 정권은 전두환 정권처럼 박정희 체제의 연장에 다름 아니었다.

다만 과거처럼 정권이 재벌을 일방적으로 지휘하고 명령하던 시절은 슬슬 끝나가고 있었다. 민주화가 정당성을 인정받는 시대가 열리자 구체제 세력의 냉전 반공주의 이념은 일정한 이완을 겪을 수밖에 없었다. 반면에 재벌들의 경제 성장 이데올로기는 사회 전반적으로나 경제 정책에 있어서나 영향력이 한참 커졌다. 재벌들은 언론을 소유했다. 가장 중요한 광고주였다. 언론은 재벌이 쉽게 조종할 수 있었다. 재벌들은 국가 기구와 관료 사회에 대해서도 노골적으로 포섭에 나섰다. 전방위적인 로비가 이어졌다. 삼성 장학생이 양성되었다. 정권과 자본의 결탁은 예전에 비해 방식이 변해갔다. 자본이 정권에 돈을 대주면서 자신들 입맛에 맞는 방향으로 국가 정책을 조정하게 된 것이었다. 이제 정권은 재벌의 이해관계를 정치적으로 대변하는 후견인 역할을 자임했다. 그와 같은 경향은 노태우 정권보다는 문민정부로 포장된 김영삼 정권 들어 좀 더 분명해졌다.

다만 김영삼 정권은 집권 초기인 1993년 8월 대통령 긴급 명령으로 금융실명제를 도입하며 기염을 토했다. 금융실명제는 재벌의 이해관계에 반하는 개혁이었다. 어쩌면 재벌과의 관계에 있어 아직은 상대적으로 자율성을 지닐 수 있었던 정권 초기였기에 그와 같은 개혁이 가능했을 수 있다. 하지만 금융실명제 개혁은 1987년 이후 정권과 재벌 사이의 관계에 대한 단선적인 파악을 경계하게 하는 점에서 시사하는 바가 있다. 이후 김영삼 정권은 재벌이 요구하는 신자유주의 세계화 정책에 적극 매진했고 규제 완화에 발 벗고 나섰다. 이른바 '신경제 5개년 계획'을 통해 민간 중심 시장 경제에 입각한 성장 전략을 천명하기도 했다.

1987년 이후 지배 계급은 재편성 과정을 거쳤다. 지배 계급 내부 역관계에 일정한 변화가 있었다. 국가와의 관계에서 재벌의 힘이 상대적으로 커진 점이 대표적이었다. 다만 그렇다고 정권이 재벌의 일방적인 하수인으로 전락했다고 보기는 어려웠다. 어차피 한국의 정권한테는 재벌이 아니라도 모셔야 할 더 무서운 상전이 따로 있었다. 제국주의 미국 말이다. 한국의 구체제 냉전 세력은 정치적으로는 민주 진영 일부를 흡수하고 경제적으로는 재벌과 새로운 방식으로 결탁함으로써 연명하는 길을 찾았다. 새로운 이권 구조가 다시 자리를 잡아가는 데에는 오랜 시간이 걸리지 않았다. 그들로서는 변화된 역관계의 현실에 적응해 자신들의 몫을 최대한 많이 재분배 받는 편이 최선이었다.

세계화에 목맸던 김영삼 정권 시절에 OECD 가입이 자본 시장 개방을 전제로 했음은 주지의 사실이다. 이와 관련해 박승호는 당시 정권과 재벌의 역관계에서 재벌 우위를 확고하게 한 사건이 바로 자본 시장 개방이었다고 주장했다. 그러나 아쉽게도 그 근거가 명확하게 제시된 것 같지는 않다. 외환위기 과정에서 국가가 재벌에 대한 통제력을 거의 상실했다는 주장이지만, 사실 당시에도 국가는 OECD 가입과 같은 목적 달성에 혈안이 되었던 바람에 정신을 못 차렸을 뿐 단기 외자 도입을 얼마든지 규제할 수 있었다. 금융 감독으로 종금사 투기를 막을 수도 있었다. 박승호의 주장을 액면 그대로 받아들여 당시 국가가 재벌에 대한 통제력을 정말로 상실했다고 하면 외환위기는 더 이상 김영삼 정권 책임이 아니게 된다. 그러나 진실은 절대로 그렇지 않았다.

또 다른 해석도 있다. 마치 정권은 신자유주의 세계화에 적극적이지 않았는데 재벌이 정권을 압박해 신자유주의 세계화를 추진했다는 식의 주장이다. 이 역시 틀린 주장이다. 국가 주도냐 재벌 주도냐 하는 질문의 정답은 둘 중 하나만 맞고 다른 하나는 틀린 것이 아니다. 실은 질문이 틀렸다. 그보다는 정권과 재벌 사이의 입체적 상호작용을 구체적인 정세 속에서 파악하는 편이 훨씬 더 중요하다. 때로는 유착하지만, 때로는 김영삼 정권 초기 금융실명제 도입처럼 서로 유착하지 못하는 경우도 있을 수 있다. 적어도 한 쪽이 다른 쪽을 언제나 일방적으로 통제하는 관계라고 간단히 치부할 일은 아니다. 박근혜 정권 당시 미르 재단이 재벌한테서 받은 돈은 재벌이 하사한 돈이었고 전두환 비자금은 재벌이 상납한 돈이었겠는가.

외환위기의 원인

외환위기의 원인을 둘러싸고는 여러 시각이 대립해왔다. 가장 직접적인 설명은 1997년 대선에서 김대중 후보가 제기했던 김영삼 정권 책임론이었다. 재벌들은 관료 정권이 시장 원리에 충실하지 않은 방식으로 경제를 운영한 것이 화근이었다면서 김영삼 정권을 포함한 역대 정권 모두에 책임을 돌렸다. 신자유주의자들은 관치 금융과 재벌의 금융 독점을 탓했다. 정부가 시장 원리를 거스르면서 자금을 재벌들 사이에서 자의적으로 나누어 왔고 재벌이 과잉 중복 투자에 탐닉하면서 부실 대출을 늘려온 것이 문제였다는 지적이었다. 부패한 관료와 재벌의 유서 깊은 정경유착 탓에, 그리고 금융 기관의 무능 탓에 시장이 교란되었다는 것이다. 그 지적이 타당하다면 해법은 시장 질서를 확립하고 국가의 경제 개입을 최소화하는 것이겠다. 전형적인 신자유주의 처방이다.

이와 같은 신자유주의적 진단과 처방은 문제가 많다. 이를테면

IMF의 진단과 처방은 실은 당시 외환위기를 겪은 다른 모든 개발도상국 경제에 '복사 붙여넣기'하듯 거의 똑같이 적용되곤 했다. 그러나 나라마다 위기를 겪게 된 원인은 도대체 얼마나 다르겠는가. 시장 원리를 제대로 따르지 않아서 모두가 망했다는 주장이지만 막상 주장은 강해도 그 증거가 강해 보이지는 않는다. 되돌아보면 IMF의 진단이나 처방은 그것 자체가 이데올로기였을 뿐이다. 보다 근본적으로 신자유주의적 진단과 처방은 당시 세계 자본주의가 겪고 있던 과잉 생산과 이윤율 저하의 현실을 도외시한다. 국제 투기 자본의 폐해에 대해서도 눈 감는다. 그런 점에서는 올바른 진단이나 처방이라고 평가하기 어렵다.

사실 경제 성장률이나 물가, 실업률 같은 보통의 거시 경제 지표만 따진다면 외환위기는 한국에서 일어날 이유가 별로 없었다. 다만 한국 재벌 기업들 사이에서 부채 의존적인 경영이 만성화되어 있었고 은행에 부실 채권이 늘어나고 있음은 틀림없는 사실이었다. 언젠가는 위기가 닥쳐오더라도 크게 놀랄 일만은 아니었다. 하지만 위기가 일어난 직접적인 원인은 다른 곳에서 찾는 편이 나았다. 부실 채권을 발생시키는 구조적 문제도 있었지만 그 문제 외에 달러 부족으로 빚을 못 갚고 마는 유동성 위기가 함께 겹쳐졌으니 말이다. 그렇다면 한국의 기업과 금융 기관들은 차입을 왜 늘렸고 부실 채권은 왜 늘어났을까?

이와 관련해 이제민[45]은 김영삼 정권의 재벌 규제 때문에 재벌들이 은행 말고 제2금융권으로 몰려가 차입을 늘린 것이 화근이었다고 본다. 김영삼 정권은 경제력 집중 억제를 이유로 재벌 규제를 강화했다. 재벌 기업이 계열사 주식을 너무 많이 사는 일을 막았다. 재벌 기업들이 은행 대출을 받을 때 서로 보증 서주는 일도 제한했다. 하지만 당시만 해도 이미 제2금융권은 재벌들이 소유하고 있었다. 제2금융권은 규제도 은행보다 덜 받았다. 그렇다면 재벌들이 정권의 재벌 규제를 이유로 갑자기 제2금융권으로 몰려갔을 리는 없어 보인다. 정권이 설령 재벌 규제에 나서지 않았더라도 재벌 자금이 제2금융권을 향해 옮겨갔을 법했다. 김영삼 정권의 재벌 규제를 탓할 일이 아니고 재벌 규제가 엉망이었던 것을 비판할 일이다.

1997년 들어 11월 IMF 개입 전까지 한보, 삼미특수강, 진로, 대농, 한신공영, 기아, 쌍방울, 해태, 뉴코아 같은 재벌들이 도산했다. 프로야구 올드팬이라면 반가운 이름이 있을 수도 있겠다. 어쨌든 그 시작은 1월에 한보가 부도 처리된 일이었다. 그 일을 계기로 미국 월가의 금융 자본이 한국 증시에서 대거 이탈했다. 그들이 한국 주식을 대량 매도하고 달러로 환전해 고국으로 돌아갔으니 당연히 한국에서는 주가가 폭락했고 달러 값, 즉 환율은 급등했다. 환율을 지킨다고 당국은 외환보유고로 모아온 달러를 외환 시장에 풀었다.

---

45 이제민, 『외환위기와 그 후의 한국 경제』, 한울아카데미, 2017 중 제1절 외환위기의 원인

애꿎게 외환보유고만 줄어들었다.

　금융 기관들은 돈을 꿔준 기업들의 도산을 예상하게 되었다. 대출을 이제라도 회수하겠다고 나섰다. 기업들의 연쇄 도산을 피할 길은 없었다. 정부는 그 상황에서 시장 경제 원칙을 준수하려면 어쩔 수 없다면서 한 발 뺐다. 부도가 나도 어쩔 수 없다는 식이었다. 사실 그 정도 규모로 대기업이 연쇄 도산한 일은 당시까지 한국에서 선례가 없었다. 대기업 도산으로 폭증한 부실 채권을 감안할 때 금융 기관이 도산하는 금융 위기는 이제 눈앞에 다가온 수순이었다. 남은 일은 부실 채권부터 정리하는 것이었다. 당연히 도산 기업의 대주주인 재벌 일가부터 지분과 경영권을 상실했어야 마땅했다.

　연구자들 사이에서는 1997년의 사건에 대해 금융 위기적 측면과 외환위기 측면을 분리하려는 시각이 지배적이다. 재벌 기업 연쇄 도산에 따른 금융 위기가 외환위기로 발전했을 가능성도 있다. 하지만 외환위기란 것은 개별 기업이나 금융 기관의 문제가 아니라 나라 전체가 끌려 들어가는 사건이기에 둘 사이에 구분되는 측면이 있다는 생각이다.

　그렇다면 초국적 금융 자본의 투기적 공격이 외환위기의 궁극적인 원인이었을까. 한국경제 내부적으로는 별 문제가 없었음에도 신자유주의적 탈규제 환경에서 순전히 외부적 공격이 있었던 탓에 그런 사단이 나고 말았던 것일까. 그렇게 볼만한 사정이 없었던 것도 아니다. 따지고 보면 탈규제 자체도 초국적 금융 자본이 강제한 것이었다. 실제로 외환위기를 거친 다음 한국 자본주의는 경제 곳곳에서 외국 자본을 새 주인으로 맞이하곤 했다. 한국이 국가 부도로 내몰리며 위기가 절정으로 치닫던 1997년 11월에 한국이 빌린 단기 외채(잠시 동안만 외국 돈을 빌렸기에 곧 외국 돈으로 갚아야 하는 빚)의 만기 재연장을 미국이 막고 나섰던 사실은 의미심장하다. 한국이 국가 부도로 끌려 들어가는 것을 미국이 방치 내지는 조장한 셈이었다. 워싱턴 컨센서스도 외환위기가 발생한 나라는 돕고 지원하기보다는 위기를 방치해 신자유주의 구조조정의 기회로 삼아야 한다는 섬뜩한 내용을 포함하고 있었다. 그런 정황들이 외부로부터의 투기적 공격에서 외환위기의 궁극적인 원인을 찾아야 한다는 주장에 힘을 실어준다. 1997년 외환위기를 전적으로 투기적 금융 자본이 경제 주권을 강제 침탈한 사건으로 보는 해석이다.

앞에서 우리는 달러 중심, 미국 중심의 금융화 물결에 대해 살펴본 바 있다. 1990년대 일본이 미국 국채의 매입에 나서면서 미국으로 대규모 달러 자금 유입이 일어났다. 달러 가치를 떨어뜨려 무역적자를 줄이려던 계획이 실패하자 미국은 일본 등과 1995년에 역^逆플라자 합의를 맺어 다시 달러 가치를 끌어올리려고 했다. 달러 가치 상승이 예상되자 투자자들은 달러 자산을 적극적으로 매수하기 시작했다. 그래서 역 플라자 합의는 미국으로의 자본 유입을 더욱 더 부채질한 기폭제가 되었다. 일본은 달러 가치와 비교한 엔화 가치를 떨어뜨리기 위해 자국 금리를 낮추어야 했다. 일본의 저금리를 배경으로 미국 월가의 투기 자본은 일본에서 자금을 싸게 꾼 다음 주로 아시아 지역에 투자했다. 이와 같이 저리의 일본 엔화 자금을 이용해서 국제적으로 일어나는 투기를 '엔 캐리 트레이드'라고 한다.

이 시기 엔 캐리 트레이드는 그 결말이 아시아 외환위기로 이어졌다. 브레턴우즈 체제가 붕괴된 뒤로도 아시아 국가들은 무역의 편의성 때문에 사실상 고정 환율제를 이어가고 있었다. 그런 가운데 미국에서 금리가 오르고 태국에 무역 적자가 누적되고 있다는 뉴스가 불거지면서 1997년 3월 월가의 투기 자본들이 일제히 태국에서 돈을 뺐다. 태국 정부는 환율 방어에 나서며 외환 시장에 달러를 공급했다. 그러나 소용없었다. 투기 자본의 공격 앞에 속수무책이었다. 7월 태국 정부는 IMF에 구제 금융을 신청했다. 태국 바트화 가치는 폭락했다. 태국은 신자유주의 구조조정을 받아들여야 했다.

7월에는 불똥이 인도네시아로 튀었다. 미국 금융 자본이 인도네시아 통화인 루피아의 매도에 나섰다. 인도네시아 자국 기업도 자국 통화 매도의 물결에 합세했다. 인도네시아 정부는 금리를 올렸다. 루피아 매도를 어떻게든 막아 루피아 가치를 지키려는 시도였다. 그러나 소용없었다. 10월에 결국 IMF에 구제 금융을 신청했다. 같은 해 7월에는 한 차례 투기적 공격이 한국을 다시 한 번 휩쓸고 지나갔다. 이번에는 일본 금융 자본이 이탈한 결과였다. 그 후에도 월가 금융 자본의 아시아 공략은 10월 홍콩으로, 그리고 11월 재차 한국으로 이어졌다.

근본적으로는 이미 앞에서 설명한 바와 같이 1997년의 아시아 외환위기는 제국주의 미국의 세계 지배 전략의 산물이었다. 미국은 달러를 자국 내로 다시 돌아오게 하는 구조를 통해서만 달러의 세계적 지위를 유지할 수 있었고 그 과정이 금융화로 나타났다. 그리고 아시아 외환위기는 역 플라자 합의 이후 두드러진 금융화의 결과였다. 전후 20세기 역사를 조망하는 시각에서 보면 이 시기 금융 자본의 투기적 공격은 이와 같이 제국주의 미국의 세계 전략을 배경으로 하며 그것과 연동해 이루어졌다.

다만 이와 같은 해석은 편향된 시각은 아니지만, 그것만으로 충분하지는 않아 보인다. 뒤집어 생각하면, 외환위기를 단순히 한국 정부와 재벌, 금융 기관의 단기 외채 관리의 실패에 따른 유동성 위기로 간주하는 경우 외환위기가 가진 경제 공황으로서의 성격을 부

제조업 이윤율 추이

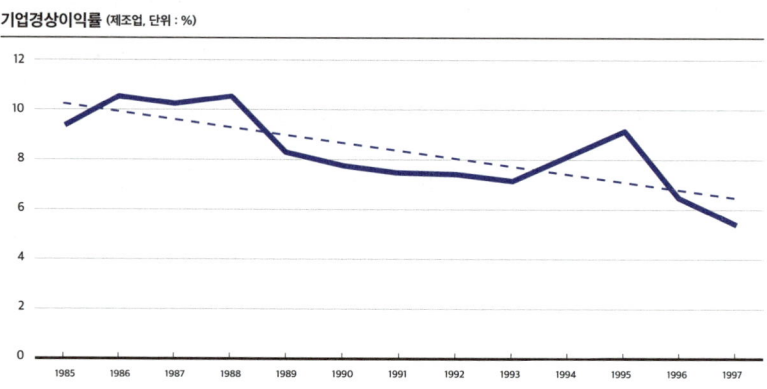

*자료 : 한국은행 기업경영분석 각년도

인한 채 단지 단기 외채가 많아서 생긴 우발적인 사건처럼 오해할 여지가 없지 않다. 조심할 필요가 있다. 외환위기와 같은 사건은 복합적인 것이어서 위기로 이어진 한국경제 내부의 구조적 요인에 충분히 주목해야 한다. 자칫 외부 요인만 강조하면서 균형을 잃으면 마치 정권과 재벌이 큰 잘못이 없는 것처럼 되는데 그것은 틀린 인식이다. 한국의 외환위기는 한국 자본주의 재벌 체제에 내재된 모순이 폭발한 사건으로 체제적 위기의 발현이라는 성격도 갖는다. 금융 자본의 투기적 공격과 같은 외부 요인만 일면적으로 강조할 일은 아니다.

정확한 진실은 어느 쪽일까. 구체적인 역사적 사건의 원인 설명에 있어서는 한국 자본주의를 둘러싼 배경적인 모순과 직접적인 근본 모순에 대한 해명과 함께 좀 더 계기적인 사건들을 통합적으로 제시해야 한다. 세계사적 조망에서 위기가 초래된 배경은 제국주의 미국의 달러 패권이 관철되는 구조에서 찾아야 할 것이다. 한국 자본주의라는 좀 더 구체적인 현실로 오면 위기의 전개 과정에서 직접적으로 작용한 근본 원인은 한국 재벌체제의 축적 위기에 있다고 볼 법하다. 재벌체제에서 커져만 가던 실물 경제의 위기, 곧 이윤율의 문제를 외환위기의 원인으로 상정할 만하다. 외환위기는 그와 같은 재벌체제의 모순이, 정부가 신자유주의 정책을 추진하는 과정에서 자본 자유화를 조율되지 않은 채로 성급히 밀어붙이면서 폭발한 결과라고 할 것이다. 그리고 그 폭발의 계기, 즉 모순의 폭발을 격발시킨 방아쇠는 제국주의 금융 자본의 투기적 공격이었던 것이다.

틀림없는 사실은 김영삼 정권이 준비를 제대로 갖추지 못한 상태에서 무책임하게 서둘러 단기 자본 시장부터 개방했고 이로 인해 외환위기가 촉발되고 말았다는 것이다. 정권의 근시안적인 목표 설정과 그것에 대한 망상적 집착이 사태를 키웠다. 그렇다면 김영삼 정권이 자본 시장 개방을 서둘러야 했던 필연성 같은 것은 혹시 없었을까? 자본주의 일반의 모순은 한국 자본주의에서도 예외 없이 나타난다. 한국의 경제 성장 과정에서도 자본의 과잉 축적이 이루어지면서 이윤율은 하락할 수밖에 없었다. 이에 재벌 자본은 점점 더 자금을 싸게 빌릴 수 있는 곳을 찾아 나서야 했다. 그런데 어디서

갑자기 저리 자금을 구할 수 있었을까. 구할 방법이 있었다. 당시로서는 외국으로부터 외화 자금을 일시적으로 빌려오는 것이 가장 싸게 돈을 빌리는 방법이었다. 그러다 보니 한국경제는 점점 더 단기 외채에 의지하게 되었다.

재벌체제의 모순이 폭발한 구체적 과정은, 금융 기관이 재벌 및 정권과 이권 구조로 유착된 관계에 놓여 있어 금융 기관으로서의 본래 기능이 제대로 발달하지 못한 상태에서 → 금융 개방과 자유화가 성급히 이루어졌고 → 재벌 총수의 마음대로 대규모의 중복 투자가 차입을 통해 확대되면서 → 이로 인해 금융 기관에 부실 채권이 누적되자 → 미국 및 일본의 초국적 금융 자본에 의한 투기적 공격으로 자본이 유출되고 대출 만기 연장이 거부되었던 과정이라고 할 수 있다.

여기서 김영삼 정권의 준비되지 않은 자본 이동 자유화 조치가 불러온 후과를 가볍게 볼 일은 아니다. 정권이 OECD 가입을 위해 자본 시장 개방을 단행했다면 혹시 재벌한테도 자본시장 개방이 이득이었을까? 이득이었다. 당시 외화 자금 시장 상황이 저리 자금을 쉽게 조달할 수 있는 여건이었기 때문이다. 김영삼 정권은 1993년부터 단기 외채를 자유롭게 빌릴 수 있도록 허용했다. 그러면서도 어이없게도 재벌들이 소유한 종합 금융 회사(종금사)에 대해 금융 감독을 실시하지 않았다. 재벌들은 은행과 종금사를 통해 단기 달러 자금을 대규모로 빌려왔다. 단기 외채가 눈덩이처럼 불어났다. 재벌들은 이 단기 자금을 제철, 특수강, 자동차 등 이미 포화 상태에 있던 부문에 중복해서 과잉 투자했다. 재벌 종금사들은 투기도 벌여 직접 엔 캐리 트레이드에 나섰다. 단기 저리로 엔화 자금을 빌려와 고금리의 동남아 장기 채권을 매입했다. 나중에 동남아 국가들이 외환위기로 상환 불능 상태에 빠지자 종금사들은 동남아 채권을 회수하지 못해 도산을 맞이해야 했다.

정권으로서는 OECD 가입이 당면 과제였기에 자본 시장 개입으로 자본 유출입을 제한하는 것은 아예 선택지에 둘 수 없었다. 그런 개입은 자칫하면 OECD 가입이라는 치적 쌓기에 장애물이 될 소지가 컸던 탓이다. 정권은 너무나도 무책임했다. 은행권 단기 외채가 쌓여가는 중에도 외국인 주식 투자를 위해 자본 시장을 추가 개방했다. 막상 자본 통제가 절실했던 시점이었음에도 불구하고 말이다. 정권은 또한 1인당 국민 소득 1만 달러라는 OECD 가입 조건을 충족하기 위해 일부러 원화 가치를 높이는 방향으로 외환 시장에 개입했다. 원화 가치가 올라가면 1만 달러를 원화로 환산한 금액이 줄어들어 원화 기준으로 1만 달러를 좀 더 쉽게 넘어설 수 있다는 계산 때문이었다.[46] 정권은 원화 가치를 높이려고 달러를 매도했

---

46 예를 들어 환율이 1,000원이면 1만 달러는 1,000만원인데 환율이 100원이면 1만 달러는 100만원밖에 안 된다.

다. 달러를 팔고 원화를 사야 원화 가치가 올라가니까 그렇게 했던 것이다. 그 과정에서 외환보유고는 더 줄어들었다.

1997년 7월 무더위 속 어느 날, 기아자동차가 부도 위기로 내몰리면서 한국으로부터의 본격적인 외화 자금 유출이 시작되었다. 일본의 은행들부터 자금 회수에 나섰다. 이 사실을 두고 일각에서는 시작이 미국계 자본이 아니라 일본 자본이라고 강조하기도 하는데 이는 적절한 지적은 아니다. 한국에서는 이미 2017년 1월 한보 사태 당시 미국 자본의 대거 이탈이 있었다. 3월부터 7월까지 이어진 태국 사태와 이후 동아시아 각국으로 번져 간 투기적 공격의 선봉에 섰던 것도 주로 월가의 '헤지펀드'들이었다. 7월에 일본 자본이 한국으로부터 이탈한 사건은 한국을 최종적으로 IMF 구제 금융 신청으로 이끌지도 않았다.

어쨌든 기아 사태를 맞아 정권은 8월에 은행이 빚진 외채에 대해서는 정부가 보증을 선다고 약속했다. 정부의 보증 능력은 외환보유고에 의존했다. 당시 정부는 적정 외환보유고를 3개월 경상 지급액 기준으로 이해하고 있었다. 여기서 경상 지급액은 달러를 해외에 지급해야 하는 상품 및 서비스 수입, 임금 등 요소 소득의 지불 등을 합한 것이다. 이 경상 지급액의 3개월 어치만큼의 외환을 보유하고 있으면 충분하다는 인식이었다. 그런데 3개월 경상 지급액 기준은 실제로는 자본 이동이 통제되었던 브레턴우즈 체제 하에서 통용되던 기준이었을 뿐이다. 브레턴우즈가 해체된 후 단기 자본 시장이 개방된 상태에서는 그보다 더 보수적인 기준이 요구되었는데 김영삼 정권 경제 부처는 그 사실을 놓쳤다.[47] 1997년 9월 말 기준으로 한국의 외환보유고는 단기 외채의 40%에 불과했다. 외국 투기 자본이 보기에 한국은 외환보유고가 부족한 나라로 간파되었을 것이다. 결국 10월 말, 11월 초가 되면 한국 단기 외채는 더 이상 만기 연장이 불가능해졌다. 김영삼 정권으로서도 다른 아시아 나라들처럼 IMF에 구제 금융을 신청하지 않을 도리가 없었다. 구제 금융 신청의 여파와 그 이후 한국경제의 변화상에 대해서는 다음 장에서 공부하도록 하자.

월가 금융 자본을 위시로 한 초국적 투기 세력이 김영삼 정권의 무능을 파고들며 의도적으로 공격을 감행한 점은 부인할 수 없다. 만약 당시 자본 통제가 유지되었더라면, 그래서 투기적 공격의 길이 막혀 있었더라면, 재벌체제의 모순이 그렇게 극적인 속도와 규모로 외환위기로 번지지는 않았을 법하다. 어쨌든 이런 설명에 비하면 정부의 시장 개입 때문에 위기가 초래되었다는 신자유주의적 설명은 거의 억지다.

---

[47] 대표적인 기준은 귀도티-그린스펀 규칙(Guidotti-Greenspan rule)이다. 자본 시장이 개방된 경우 외환보유고를 단기 외채의 100% 이상 유지해야 한다는 내용이다.

제3장 1987-1997, 노태우 정권과 김영삼 정권
생각해 볼 문제

1 레닌은 『제국주의론』에서 자본 수출, 예를 들어 해외에 회사를 설립해 이윤을 벌어들이는 해외 직접 투자를 제국주의의 한 가지 지표로 제시했다. 그런데 현실에서 자본 수출은 제국주의로는 도저히 분류하기 어려운 나라들조차 수행하는 경우가 있다. 어떤 이유로 비제국주의 나라가 자본 수출을 하게 되는가? 1990년대 한국 자본주의의 자본 수출은 한국이 제국주의 단계로 발전하고 있다는 결정적 증거라고 할 수 있을까?

2 한국의 신자유주의는 역사적 이유로 인해 서유럽이나 미국의 그것과는 차이가 있다. 어떤 점에서 차이가 있는지 설명하시오.

3 1987년 6월 항쟁과 7,8,9월 노동자 대투쟁에도 불구하고 결과적으로 구체제 세력이 정권을 연장했고 재벌체제도 흔들림 없이 오히려 강화되었다. 1996년 12월과 1997년 1월의 민주노총 총파업 역시 노동법 개악을 궁극적으로 막지 못했다. 그와 같은 한계점을 고려하면서 이 두 차례 민중의 정치적 진출이 갖는 의의에 대해 평가하고 비교하시오.

4 자본주의적 생산 관계의 고유한 모순인 이윤율 저하 경향과 김영삼 정권 당시 자본 시장 개방을 서두르게 된 사정 사이의 관계에 대해 설명하시오. 아울러 1997년 한국의 외환위기가 공황의 성격을 가진다고 할 수 있겠는지 밝히시오.

5 당시 김영삼 정권이 자본 이동을 통제했다면 이후 어떤 일들이 벌어졌을까?

제4장

1998-2007, 김대중 정권과 노무현 정권

IMF 사태의 여파와 김대중 정권

1997년 연말부터 전개된 이른바 'IMF 사태'는 1997년 11월의 외환위기와 12월 IMF 협약에 따른 구제 금융, 공황의 심화, 이후 김대중 정권에 의한 신자유주의 구조조정과 같은 일련의 사건들을 포괄한다.[48] 한국 사회를 근본적으로 변화시켰다고 평가받는 이 사태의 책임자는 누구인가. 첫째, 이 사태를 경제 공황으로 파악할 때 그 원인은 재벌체제에서 찾아야 온당하다. 둘째, 외환위기 상황을 조장하고 악화시킨 김영삼 정권의 무능도 중요했다. 셋째, 그러나 결정적으로 공황을 외환위기로 끌고 간 자들은 초국적 투기 자본이었다. 마지막으로 위기 전개의 전 과정에 능동적으로 개입했고 결과적으로 신자유주의 구조조정까지를 강제한 것은 미국이었다. 한국의 두 정권과 국내외 자본 및 IMF의 배후에서 그들 모두를 지휘한 원흉은 미국 정권이었다.

---

[48] 한국 외환위기와 관련된 다수의 자료들이 '투명사회를 위한 정보공개센터'가 운영하는 다음 주소의 '1997 외환위기 아카이브' 온라인 사이트에 모여 있다. https://97imf.kr/

11월 21일 한국 정부가 IMF에 구제 금융을 신청하자 재벌들은 대대적인 구조조정을 단행하고 나섰다. 적반하장이었다. 정작 위기의 주범인 재벌이 위기의 고통을 민중에게 전가하는 과정이 시작되었다. 일시에 수많은 사업장들이 대규모 구조조정으로 휘말려 들어갔다. 인원 감축과 전환 배치, 임금 삭감 내지는 동결 소식이 잇달았다. 재벌들은 정리해고제부터 즉각 시행하라고 정부에 요구했다. 신자유주의 구조조정의 공세는 거침이 없었다. 재벌과 정권, 초국적 자본 세력은 국가적 위기 상황을 초래함으로써 신자유주의적 전환을 완성할 절호의 기회를 잡았다.

  한국은 역사적으로 1960년대 베트남 전쟁을 거치면서 미국의 반공 전략에 있어 전략적인 중요성이 커졌다. 베트남 전쟁을 계기로 한국은 미국에게 '비#공산주의국가의 쇼윈도'로서의 위상을 갖게 되었다. 미국은 그 시기부터 한미일 삼각무역 구조를 구성해 한국의 수출 주도 압축 성장을 지원했다. 한국의 경제 성장은 미국의 안보 전략이 '인도 중시'에서 '한국 중시'로 전환된 사실에 의해 크게 좌우되었다. 그와 같은 배경 하에서 한국은 1980년대 초 전 세계적으로 다른 나라들이 외채위기에 허덕이는 와중에도 미국과 일본의 적극적인 지원 덕택에 외채위기를 피해갈 수 있었다. 당시 세계 4위의 채무국이었어도 그랬다.

그러나 소련 붕괴 이후 한국의 지정학적 위상에는 변화가 생겼다. 미국에게 한국은 반공 보루로서의 가치가 크게 줄어들었다. 그간에 이루어진 한국의 경제 성장을 감안하면 미국에게 한국은 더 이상 성장 지원을 통해 쇼윈도로 삼을 대상이기보다는 이제 개방을 강제해 자본 증식을 위한 먹잇감으로 삼을 만한 대상이었다. 이에 위기에 처한 한국을 대하는 미국의 태도도 바뀌었다.

본래 빚을 낸 채무자가 빚을 못 갚는 채무불이행 상황이 되면 채권자와 채무자 간에 재협상의 공간이 열리기 마련이다. 그러나 한국에 대해서는 유독 외채 탕감이 조금도 이루어지지 않았다. 전 세계 외환위기, 외채위기 가운데 채무국이 만기 연장 외에는 다른 채무재조정 없이 채무 전액을 상환하도록 한 경우는 1997년 한국이 유일했다. 한국에게는 모라토리엄, 즉 국가 부도를 선언할 수 있는 기회마저 차단되었다. 국가 부도 시 채권자가 입을 손실을 미국이 걱정했기 때문이다. 그런 점에서 IMF의 구제 금융은 한국을 구제하려던 목적이 아니었다. 한국에 외채를 꿔 준 채권국 자본을 구제하려던 목적이었다. 결과적으로 채권자들은 모두 구제되었다.

IMF 협약은 워싱턴 컨센서스에 따라 한국경제를 신자유주의로 완전히 전환하는 내용을 담았다. 협약은 특히 한국 금융 시장을 완전히 개방하고 외국 자본이 한국 기업이나 금융 기관을 마음껏 인수해 소유할 수 있도록 허용하는 것을 구제 금융의 전제 조건으로 내걸었다. 한국은 초국적 자본의 가치 증식을 위한 사냥터로 전락했다. IMF 사태의 원인이 시장 원리를 무시한 정권의 관치 경제 탓이라던 재벌은 미국에 투항하며 신자유주의로의 전환에 앞장섰다. 김대중 정권은 이의를 제기하지 않았고 미국이 밀어붙이는 대로 협조했다. 정권과 자본은 '경제 살리기'와 이를 위한 '고통 분담' 이념을 설파했다. 금 모으기 운동은 일종의 대중적 상징 조작(실체가 아닌 상징을 교묘하게 조작함으로써 대중을 움직이는 것)이었다. 하지만 구조조정과 정부 긴축 정책에 따른 피해는 고스란히 민중에게 떠넘겨졌다.

1996년 말 총파업 이후 민주노총은 IMF 사태에 대해서는 거의 준비가 되어 있지 않았다. 민주노총은 IMF 사태가 역대 정권과 자본이 결탁해온 재벌체제의 모순에서 비롯했음을 주장하며 재벌 해체와 IMF 재협상을 요구하고 구조조정에 반대하는 입장이었다. 그러나 IMF 사태를 재벌 개혁의 기회로 삼으려던 점에서는 IMF 및 김대중 정권과도 인식을 공유하는 부분이 없지 않았다. 민주노총은 노사정위원회에 참여하면서 고통 분담에 관한 공동선언문에 합의했다. 당시 시민운동 진영에서 재벌 개혁을 앞세우면서 정권 차원에서 전개한 '허리띠 졸라매기'에 동참한 것과 궤를 같이 하는 행보였다. 그러나 고통 분담을 약속한 마당에 현장에서 무자비하게 진행되는 구조조정에 맞서 노동자 계급 관점에서 대응하기는 어려웠다.

민주노총 지도부는 전국교직원노동조합(전교조) 합법화와 노동조합의 정치활동 보장을 양보 받는 대신 정리해고제와 노동자 파견제의 도입을 수용하고자 했다. 그러나 조합원들을 설득할 수는 없었다. 지도부 사퇴가 이어졌다. 이와 관련해 구조조정이 노사정 합의에 근거해 이루어지지 못한 것이 민주노총 책임이라는 주장이 제기되기도 했다.[49] 민주노총이 노사정 합의 사항을 내부 사정으로 무효화하면서 '사회적 협약'이 어렵게 되었고 이에 따라 정부 역시 구조조정 문제를 노사정위원회에서는 더 이상 논의하지 않게 되었다는 주장이다. 하지만 노사정 합의를 지키기 위해 정리해고제를 수용해야 했다는 평가는 민주노조운동으로서는 받아들일 수 없다.

민주노총은 지도부 사퇴 후 비상대책위원회 체제에서 총파업을 준비했다. 그러나 투쟁 동력이 부족했다. 1998년 2월 정권은 정리해고를 법제화했지만, 총파업은 결국 철회되었다. 그 해 여름은 김대중 정권이 노동자들의 등에 비수를 꽂은 계절이었다. 현대자동차 자본이 그 해 1년간 1만 명 이상의 노동자를 해고하자 현대자동차 노동자들은 정리해고에 반대하는 파업에 나섰다. 그러나 정권에 의해 파업은 저지되었다. 만도 파업에 대해서는 공권력이 투입되어 폭력 진압이 이루어졌다. 관련자 다수가 구속되었다.

---

[49] 임상훈·조성재·유범상·장홍근 (2002), 『노사정위원회 활동평가 및 발전방안에 관한 연구』, 한국노동연구원.

이와 관련해 현장 흐름이 강력한 총파업 투쟁을 지지했음에도 민주노총 지도부의 우경화로 투쟁 동력이 소실되었다는 비판이 제기되기도 했다. 민주노조운동이 갈피를 잡지 못한 가운데 저항을 제대로 조직하지 못했기에 미국과 초국적 자본의 의지대로 한국에 신자유주의가 일사천리로 확립되었다고 비판하더라도 딱히 변명할 말은 없다. 정리해고 법제화와 1998년 여름의 노동 탄압이 그 마침표 역할을 했음도 사실이다.

다만 1996년 말 총파업 때만 해도 거리에 함께 모였던 시민들이 국가 부도라는 충격적인 현실 앞에 멈추어 선 사정도 고려해야 할 법하다. 시민들의 선택은 최초의 수평적 정권 교체를 이루는 선에서 마무리하는 편에 가까웠다. 신자유주의적 전환은 숙명처럼 대세처럼 받아들여졌다. 당시 노동과 자본 간 기울어진 역관계에서는, 신자유주의적 전환을 더 이상 피해가기 어려웠을 지도 모른다. 초유의 외환위기 상황에서 중간 계층의 동요를 뚫고 신자유주의가 아닌 다른 진보적 대안을 제시하지 못했던 것은, 그리하여 계급투쟁의 지형을 변화시키지 못했던 것은 민주노조운동의 실력 부족이었다.

한국의 지배 세력 연합과 미국은 원래 김대중을 신뢰하지 않았다.[50] 그러나 그랬던 김대중도 신자유주의를 받아들였다. 그의 당선은 역설적이게도 그 전까지 불안했던 1987년 정치 체제가 비로소 안정적으로 재생산되는 계기가 되었다. 그것은 어떤 의미에서는 1987년 6월의 완성으로도 볼만한 극적인 사건이었다. 하지만 김대중 정권에 의한 신자유주의의 전면화는 7, 8, 9월 대투쟁에 대한 사실상의 불승인 내지는 아무리 긍정적으로 평가하더라도 극히 제한된 승인만 허용하는 것이기도 했다. 김대중 정권은 한편으로는 구체제 세력과의 대결에서 승리함으로써 민주정부 수립에는 성공했지만 다른 한편으로는 조직 노동을 억누르며 신자유주의 전면화의 길을 관철시켰다.

한국 사회의 향방을 놓고 벌어졌던 10년에 걸친 계급 간, 사회 세력 간 쟁투는 결국 IMF 사태를 거치며 미국과 재벌의 지배 세력 연합이 확실한 우위를 차지하는 결과로 막을 내렸다. 7, 8, 9월 노동자 대투쟁과 이후 민중의 정치적 진출은 군부 독재로 상징되는 파시즘의 질서에 마침표를 찍을 수는 있었지만, 이후 신자유주의의 전면화까지 막아내지는 못했던 것이다.

---

50 1971년 대선에서 김대중이 내세웠던 '대중 경제론'에는 박현채가 주도적으로 참여했다. 당시 김대중 대선 공약의 급진성은 민족 경제론의 영향을 반영했다. 그러나 1987년 대선에서 김대중은 박현채와 미국식 시장 원리주의 사이에서 균형을 잡으려 했다. 그 결과물이 '대중 참여 경제론'이었다. 1992년 대선을 앞두고 '뉴 DJ 플랜'으로 보수화된 김대중은 박현채와 완전히 결별했다.

IMF 사태의 마지막 단계는 IMF 프로그램에 따른 기업, 금융, 노동, 공공 부문에 대한 이른바 4대 부문 구조조정이었다. 이 중 기업 구조조정은 재벌 개혁을 의미했다. 정권이 지휘한 재벌 개혁 과정에서는 30대 재벌 가운데 16개가 완전히 혹은 부분적으로 해체되었다. 정권의 조율 속에 사업 전문화 및 중복 투자 축소가 때로는 자율적으로 때로는 강제적으로 추진되었다. 재벌 간 사업 교환과 퇴출 작업도 진행되었다. 다만 개별 재벌은 기존 사업 가운데 일부 사업에서는 철수해야 했지만 대신에 일정 지배 영역에서는 오히려 독점적 지위를 공고화할 수 있었다. 퇴출되더라도 계열사와의 합병으로 정리되는 경우가 적지 않았기에, 기존 사업과 다른 새로운 사업에 문어발식으로 진출했던 비관련 다각화도 상당 부분 그대로 남았다.

　재무 구조 개선 약속은 비교적 빠르게 지켜졌다. 장부상 부채 비율은 1998년에 5대 재벌과 6~30대 재벌이 각각 336%와 282%였는데 2001년에는 129%와 187%로 떨어졌다. 다만 계열사끼리 주식을 인수하는 경우가 많았고 보유 자산의 가치를 재평가함으로써 인위적으로 부채 비율을 낮추기도 했다. 그런 점에서 실질적인 자본 확충은 수치상 변화보다는 미진했다. 그나마도 대우 그룹은 부채 비율을 낮추는 데 실패했다. 결과는 그룹 해체였다. 그밖에도 정권은 계열사 간 지급 보증을 금지시켰다. 이때부터 재벌들은 덩치만 불려놓고 보는 외형 신장에 집착해온 과거 관행과 결별해야 했다. 대신에 현금 흐름과 단기 수익성을 중시하는 소위 '금융 지배 자본주의'가 자리 잡았다.

재벌들이 가장 반발했던 IMF 프로그램은 지배구조 개편이었다. 해외 금융 자본에게 지분을 일정 부분 내주는 것은 불가피했지만 재벌들로서도 총수 지배가 위협받는 것을 두고 보지 않았기에 적극 반대하고 나섰다. 재벌의 저항은 거셌다. 지배구조 개편 방안은 상당 부분 무력화되고 말았다. 총수 일가에 의한 봉건적인 지배 양상은 조금도 달라지지 않았다. 기조실은 구조조정 본부로 이름만 바뀌었고 사외 이사나 감사도 실질적으로는 그룹 내부 인사들이 독식했다. 소액주주권 보장은 무시되었다. 계열사들이 서로 회사 돈으로 상대방에게 출자함으로써 총수 일가 관련자들의 그룹 내부에서의 실질적 지배력을 늘리는 상호 출자는 도리어 확대되었다.

개별 재벌로서는 IMF 프로그램에 의한 정부 개입이 달갑지 않았다. 다만 각자가 가진 전략과 분야별 경쟁력에 따라 운명은 크게 갈렸다. 부실 계열사 정리에 소극적이었던 대우와 현대는 밀려났다. 대신에 직원의 3분의 1을 정리해고로 내몰며 강도 높은 구조조정을 단행한 무노조의 삼성이 독주 채비를 마쳤다. 재벌들이 오래전부터 요구해온 노동 유연화는 IMF 프로그램 덕분에 전면적으로 시행할 수 있었다. 그 덕에 정권의 재벌 개혁을 상당 부분 무력화시키며 해체되지 않고 살아남은 재벌들 입장에서는 재벌체제가 오히려 공고해지는 계기를 맞이했다.

한편 IMF 프로그램의 금융 부문 구조조정은 부실 금융 회사 정리와 구조조정, 시장 개방이 주 내용이었다. 당시 금융 부문 전체 노동자의 약 20%에 해당하는 3만 명이 정리해고로 일자리를 잃었다. 자본 시장 개방으로 외국 자본이 국내 은행의 70% 이상을 소유하게 되었다.

공공 부문 구조조정은 민영화와 인력 감축이 핵심이었다. 민영화는 다양한 형태로 폭넓게 이루어졌다. 당시 정부와 지자체를 포함한 공공 부문 전체 노동자의 20% 가까운 13만 명 이상이 정리해고로 일자리를 잃었다. 생각해보면 공공 부문은 IMF 사태가 발생한 것에 대해 별다른 책임이 없었다. 그럼에도 불구하고 이유 없이 구조조정의 대상으로 내몰렸던 것이다. 이는 IMF 프로그램을 주도한 미국이 외환위기를 한국에서 워싱턴 컨센서스를 실현시키는 계기로 삼고자 했기 때문이었다. 미국의 의도는 외환위기를 한국에서 신자유주의를 전면화시키는 계기로 이용하려던 것이었다. 다만 재벌기업과 금융 회사, 공공 부문의 노동자들은 외환위기 전까지만 해도 한국경제 내에서 중산층을 형성하고 있었기에 이들의 몰락이 분배와 사회 안정에 미친 악영향이 컸다는 점은 아무리 강조해도 지나치지 않다.

 기업 부문 구조조정이 재벌의 반대로 무력화되었던 반면 노동 부문 구조조정은 가차 없이 진행되었다. 민주노조운동이 총 노동의 공동 전선을 형성하지 못한 채 개별 사업장마다 정권과 자본에 의해 각개격파 당하면서 노동자 수백만 명이 정리해고로 실직했다. 비정규직 고용이 급증해 정규직 고용을 넘어섰고 성과급제가 확산되었다. 노동 조건은 악화 일로였다. 김대중 정권은 민주노조운동의 구조조정 반대 투쟁에 반복적으로 경찰력을 동원해 폭력 진압에 나섰다. 구속 노동자 수는 김영삼 정권 때의 연평균 126명보다 늘어난 연평균 178명이었다. 한국에서 구조조정을 일상화한 신자유주의는 국가 폭력에 의해 유지되었던 것이다.

 이 시기 정리해고의 법제화가 정말로 필요했는지는 논란거리가 아닐 수 없다. 당시 민주노조운동과 진보 정치의 논리적 대응에 부족했던 점을 복기할 필요도 있다. 먼저 국제적인 노동 기준에 있어 정리해고가 결코 '글로벌 스탠더드'가 아님을 더 명확히 할 필요가 있었다. 당시 한국은 OECD에 가입한 사정 때문에도 노동 기본권 확대를 위한 제도 개선이 요구되는 시점이었다. 쉬운 해고는 미국 자본주의의 특징일 뿐 서유럽은 관행이 달랐다. 당시 사측의 일방적인 결정에 따른 구조조정이 대규모로 일어나는 와중에 정리해고가 제도화된다면 이는 대량 실직으로 이어질 수 있다는 우려가 있었다. 그리고 그것은 실제 눈앞의 현실로 되고 있었다. 왜 김대중 정권은 정리해고가 빚어낸 대량 실직 사태와 관련해 정부 차원에서 전반적인 조율에 나서지 않았을까.

김대중은 대선 후보였을 때만 해도 정리해고에 반대하고 임금 및 고용 동결에 찬성한다는 입장을 밝혔다. 1998년에 대규모 정리해고에 직면하면서 현대자동차 노동조합은 노동시간 단축과 함께 인력 순환 배치 등의 방법으로 일자리 나누기를 실시할 것을 사측에 요구하면서 대신에 임금 삭감을 받아들이겠다고 천명하였다. 신고전파 주류 경제학적인 관점에서 보더라도 경제적인 합리성만 따진다면, 외부적 충격에 대응해 고용을 양적으로 조정하려는 정리해고보다는 오히려 그 가격, 즉 임금을 신축적으로 조정하는 방식이 더 나았을 수 있다. 노동자들의 입장에서도 당시 한국은 실직 시 소득 감소를 부분적으로라도 보완할 수 있는 사회 안전망이 대단히 미비한 상태였으므로 차라리 임금 삭감을 받아들이는 편이 유리했다. 그런 점에서도 당시 민주노총 지도부가 노사정 합의 과정에서 정리해고를 수용한 것은 결코 바람직하지 않았다. 현장 조합원들의 반대에 오히려 합리적인 측면이 있었다.

김대중은 대선 승리 직후 입장을 바꿨다. 한국경제는 단기 외채의 만기 연장을 위해서라도 외국인들의 신뢰를 반드시 회복해야만 하는데 외국인들이 지금 원하는 것은 정리해고라고 김대중은 말했다. 물론 여기서 외국인이란 미국의 금융 자본이었다. 당시 월가의 생각은 노동자를 해고할 수 없으면 한국의 은행을 살 이유가 없다는 것이었다. 재벌들은 민주노조운동이 제기한 일자리 나누기 제안을 일축했다. 구조조정을 둘러싼 노동과 자본 간 대립 속에서 자본은 주도권을 놓치지 않았다. 노동조합의 조직 기반에 대한 공격이 이어졌다. 외환위기라는 유리한 상황을 배경으로 미국을 등에 업은 자본이 노동에 양보할 이유는 없었던 것이다. 다만 그 점을 고려하면, 당시 노사정 합의 과정에서 민주노총이 설령 임금을 양보했더라도 고용 안정을 지켜내기는 어려웠을 수 있다. 이미 변화된 역관계를 자본이 몰랐을 리 없기 때문이다. 자본은 정리해고를 고집했을 것이다.

노무현 정권의 신자유주의

제2기 민주정부인 노무현 정권은 출범 직후부터 경제위기를 맞았다. IMF 사태의 여파로 내수가 얼어붙자 김대중 정권은 신용카드 공급 확대로 소비를 부양하려 했다. 그 과정에서 가계부채가 폭증했음은 물론이다. 그리고 신용 불량자도 함께 폭증했다. 1996년 96만 명이었던 신용 불량자는 2003년 372만 명까지 늘었다. 유명한 2003년 '신용카드 사태'였다. 정부가 카드사에 긴급 유동성을 투입하는 방식으로 사태는 진정되었지만, 가계부채를 단기간에 크게 늘려 내수를 살리려 했던 정책은 모습을 바꿔가며 이후에도 반복되었다.

경제 성장은 안정적인 수요 기반이 없으면 불가능하다. 이상적인 경제 성장은 다수 대중의 구매력에 기초해 이루어진다. 그런데 건강한 경제 성장을 위해 다수 대중이 구매력을 확보하려면 분배가 균등하지 않으면 안 된다. 심지어 경제가 성장하려고 해도 분배가 중요한 것이다. 문제는 자본가 계급으로서는 노동자들의 임금 인상이나 복지 지출 확대 요구에 응해줄 생각이 없다는 데에 있다. 이에 자본가 정부는 다수 대중의 구매력과 상관없는 수요 기반을 확보하기 위해 애쓴다. 수출 공업화도 따지고 보면 그런 경우에 속한다. 해외에 수요 기반을 의지하려는 것이니까 그렇다. 또 다른 방식은 가계가 빚을 내게 해 소득이 아닌 부채를 통해 수요를 인위적으로 만들어내는 것이다. 한국에서 그 대표적인 사례가 외환위기 이후 신용카드 공급 정책, 그리고 박근혜 정권 시절 '빚내서 집 사라' 정책일 듯하다. 단, 특히 당장의 성장을 위해 부채 확대로 수요 기반을 확충하는 경우 경제 내에 불균형과 불안정이 누적되기 마련이어서 지속 가능성은 낮다.

IMF 프로그램에 따른 기업 구조조정 과정에서 개별 재벌은 때로 손해를 보았지만 전체 재벌 입장에서는 오히려 자신들의 경제적 지배를 더욱 공고하게 만들 수 있었다. 적어도 김대중 정권을 거친 뒤로는, 발전 국가론에서 상정하는 것과 같은 재벌에 대한 국가의 힘의 완전한 우위 같은 것은 한국에서 더 이상 현실이 아니게 되었다. 정권과 재벌의 관계는 오히려 재벌이 우위에 서는 새로운 힘의 균형으로 바뀌었다. 그와 같은 사실은 노무현 정권 시기 삼성의 변화된 역할에서 극명하게 드러났다. 삼성경제연구소는 '찌라시' 같은 보고서를 양산하며 국정 비전을 설계하고 정권의 의제 설정을 주도했다. 한국 국가의 재벌에 의한 포획(규제 당국이 규제 받는 상대의 영향력에 사로잡히는 현상)은 노무현 정권 들어 완성 단계에 이르렀다.

한국에서 신자유주의로의 전환은 김영삼 정권이 포문을 열어 김대중 정권이 완성했고 노무현 정권이 마무리했다. 김영삼 정권을 논외로 치면 민주정부들이 신자유주의로의 체제 전환을 주도했던 셈이다. 이는 과거의 민주 대(對) 반민주 구도가 이제 더는 남아 있지 않다는 평가를 낳았다. 민주당이 대표하는 '자유주의' 정치 세력은 단지 신자유주의 재벌체제의 하위 파트너일 뿐이므로 더 이상 노동자 민중과는 전선의 같은 편에 선 우군이 아니라는 인식이었다. 노무현도 대통령 당선 직후 기자회견에서 한국을 '기업하기 좋은 나라'로 만들겠다는 약속부터 챙겼다.[51]

다만 그럼에도 자유주의 정치 세력이 냉전 수구 세력과 그저 동일하게 이해되기는 어려웠다. 그 둘의 차이를 부인하는 시각의 연구자들도 신자유주의 재벌체제의 '주류'와 '비주류'는 구별해 표현했다. 주류는 민정당과 민자당의 후예인 구체제 세력이었다. 따지고 보면 재벌들은 주류 세력에 늘 더 많은 자원을 투자했다. 민주당은 비주류 세력이어서 보험을 드는 정도였다. 보험료가 그간에 더 올랐을 법은 했다. 김대중은 1992년 대선에서 노태우로부터

---

51 한국경제신문 2002년 12월 21일 제1면.

비자금 20억 원을 받았다고 공개했다. 노태우는 훗날 1992년 대선 말미에 김영삼에게 급전 3천억 원을 줬다고 회고록에서 밝혔다. 2002년 대선 당시 재벌들은 이회창한테 823억 원, 노무현한테 113억 원을 건넸다고 한다.

그런데 왜 한쪽은 주류고 다른 한쪽은 비주류라는 것일까? 신자유주의 경제정책이라는 차원에서 보면 두 정치 세력이 오십보백보의 차이에 그치는 것 같은데 왜 한쪽은 재벌체제의 상위 파트너이고 다른 한쪽은 하위 파트너라는 것일까? 둘 사이의 차이는 신자유주의 경제정책으로는 구별하기 어렵다. 둘을 구별 짓기 위해서는 신자유주의 외에 또 다른 차원이 들어와야 비로소 해명될 수 있다고 볼 일이다. 다만 신자유주의 체제에서 국가의 재벌에 대한 상대적 자율성이 모두 영영 사라진 것처럼 잘못 이해하는 시각에서는 그와 같은 정치 세력 간 차별성을 수긍하기는 어려울 것 같다.

노무현 정권의 신자유주의 세계화 정책은 한마디로 재벌의 성장 전략이었다. 김대중도, 노무현도, 결국 성장 정책은 박정희 식의 수출 주도 성장에서 크게 벗어나지 않았다. 노무현 정권은 특히 세계화를 대세로 받아들이고 동시다발적인 자유무역협정[FTA]을 통해 '능동적 개방'에 나설 것을 정책 방향으로 견지했다. 한국은 2004년 칠레를 시작으로 세계 각국과 FTA를 체결했다. 그 중 백미는 단연 한미 FTA였다. 반대가 거셌다. 그러나 정권은 밀어붙였다. 서비스 부문 개방을 통해 영리 병원을 인정받고 싶었고 보험 시장 사업 기회 확대를 노려온 삼성의 강력한 영향력을 도저히 내칠 수 없었던 모양이다. 우리는 한미 FTA에 대해서는 다음 장에서 좀 더 살펴볼 것이다.

김대중 정권만큼이나 노무현 정권의 노동 정책도 가혹했다. 정권은 2003년 6월 철도노조 파업에 공권력을 투입했다. 같은 해 9월에 발표한 '노사관계 로드맵'에는 무노동 무임금, 복수노조 교섭창구 단일화, 쟁의행위 시 대체근로 허용 등의 내용을 담았다. '사용자의 쟁의 대항권'이라는 어처구니없는 논리도 포함되었다. 노동자들은 저항했다. 희생이 이어졌다. 2003년 1월 두산중공업 배달

노동조합 조직률   *자료: 고용노동부, 「전국노동조합조직현황」

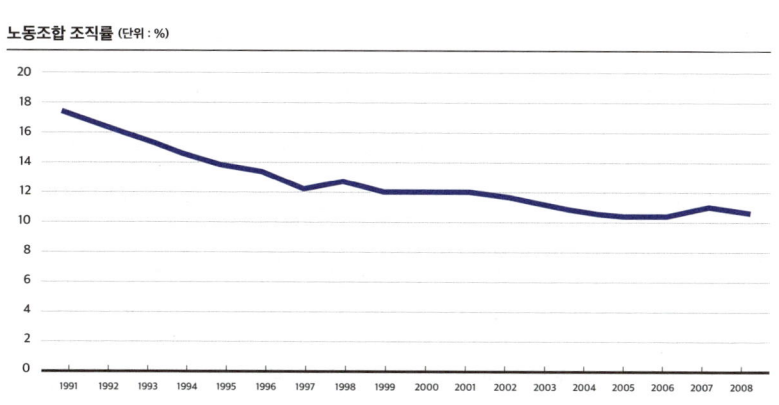

호 열사가 사측의 손배 가압류에 저항하며 분신했다. 같은 해 10월에는 한진중공업 김주익 열사가 손배 가압류에 맞서 고공 크레인 농성 129일째 되던 날 자결하는 일이 벌어졌다. 같은 달에는 또 세원테크 이해남 열사가 업무방해죄와 집시법 위반으로 수배 중에 분신해 산화했다. 근로복지공단 이용석 열사도 공공부문 비정규직 남용을 고발하며 분신했다. 그러나 이른바 민주정부는 노동자들의 목숨 건 투쟁을 도덕적으로 비하하며 심지어는 비아냥거리기까지 했다. 구속 노동자 수는 김대중 때보다도 더 늘어 연평균 219명에 달했다. 그들 중 다수가 비정규직 노동자들이었다.

그러나 민주노조운동은 노사정위원회 참여를 둘러싼 논란으로 분열되면서 정권과 자본의 노동 유연화 공세에 제대로 대응하지 못했다. 현장 조직 역량도 약화되었다. 노동조합 조직률이 1989년 19.8%였던 것이 노무현 정권 시기에는 10% 선으로 떨어졌다.

민주정부는 10년의 역사를 뒤로 하고 2007년 대선에서 구체제 세력에게 다시 한 번 권력을 내주었다. 신자유주의 정책이 초래한 민생 파탄이 선거 패배에 큰 역할을 했을 법하다. 다만 선거 결과를 두고 노동자 민중이 자유주의 세력을 심판했다는 식으로 단순히 평할 일만은 아니었다. 권력을 되찾고자 칼을 갈아온 구체제 세력의 사활을 건 복수가 이제 곧 닥쳐올 터였기 때문이다. 한국의 민중이 그런 최악의 결과를 의도적으로 선택했을 리는 없었다. 어떤 의미로는 그 선거에서 민중도 함께 패배했던 것이다.

경제민주주의 논쟁

김대중 노무현 10년의 민주정부 기간 동안 정권은 비록 여러 한계를 노정하면서도 재벌 개혁과 금융 개혁을 수행했다. 재벌을 겨냥했던 이들 개혁의 성과에 대한 사후 평가는 논쟁을 불러왔다. 두 권의 책이 발단이었다. 한 권은 복지국가에 강조점을 둔, 장하준이 참여한 대담집이었다. 다른 한 권은 재벌 개혁에 강조점을 둔 김상조의 책이었다.[52] 당시 정권의 재벌 개혁은 경제정의실천시민연합(경실련), 참여연대 등 시민운동 진영과 일정한 호흡을 맞추면서 추진되었다. 그러나 그렇다고 해서 아래로부터의 개혁 같은 것은 영 아니었다. 어디까지나 권력이 주도한 위로부터의 개혁이었다. 조직 노동, 그리고 민주노동당으로 대표되던 진보 정치는 개혁 과정에서 배제되었다. 다만 역량의 한계 탓에 노동자 민중 관점에서 개입할 지점을 찾지 못한 측면도 있었다.

52 　장하준·정승일·이종태 (2012), 『무엇을 선택할 것인가 - 쾌도난마 한국경제』 부키. 그리고 김상조 (2012), 『종횡무진 한국경제』 오마이북.

정권의 재벌 개혁 과정에서 노동이 사실상 배제되었기에 개혁과 그것을 뒷받침한 반(反)재벌 담론은 주주 자본주의와 연결되는 성격을 더 강하게 가지게 되었다. 재벌 비판이 주주 자본주의 옹호로 이어지게 된 셈이었다. 주주 자본주의는 실은 신자유주의의 또 다른 얼굴이다. 주주 자본주의를 뒷받침하는 경제학은 어디까지나 보수적인 시장 원리주의 이론인 신고전파 경제학이다. 따라서 재벌체제에 대한 비판과 신자유주의에 대한 비판 사이에는 서로 모순되는 측면이 없지 않다. 신자유주의 비판을 하다 보면 자칫 재벌체제를 옹호하는 듯 비춰지기 쉽다. 재벌체제 비판은 경우에 따라서는 신자유주의의 주주 자본주의와 맥이 닿을 수 있다. 오직 노동자 민중의 계급적 관점에 설 때에만 그런 혼동이 사라진다. 노동자 계급 관점에서는 신자유주의든 재벌이든 한국 자본주의 축적체제의 특정한 양상일 뿐이어서 그 둘 사이의 갈등은 한국 사회의 본질적인 모순을 은폐하는 것이었다.

그렇다면 역사적 사실은 어떠했는가. 실제 민주정부 10년의 재벌 개혁과 금융 개혁은 그 내용이 철저히 영미식 신자유주의를 지향했다. IMF 프로그램의 배후에 있었던 개혁의 실제 주체는 미국 월가의 금융 자본이었다. 미국 금융 자본은 한국에서 외환위기가 발발하는 과정에서는 단독 주연이 아니었을지 모른다. 하지만 IMF 사태를 계기로 한국 자본주의를 신자유주의 세계 질서에 편입시키는 과정에서는 사실상 단독 주연이었다. IMF와 한국 정권은 들러리에 가까웠다. 이제민의 진술에 따르면 "한국의 외환위기는 그냥 넘어갈 수 있었던 것을 미국이 개입해서 사실상 일으켰고, 그 바탕에는 미국의 국익이 깔려 있었다. 그런 사실을 지적하면서 국민을 선동하는 정치적 리더가 나오고 그 결과 총파업이나 폭동이 일어나도 미국이나 IMF가 할 말이 없는 사정이었다."[53]

단적인 예로 민주정부 10년 동안 초국적 금융 자본 세력은 한국의 금융 자본부터 소유 장악하고 나섰다. 1998년 말 기준으로 우리, 국민, 신한, 하나, 외환의 5대 은행에서 외국인 지분율은 27%였으나 10년 후 2007년에는 62%까지 상승했다. 제2금융권과 주요 대기업에서도 외국인 지분율은 크게 올랐다. 대표적으로 삼성전자는 1997년에는 30%를 소폭 상회하던 외국인 지분율이 2001년에는 57.3%까지 치솟았고 이후 2008년부터는 50% 선에서 등락을 이어오고 있다. 최근 2024년 기준으로 KB 금융지주 76.8%, 하나금융지주 70.1%, 신한금융지주 61.2%, 우리금융지주 42.5%로 은행 산업에 있어 외국인 지분율은 사상 최고치를 갱신했다. 주요 대기업에서도 2025년 초 삼성전자는 57%, 현대자동차 약 45%로 매우 높다. 이들 금융 자본 세력은 주주 자본주의로의 전환을 강력히 추동했다.

---

53 이제민, 『외환위기와 그 후의 한국 경제』, 한울아카데미, 2017.

그러나 결과적으로 따지면, 주주 자본주의가 강화되었던 그 10년간 재벌체제는 약화되지 않았고 오히려 더 공고해졌다. 한마디로 평가하자면 10년의 개혁이 남긴 현실적인 결과물은 총수 지배와 외국인 지배의 절충적 조합에 그쳤던 셈이다. 다만 개혁 과정에서 주주 자본주의, 즉 주주 가치 중심의 금융 지배 자본주의가 확립되었다는 사실에 대해서는 이견이 없었다. 총수 일가라도 단기 수익과 현금 흐름, 배당 및 주가의 관리를 중시하게 되었다는 의미이고 사외 이사제를 비롯한 여러 '경제민주주의' 지배구조 개혁이 그와 같은 전환에 크건 작건 기여했다는 뜻이다. 물론 은행들이 오늘날까지도 주주 가치에 충실한 모습을 보이면서 가계 대출의 누증을 가져온 것 역시 주주 자본주의의 불가피한 귀결이었다. 은행도 주주들이 소유한 주식회사이기 때문이다.

정권의 재벌 개혁을 때로는 앞에서 이끌고 때로는 뒤에서 비판하면서 주주 자본주의 내지는 (한국의 특수한 여건에서 주주 자본주의와 동의어인 것처럼 쓰이기도 했던) 경제민주주의의 발전을 추구해온 한국의 시민운동은 생활 속 개혁 축적의 성과를 강조하면서 변혁 지향을 버리고 거대 담론을 회피하며 저변을 넓혀 왔다. 그러나 신자유주의가 확고부동한 대세로 자리 잡은 상태에서 거대 담론에 대한 회피는 안타깝지만 신자유주의를 암묵적으로 승인하는 것에 다름 아니었다. 정규직 노동자가 하청 기업 자본을 수탈한다는 식의 억지 주장은 그와 같은 승인의 밑바닥에 잠재된 시각이었는지도 모른다. 실제로 그들 중에는 논쟁 과정에서 민주노총이 비정규직 노동자와 하청 기업의 수탈에 암묵적으로 동의하고 있다고 주장한 논객도 있었다. 조직 노동에 대한 불신을 그보다 더 강력하게 표현할 다른 방법은 없을 성싶다. 물론 2025년에도 그런 어처구니 없는 주장은 거의 똑같이 반복되고 있다. 어쨌든 한국 시민운동으로부터 의제와 인력의 자양분을 공급받으며 성장해온 민주당의 정치 역시 그와 같은 편향에서 자유롭지 않았다.

실제로는 재벌과 주주 자본주의를 서로 대립적인 관계로 파악할 일은 아니다. 지배 주주인 총수 일가와 국내 소액 주주, 외국인 주주 사이에는 협력과 갈등이 공존한다. 외국인 주주의 영향력이나 주주 자본주의 논리 때문에 재벌이 피해를 봤고 이로 인해 국민 경제에 부담이 컸던 것처럼 친재벌적으로 생각할 근거는 미약하다. 외국인 주주가 이윤을 본국으로 송금하고 한국 국내에 재투자하지 않을 위험은 상존해 있다. 외국인 투자 기업이 한국 내에서 자의적으로 청산하려 들고 '계속 기업'처럼 행동하지 않는 점을 우려하고 비판하는 것은 정당하다. 하지만 외환위기 이후 부채를 줄이면서 투자 축소에 먼저 나선 것은 오히려 재벌이었다.

주주 가치를 앞세우는 것이 재벌한테 늘 불리한 것만도 아니다.

소액 주주 운동은 총수 일가를 공격하는 무기 노릇을 하지만 그 또한 자본의 논리에 갇혀 있다. 크고 작은 차이가 있을 뿐 어디까지나 자본 사이의 경쟁이기 때문이다. 주주 자본주의만 노동자, 협력사, 소비자, 지역 사회 등 이해관계자들을 배제하는 것은 아니다. 재벌도 그 점에서는 마찬가지다. 진정한 이해관계자 자본주의 입장에 선다면 주주 자본주의를 비판하면서 재벌체제도 얼마든지 반대할 수 있다.

어떤 변명으로도 총수와 그 일가가 사적으로 지배하는 재벌체제를 옹호할 수는 없다. 재벌한테 경영권을 인정해주는 대신에 반대급부로 고율 세금을 매겨 복지국가를 위한 사회적 타협을 이끌어내자는 주장은 공상적이다. 재벌을 타협의 장으로 이끌어내려면 조직된 노동의 힘이 그만큼 강력해야 한다. 계급 간 역관계에서 노동이 밀리는 조건에서는 재벌이 협조할 리 없다. 수탈할 수 있는데 왜 타협하겠는가. 한편 주주 자본주의를 비판한답시고 재벌의 은행 소유를 허용해도 된다고 주장한다면 그런 주장은 선을 넘어도 한참 넘은 것이다.

다만 한국에서 외환위기를 통해 극명하게 드러난 것은 재벌체제의 해악이었지 발전 국가나 산업 정책, 그리고 심지어는 대기업 집단 자체의 해악이 아니었음도 분명히 할 필요가 있다. 적어도 발전 국가나 산업 정책이 꼭 재벌체제를 전제하는 것이 아님도 분명하다. 그리고 대기업 집단이 꼭 한국식 재벌이어야 하는 것도 아니다. 정작 문제는 어떤 발전 국가인지, 어떤 산업 정책인지, 어떤 대기업 집단인지 하는 데에 있다고 봐야 한다.

비정규직 문제와 양극화

한국의 근로기준법은 제9조에서 중간착취를 금지하고 있다. 그 누구도 "영리로 다른 사람의 취업에 개입"해 이익을 취득해서는 안 된다. 그러나 1998년에 노동 유연화를 위해 정리해고제를 도입하면서 함께 제정된 파견법은 노동자를 단기간 대여하는 인력 파견 사업을 합법적인 것으로 인정하는 결과를 가져왔다. 이제 파견 노동자들은 노동 기본권을 주장하기 위해 원청 사장한테 가도 안 되고 파견업체 바지 사장한테 가도 소용없게 되었다. 파견법이 존재하는 한 동일가치노동 동일노동조건 원칙은 무의미했다. 파견 비정규직 노동자와 정규직 노동자는 같은 사업장 내의 분리된 공간에서 상이한 직무를 수행하는 경우가 많으며 이들 사이에는 임금, 작업 위험도, 복리후생 등 제반 노동 조건에서 차별이 존재한다. 파견법이 경제적 양극화에 영향을 미치는 셈이다.

파견법은 전근대적이기까지 한 중간착취를 합법으로 포장한 것이었기에 두고두고 간접고용 비정규직 착취구조의 핵심으로 자리 잡았다. 특히 사용자들에 의한 '위험의 외주화'는 파견 노동자들의 노동 조건을 더욱 악화시켰다. 산재 시 보상 신청은 그들에게 너무나 어려운 일이었다. 파견법은 이후 2006년에 노무현 정권에 의해 개악되었다. 합법적인 파견 관계가 인정되는 업종을 26개에서 32개로 확대한 것이었다. 이는 일자리 창출을 명분으로 내세우며 파견 허용 범위를 더욱 확대하라고 요구해온 사측의 주장을 반영한 결정이었다.

파견법과 함께 비정규직 악법의 또 다른 한 축을 이룬 것은 이름도 얄궂은 '비정규직 보호법', 즉 기간제법이었다. 김대중 정권이 파견법을 두고 정확히 그랬던 것처럼 기간제법에 대해 노무현 정권도 2년 넘게 동일 사업장에서 일하는 계약직 노동자를 무기 계약직으로 전환하도록 규율했으니 걱정 없다면서 항변했다. 그러나 사용자들은 2년이 되기 전에 기간제 노동자를 교체하는 방식으로 너무나도 손쉽게 대응했다. 2년이라는 정규직 전환 기간은 그 기간 내에 해고가 금지되는 것이 아니었다. 실상은 그 2년은 자유로운 해고가 보장되는 기간이었다. 이로 인해 비정규직이 양산되었고 일상적인 해고가 정당화되었다. 그리고 그렇게 해고된 빈자리는 또 다른 비정규직 노동자로 채워졌다.

파견법과 기간제법은 자본이 염원해온 노동 유연화 조치였다. 이들 법의 개악과 제정을 막고자 민주노총이 투쟁에 나서자 정권은 이를 대기업 정규직 노동조합의 집단 이기주의로 매도했다. 그것이 민주정부가 비정규직을 보호한다고 벌인 짓이었다. 직접고용의 원칙, 중간착취 배제의 원칙을 분명히 하고 기간제 노동계약에 대해서는 사용사유 상에 엄격한 제한을 두어야 옳다. 차별 시정을 위한 제도도 더욱 강화해야 옳다. 그렇게 못 하겠으면 파견법도, 기간제법도, 폐지가 답이다. 늦었지만 2025년에라도 말이다!

한국 사회에서 양극화가 본격적으로 문제가 된 것은 대략 1995년경부터였다. 1997년 외환위기와 그 이후 사건 전개는 양극화 추세를 더욱 강화했다. 두말 할 것 없이 노동 유연화와 비정규직 양산이 양극화의 일차적인 주범이었다. 민주정부 10년 동안의 소득 분배 악화는 통계청 가계동향조사 결과에 따른 지니 계수[54] 값의 상승으로 확인된다.

---

54   지니 계수는 0과 1 사이의 크기를 가지며 불평등도를 측정하는 가장 대표적인 지표다. 지니 계수가 0이면 모든 가구가 동일한 소득을 올리는 가장 균등한 경우이다. 지니 계수가 1이면 한 가구가 모든 소득을 갖는 가장 불균등한 경우이다. 시장소득 지니 계수는 정부가 조세와 이전지출로 2차 분배를 시행하기 전 분배 상태에 대한 값이고 가처분소득 지니 계수는 2차 분배가 이루어진 뒤의 분배 상태에 대한 값이다.

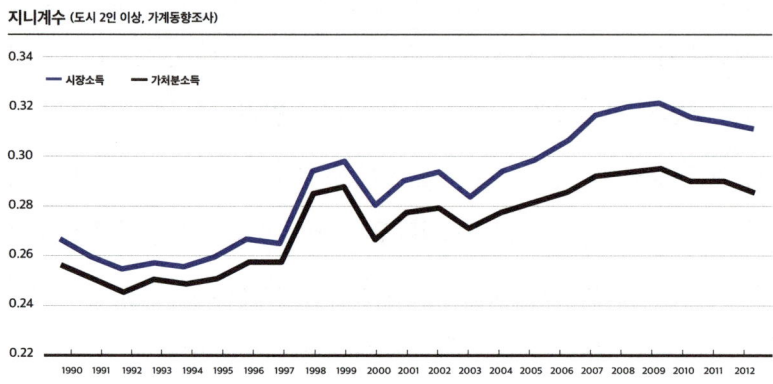

그림을 보면 외환위기 기간 동안 지니 계수가 급등한 사실을 확인할 수 있다. 그러나 이후에도 2000년대 내내 지니 계수는 상승세를 유지했다. 그만큼 사회가 불평등해지고 있었다는 뜻이다. 어떻게 이런 문제가 발생하게 되었을까. 여러 요인이 있겠지만 적어도 한 가지는 당시 노동 시장에서 생산성과 임금의 괴리가 확대된 데에서 찾을 수 있다. 앞에서도 살펴보았지만, 노동 생산성이 향상되는 속도에 비해 임금이 정체되면 이는 곧 국민 소득 가운데 노동의 몫인 노동소득분배율, 다른 말로 임금 몫이 줄어든다는 뜻이다. 다음 그림은 외환위기 이후 임금 몫이 하락한 현상을 보여준다.

외환위기 이후 노동-자본 분배

*자료 : 정성진, 「한국 자본주의 축적의 장기 추세와 위기 : 1970~2003」, 『한국 자본주의의 축적체제 변화 : 1987~2003』, 한울아카데미, 2006.

노동생산성 VS 실질임금 (1996=100)

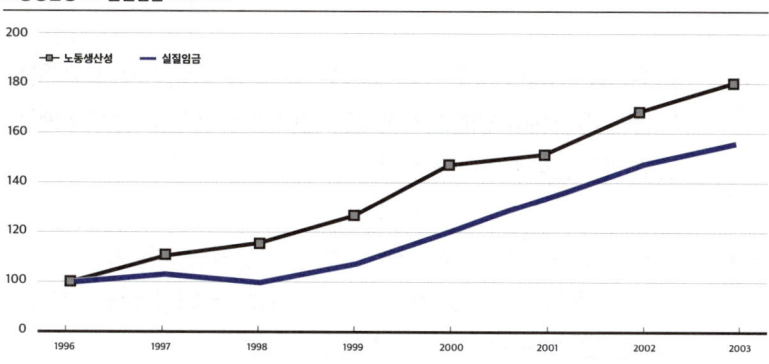

제4장 1998-2007, 김대중 정권과 노무현 정권

생각해 볼 문제

1 민주노총은 외환위기 직후 노사정위원회에 참여하지 말고 현장 투쟁에 주력해야 했을까? 아니면 참여했더라도 정리해고제만큼은 끝까지 반대했어야 했을까?

2 1987년 이후 형성된 계급 간, 사회 세력 간 불안정한 힘의 균형이라는 관점에서 볼 때 2007년 대선과 2022년 대선에서 민주당이 패배한 것은 각각 어떤 의미를 갖는가?

3 주주 가치를 앞세운 재벌 개혁 논리에 대해 진보 정치는 어떤 입장을 가져야 할까? 최근 상법 개정에서는 이사의 충실 의무 대상에 회사뿐만 아니라 주주까지 포함하는 내용이 반영되었다. 그러나 노동자, 협력사 등 이해관계자들에 대한 주의 의무가 배제된 이 개정 내용을 진보 정치는 어떻게 평가해야 할까?

4 노동조합법 제2조와 제3조 개정의 의의를 평가하고 한계점과 향후 과제에 대해 밝히시오.

제5장

2008-2016, 한미 FTA, 이명박 정권과 박근혜 정권

한미 FTA의 경제 효과

한미 FTA는 노무현 정권이 2003년 8월 'FTA 추진 로드맵'을 마련하면서 첫 삽을 떴다. 한미 간 협상은 2006년 2월에 개시되었고 2007년 4월에 타결되어 2007년 6월에 서명되었다. 이후 이명박 정권 들어 추가 협상이 있었다. 추가 협상 결과를 포함해 2011년 10월과 11월에 각각 미국 측과 한국 측 비준 절차가 완료되었다. 2012년 3월 15일부로 발효되었다. 그동안 국가의 전폭적인 지원을 받으며 수출 공업화로 빠르게 성장해온 한국 재벌들로서는 한미 FTA를 계기로 세계 최대 수요 시장인 미국 시장으로의 수출 길이 더 크게 열림으로써 이윤 기회가 늘어나리라는 기대를 가졌을 법하다. 경제학자들도 다수는 생산 규모 확장에 따른 생산성 증대의 이점을 언급하며 한미 FTA를 반겼다.

한미 FTA의 경제 효과를 분석할 때에는 흔히 국민 경제 전체적으로 성장률이 얼마나 올랐는지, 경상 수지가 얼마나 개선되었는지를 확인하며 총량적인 성장 효과부터 따지게 된다. 하지만 이에 더해 각 부문별로 발생한 양적인 변화와 질적인 영향을 종합적으로 고려할 필요가 있다. 일단 전반적으로 보면 한국은행 국제수지표상 미국을 상대로 한 상품 수지(상품 수출에서 상품 수입을 뺀 값)의 GDP 대비 비율은 한미 FTA 발효 전인 2004년부터 2011년까지는 평균적으로 흑자 1.9%였으나, 발효 후인 2012년부터 2019년까지는 평균적으로 흑자 2.4%로 늘어난 점이 눈에 띈다. 경제 성장의 전체 양적인 측면에서는 한미 FTA의 효과가 어느 정도 긍정적이었다는 뜻이다. 대對미국 서비스 수지(서비스 수출에서 서비스 수입을 뺀 값)의 경우 같은 기간 적자 0.7%로부터 적자 0.84%로 적자가 늘었다. 다만 상품 수지와 서비스 수지를 더하면 상품 수지 흑자의 양(+)의 성장 효과가 서비스 적자의 음(-)의 효과를 압도했다.[55]

그러나 이는 경제 전체에 대한 것일 뿐 개별 부문에 따라서는 영향이 판이하게 달랐다. 부문별 영향이 비대칭적이고 특히 취약 부문을 중심으로 부정적인 영향이 뚜렷하다면 반드시 적절한 제도적

---

55 무역 통계는 수치가 집계 기관마다 차이가 있다. 차이의 원인은 다양하지만 가장 큰 원인은 통계마다 금액을 평가하는 방식이 달라서다. 이를테면 수출 물품을 선박에 적재할 때 매겨지는 가격(FOB)을 기준으로 평가할 수도 있고, FOB에 해상운임과 보험료를 더한 가격(CIF)을 기준으로 평가할 수도 있다. 대표적으로 한국 관세청은 한국의 대對미국 수출은 FOB, 한국의 對미국 수입은 CIF 기준으로 산정한다. 유엔이 제공하는 Comtrade 데이터베이스의 경우 미국의 對한국 수출은 FOB 방식으로, 미국의 對한국 수입은 CIF 방식으로 계상한다. 따라서 후자의 유엔 국제 통계에서 CIF 방식인 한국의 對미국 수출 금액은 FOB 방식인 한국 관세청 발표 금액보다 크다. 반대로 한국의 對미국 수입은 유엔 통계보다 관세청 금액이 더 크다. 한편 한국은행이 국제수지표를 작성하면서 발표하는 상품 수지는 수출 계약에 따른 대금 수취 등 소유권 이전 시점에 수출이 발생한 것으로 인식하는 반면, 관세청이 발표하는 무역 수지는 물품의 국경 통과, 즉 통관 시점에 수출이 발생한 것으로 인식하므로 차이가 있다. 상품 수지나 무역 수지에서 수출은 모두 FOB 기준이지만, 수입은 상품 수지에서는 FOB, 무역 수지에서는 CIF 기준인 때문에도 차이가 있다.

보완이 필요한 법이다. 총량 기준 성장 효과라는 것은 말하자면 경제 전반에 걸쳐 두루 얇게 퍼지기 마련이다. 긍정적인 효과를 보는 사람들이 많긴 하나 알게 모르게 조금씩 이득을 본 정도여서 개별적인 경제 단위가 각자 체감하기로는 그 효과의 정도가 미미할 수 있다. 하지만 반대로 한미 FTA의 부정적인 효과에 노출된 피해 부문에서는 그 효과가 집중적으로 강하게 나타났다. 손해 본 사람이 많지는 않아도 크게 손해를 본 셈이다. 따라서 경제학적으로 보면 총량 기준 성장 효과의 일정 부분을 피해 부문에 재분배해 손해를 원상 복구하는 정책이 요구된다. 하지만 그렇다고 한미 FTA로 피해를 입은 부문에서 손실이 온전히 복구되었다는 소식은 들려온 적 없다. 경제 전체적으로 이득이니까 한미 FTA를 해야 한다고 밀어붙여 놓고는 나중엔 모른 척 한다.

대표적인 피해 부문은 농업이었다. 다른 부문과 달리 한미 FTA 이후 한국의 대對미국 농축산물 무역에서는 무역 적자 폭이 확대되었다. 대외경제정책연구원의 분석에 따르면 FTA로 인한 수입 증가 효과가 큰 업종일수록 실질 소득 증가율이 상대적으로 더 낮았다.[56] 한미 FTA로 농민들은 상대적으로 가난해졌다는 뜻이다. 더욱이 한미 FTA는 시간이 갈수록 시장 개방 폭이 커지는 특징이 있는데, 이

---

56 구경현, 조문희, 김혁황, 박혜리, 이준호 (2021), 『FTA가 중소기업의 고용과 혁신에 미치는 영향』 대외경제정책연구원.

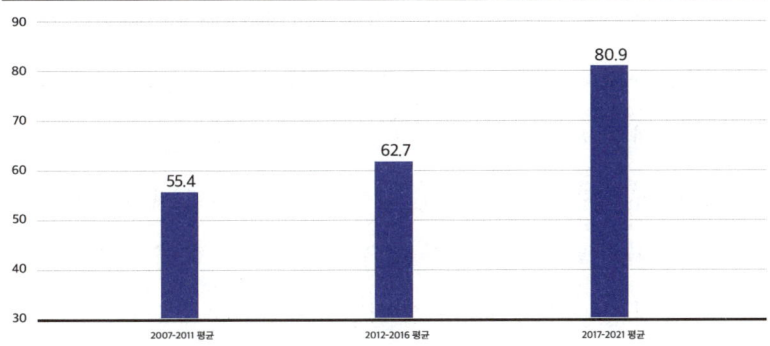

는 앞으로 농민들이 볼 손해가 여태 본 손해보다도 더 늘어날 수 있음을 의미한다.

농민들만 꾹 참고 넘어간다고 되는 문제도 아니다. 기후위기와 관련해서도 한미 FTA는 중대한 결과를 낳고 있다. 한국은 한미 FTA 협정문 제2.12조 제3항 때문에 차량 배기량에 기초한 새로운 조세를 채택하거나 기존의 조세를 수정할 수 없다. 가령 탄소를 과다 배출하는 고배기량 자동차에 유럽 각국이 부과하는 탄소배출 부담금을 한국은 부과할 수 없다. 심지어 2009년에는 한국 정부가 국가 온실가스 감축 계획을 발표한 뒤 탄소배출 부담금 조항이 포함된 대기환경보전법이 2013년에 국회를 통과했음에도 불구하고 한미 FTA 때문에 해당 조항이 폐지되는 일까지 있었다.

한미 FTA의 영향은 한국경제가 미국경제에 동조화함으로써 경제적 상관관계가 커진 것으로도 표출되었다. 한미 양국 경제 성장률의 상관계수[57]는 1991년 1분기부터 2011년 4분기까지는 0.25였으나 2012년 2분기부터 2025년 1분기까지 기간에 대해서는 0.72로 유의한 차이를 보였다. 이와 같은 관측 결과는 한미 FTA로 인해 양국의 경제 상황이 과거보다 더 밀접하게 연동하게 되었음을 가리킨다. 이는 다른 FTA 체결 국가들 사이에서도 종종 관측되는 현상이다. 여기서 한미 간 경제적 상관관계가 커졌다는 것은, 말하자면 미국이 재채기를 할 때 한미 FTA 이전까지는 한국이 살짝 감기를 걸리는 정도였으나 한미 FTA 이후에는 독감에 시름시름 앓게 되었다는 뜻이다.

한미 FTA가 근본적으로 불평등 조약이었다는 사실을 잊지 말아야 한다. 한미 FTA는 한국에서는 '특별법 우선의 원칙'에 따라 한국 국내법보다 우선된다. 만약 한미 FTA 조항과 한국 국내법 조항이 충돌하면 한미 FTA가 적용된다. 그러나 미국에서는 연방법은 물론이고 심지어는 주(州)법조차 한미 FTA보다 우선된다. 미국 국내

---

[57] 상관계수는 두 변수가 상승과 하락을 얼마나 함께 하는지 나타내는 통계이다. 상관계수는 -1부터 +1사이의 값이다. 상승과 하락을 완전히 함께 하면 +1이 되고, 상승과 하락을 완전히 거꾸로 하면 -1이 된다. 상관계수가 0에 가까우면 별 관계가 없다는 뜻이다.

한미 경제의 동조화

*자료 : 한국은행 ECOS

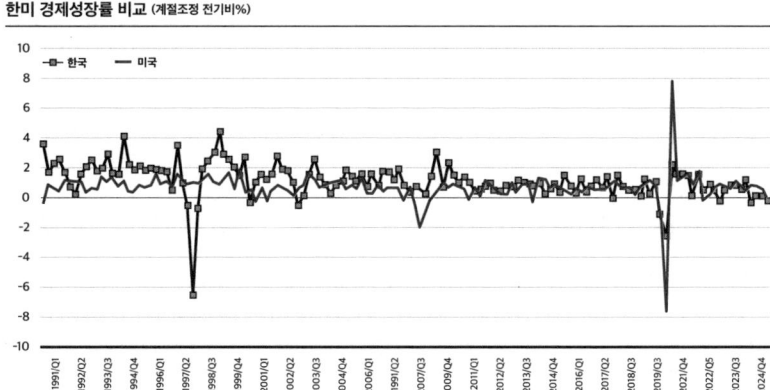

한미 경제성장률 비교 (계절조정 전기비%)

법과 한미 FTA 조항이 충돌하면 해당 한미 FTA 조항이 미국에서는 무효화된다. 미국으로서는 한미 FTA에 불리한 조항이 있으면 국내법을 개정함으로써 해당 조항을 무효화할 수 있다. 하지만 한국은 불리한 조항이 있더라도 미국이 동의하지 않는 한 해당 조항의 적용을 피할 길이 없다.

한미 FTA 협정문에서 내용이 시작되는 제2장의 맨 처음에 자리한 '내국민 대우' 조항은 사실 미국에 의해 이미 일방적으로 무력화되었다. 내국민 대우는 쉽게 말해 국산품과 수입품을 차별하지 않는다는 국제 통상 규범이다. 바이든 정부는 인플레이션 감축법을 제정하면서 북미 안에서 조립되는 전기차에 대해 세금 혜택을 준다고 명시했다. 이는 한국에서 생산된 제품과 미국에서 생산된 제품을 차별하면서 미국 국산품 구매자에게 보조금을 지급하는 것이므로 한미 FTA나 WTO 규정에 따른 내국민 대우를 정면으로 위배한 입법이었다.

한미 FTA 협정문 제23장 주석 2는 미국이 한미 FTA를 위반하더라도 그것이 미국의 안보 조치 사항이라면 문제 삼지 않는다고 규정했다. 트럼프 1기 때 한국산 철강과 알루미늄의 수입을 제한하면서 안보를 이유로 내걸었던 것도 그런 이유였다. 미국이 이렇게 일방적으로 협정을 위배해도 한국은 따질 길이 없다. 한미 FTA는 한국한테는 조건 없이 준수해야 하는 의무인 반면 미국한테는 유리한 규정만 준수해도 되는 권리인 것이다.

한미 FTA의 가장 대표적인 독소조항으로는 투자자 국가 직접소송제도(ISDS)가 첫손 꼽혀 왔다. ISDS는 일국의 기업이 상대국 정부에 대해 국제기구인 세계은행 산하 분쟁해결기구를 통해 소송을 제기할 수 있게 한 국제법상 제도이다. 그런데 ISDS는 단심제여서 한 번 내려진 판정을 돌이키기 어렵고 지금껏 단 한 차례도 미국 기업이 패소한 적 없는 점이 특징이다. ISDS는 초국적 자본이 주권 국가의 정책적 자율성과 사법권을 얼마든지 침해할 수 있도록 만들어놓은 장치다.

이미 미국계 사모펀드 론스타가 2012년 한국 정부를 상대로 ISDS 소송을 제기해 한국 정부가 패소한 사례가 있다. 해당 사건에서 론스타는 2003년에 외환은행을 인수했다가 2006년에 매각하면서 막대한 차익을 남겼고 주가 조작과 '먹튀'로 비난 받아온 바 있다. 그 후에도 또 다른 미국계 사모펀드 엘리엇이 2015년 삼성 이재용 회장의 경영권 승계를 위한 한국 정부의 삼성물산 합병 개입 탓에 손해를 봤다면서 2018년에 분쟁 절차를 제기해 중재 판정부로부터 한국 정부의 배상 판정을 이끌어내기도 했다. 향후에도 초국적 자본에 의해 소송이 남용될 위험이 상당히 크다. 이처럼 한미 FTA가 한국경제에 끼친 어두운 그림자는 아직 현재진행형이다.

이명박 정권과 구체제 세력의 부활

2007년 대선에서 민주정부 10년은 막을 내렸다. 200만 표라는 압도적인 차이로 이명박이 대통령에 당선되었다. 2008년 2월에 임기를 개시한 이명박 정권의 구호는 '줄푸세'로 요약되었다. 세금은 줄이고 규제는 풀고 법질서는 세운다는 약속이었다. 법인세와 양도소득세, 종부세 등 부자 감세가 착착 단행되었다. 총수 일가의 지배력을 견제하기 위해 도입되었던 규제는 폐지되었다. 계열사 간에 서로 출자하는 행위나 서로 빚 보증을 서는 행위가 예전보다 더 폭넓게 허용되어 재벌의 운신의 폭이 커졌다. '금산분리'를 축소해 산업 자본이 은행 등 금융 부문에 진출할 수 있게 길을 넓혀준 것도 재벌의 이해관계를 염두에 둔 것이었다.

일각에서는 흔히 지난 민주정부의 '형식적'이었던 재벌개혁 조치들마저 이명박 정권 들어 '후퇴'했다고 지적하곤 한다. 그러나 그저 형식적인 조치였다면 후퇴라고 해서는 안 된다. 후퇴했다고 판단할 수 있다면 애초에 형식적인 조치가 아니었다고 인정부터 해야 옳다. 민주정부의 재벌개혁 조치들은 불완전했고 한계가 많았다. 그러나 그것은 당시 한국 사회의 계급 간, 사회 세력 간 역관계의 균형을 반영한다. 이명박 정권 들어 재벌개혁 조치들이 후퇴한 것은 그 균형이 자본 쪽에 기울어지며 변했기 때문이다.

이명박 정권은 도대체 감세를 얼마나 했나. 일반적으로 감세 규모를 산정하는 것은 어려운 작업인데 그 이유는 매년 세제가 복잡한 내용으로 개편되는 탓이다. 다만 확정 수치인 명목 GDP와 조세수입 금액을 근거로 감세 규모를 추산할 수는 있다. 다음 표의 감세 규모 추산에 있어서는 노무현 정권 말기의 조세부담 구조가 유지되는 가운데 이명박 감세 조치가 시행되지 않았다면 조세수입이 얼마가 되었을지 가상적인 상황을 계산한 다음 이명박 정권 기간에 실제로 발생한 조세수입과 비교하는 방식을 택했다. 단, 조세부담 구조가 유지되는 가운데 물가 상승에 수반된 자연 증세로 '조세 부담률'(국세와 지방세의 세수를 명목 GDP로 나눈 값)이 매년 0.1%포인트 상승한다고 가정했다. 이는 노무현 정권 기간 조세 부담률 추이를 감안하면 전혀 무리한 가정은 아니라는 점을 덧붙여 둔다.

이명박 정권 감세 규모 추산 (단위: 조원)

*자료: 1. 명목GDP는 한국은행
2. 조세수입은 국세청, 관세청의 「징수보고서」 및 행정안전부, 「지방세 통계연감」

구분	계산	2007	2008	2009	2010	2011	2012	5년 합계
정권		노무현	이명박	이명박	이명박	이명박	이명박	이명박
명목GDP	A	1,134.5	1,203.0	1,255.3	1,379.5	1,448.6	1,504.7	6,791.1
조세수입	B	205.2	212.8	209.7	226.9	244.7	257.0	1,151.1
조세부담률	B/A*100	18.1	17.7	16.7	16.4	16.9	17.1	17.0
조세부담률(가정)	C	18.1	18.2	18.3	18.4	18.5	18.6	18.4
조세수입(가정)	D=A*C/100	205.0	218.6	229.3	253.4	267.6	279.4	1,248.3
감세 규모	D-B	-	5.8	19.6	26.5	22.9	22.4	97.2

추산 결과, 노무현 정권 당시 조세부담 구조가 그대로 이어졌더라면 이명박 정권 임기 5년간 평균 조세 부담률은 18.4%에 이르렀을 것으로 예측된다. 그렇다면 감세 규모는 100조 원에 조금 못 미치는 97조 원 수준으로 추산된다. 비교 목적으로 국회예산정책처가 2009년 8월과 2012년 7월에 발표한 감세 규모 추산 결과를 살펴보면 각각 90.1조원과 82.3조원이었다. 민주당은 2012년 대선 과정에서 이명박 정부가 100조를 감세했다고 주장했다.

이명박 정권은 글로벌 금융 위기로 경제가 침체되자 부동산 투기를 노골적으로 조장하고 나섬으로써 시민사회의 비판을 자초했다. 금리를 낮게 유지해 주택 매입을 위한 문턱을 낮추었고 대도시 뉴타운 사업을 추진했다. 뉴타운 사업은 용산 참사를 낳기도 했다.

2009년 1월 철거민들에 대한 강제 진압 과정에서 철거민 5명과 경찰 1명이 화재로 사망했다. 정권은 재건축 규제도 완화했다. 주택 공급을 늘려 주택 가격을 안정화시키겠다는 핑계를 내걸었지만 그 결과는 정반대로 주택 가격 폭등이었다. 건설 자본과 부동산 부자들이 그 과정에서 불로소득으로 떼돈을 벌었다.

보통의 상품은 공급이 늘어나면 가격이 떨어진다고 알려져 있다. 그러나 이는 적어도 주택에 대해서는 사실이 아닌 듯하다. 그 이유는 한국에서 주택이 투기 대상으로 자리 잡았기 때문이다. 주택이 투기 대상이 아닌 지방 부동산 시장에서는 주택 공급 확대가 (신축이 아닌) 구축 주택의 가격 하락으로 이어진다. 반면에 입지가 우량한 수도권 부동산은 공급 확대가 실수요 및 가수요의 확대를 유도해 신축뿐만 아니라 구축 주택의 가격마저 동반 상승시키는 경우가 적지 않다. 공급 확대 자체가 가격 상승의 신호로 받아들여지기 때문이다. 따라서 부동산 거품에 대한 대책에서는 공급 확대가 최선이 아닐 수 있다.

그밖에도 정권은 수출 경쟁력을 유지한다는 명분으로 억지로 환율을 높이는 정책을 시행했다. 환율이 2,000원인 경우와 1,000원인 경우를 비교해 보면, 환율이 2,000원인 경우 가령 국내 생산 원가가 1,000원인 제품을 미국 시장에 0.5달러만 받고 수출해도 본전이다.

반면에 환율이 1,000원이면 미국 시장에서 1달러는 받아야 겨우 본전이다. 아무래도 환율이 2,000원일 때 수출을 늘리기 쉬운 셈이다. 그래서 이명박 정권은 환율을 일부러 높게 유지하려고 했다. 그런데 환율이 2,000원으로 높으면 미국에서 1달러에 수입해오는 제품이 한국 시장에서 2,000원에 거래되는 반면 환율이 1,000원으로 낮으면 같은 미국 제품이 한국 시장에서 1,000원에 거래된다. 환율이 높을수록 수출은 잘 되지만 수입 물가가 올라 물가 부담은 커지는 것이다. 여기에 저금리가 더해졌으니 물가가 안정될 리 없었다. 어디 그뿐인가. 정권이 해외 자원 개발 사업을 추진하는 과정에서 국고와 공기업에 막대한 손실이 초래되기도 했다.

정권의 대선 공약이었던 한반도 대운하 사업은 건설 자본에게 특혜를 제공하는 사업임이 명백했다. 물류 운송 측면에서의 효율성은 의심되는 반면 생태 환경을 복구 불능 수준으로 파괴할 것이라는 비판과 우려가 많았다. 정권은 광우병 촛불로 민심 이반이 확인되자 결국 대운하 사업을 포기하겠다고 시민들 앞에서 약속하지 않을 수 없었다. 그러나 2009년 들어 정권이 새롭게 추진한 4대강 사업은 대운하 사업을 명칭만 바꾼 것이었다. 4대강 사업은 경제성과 환경 영향을 둘러싼 의문 부호를 떼지 못한 채로 건설 자본의 입찰 담합과 부실 공사, 심각한 녹조 문제를 초래했다. 당시 재벌 건설사들은 4대강 사업으로 22조 원을 챙겼다.

이명박 정권의 경제 철학은 한마디로 친재벌 성장 지상주의였다. 노동 정책도 그 틀을 벗어나지 않았다. 과거 민주정부 시절보다 더 강도 높게 신자유주의 노동 유연화가 추구되었다. 노사관계 법치주의를 강조하면서 노동조합을 무력화하려는 시도도 이어졌다. 2009년 5월부터 8월까지 76일간 이어진 쌍용자동차노조 투쟁은 자본의 일방적인 구조조정에 반대해 노동자들이 평택 공장을 점거하고 저항한 사건이었다. 이 사건에서 정권은 강경대응으로 일관했다. 경찰 헬기가 저공비행으로 노동자들을 위협하며 평택 공장 옥상 위로 최루액을 난사하던 장면에서 노사관계 법치주의는 그 실체를 드러냈다. 정권은 더 나아가 '노사관계 선진화'라는 미명 하에 2010년 노동조합법 개정안을 한나라당 주도로 날치기 통과시켰다. 그렇게 노조 전임자 급여 지급 금지와 교섭창구 단일화가 강요되었다. 국제 노동 기준과 노동 기본권을 외면한 개악이었다.

2002년 효순이 미선이 사건을 계기로 같은 해 연말에 처음 점화되었던 한국의 촛불집회는 2008년 5월부터 8월까지 미국산 쇠고기 수입을 반대한 광우병 촛불집회로 이어졌다. 당시 집회는 청소년들이 시작했지만 점차 전 연령대의 시민을 아우르며 참가 범위가 확대되었다. 6월 10일 집회에서는 서울 도심에서만 100만 명이 모였다. 광우병 촛불과 6월 항쟁의 연속성에 대한 시민들의 역사적 자기 인식은 감동적인 것이었다. 광우병 촛불은 민주주의를 지켜내겠다는 민중의 의지를 담은 것이었다. 결국 정권은 광장의 압력에 못 이겨 미국과의 재협상에 나섰다. 그 결과, 미국산 쇠고기 수입은 30개월 이하로 제한되었고 광우병 위험 물질의 수입이 금지되었다.

그런데 정권은 광우병 촛불을 좌익의 선동 탓으로 몰았다. 구체제 세력을 동원해 공영방송을 장악했다. 비판적인 보도에는 재갈이 물려졌다. 군사 독재 시절의 언론 탄압이 되살아났다. 특히 2009년에 원세훈이 국가정보원장으로 임명되면서 급기야 정보기관이 다시 국내 정치에 노골적으로 개입하는 일이 벌어지고 말았다. 민중운동 진영과 시민단체 및 야당 정치인에 대한 사찰과 탄압, 정치 보복이 이어졌다. 정권은 시대를 역행해 민주주의의 근간을 훼손했다. 공포 정치가 재림했다. 국정원은 이명박 정권을 지원하고 2012년 대선에서 박근혜 후보를 당선시키기 위해 인터넷 여론조작팀을 조직했다. 문재인 정권의 '국가정보원 개혁발전위원회' 조사 결과에 따르면 2009년 5월부터 2012년 12월까지 민간인으로 구성된 30개 팀이 댓글 부대로 공작에 동원되었다.[58]

이명박 정권 시기에는 민주정부 10년간 진전을 이루었던 남북 관계도 후퇴했다. 천안함 침몰은 문제적 사건이었다. 2010년 3월

---

58   박석운·주제준, 『촛불과 함께한 모든 날이 행복했습니다』, 동연, 2021.

백령도 해상에서 한미합동 군사훈련에 참가하고 있던 한국 해군 초계함인 천안함이 침몰하면서 장병 46명이 사망 내지는 실종되는 사건이 벌어졌다. 정권은 이를 북측 소행으로 단정짓고 지방선거에 적극 악용했다. 한 걸음 더 나아가 이른바 '5.24 조치'를 통해 교역, 민간 교류, 대북 투자 및 지원 사업 일체를 중단시켰다. 이에 따라 개성공단 경협 기업들의 경영난이 가중되는 가운데 남북 관계도 급속히 냉각되었다.

박근혜 정권과 촛불 항쟁

　박근혜 정권은 2013년 6월 출범했다. 정권은 처음부터 많은 문제를 안고 있었다. 2012년 12월 대통령선거를 앞둔 시점에 당시 야당이었던 민주당이 서울 역삼동 오피스텔을 급습했다. '국정원 댓글 사건'이 폭로되는 순간이었다. 정권은 사건을 무마하려 했다. 원세훈 전 국정원장이 댓글 사건의 윗선으로 지목되었다. 국정원이 국내 정치에 조직적으로 동원되었다는 의혹이 제기되었다. 수사 과정에서 외압이 있었다는 폭로도 이어졌다. 당시 검찰은 국정원이 대선에 불법적으로 개입했고 국군 사이버사령부와 기무사가 연루되었다는 수사결과를 발표했다. 다시 촛불집회가 시작되었다.

　정권은 민주주의 질서를 부정하며 파쇼적 통치로 치달았다. 그것은 '유신의 회귀'였다. 김기춘이 재등용되면서 공작정치가 전면화되었다. 김기춘의 등장에 때맞춰 통합진보당 내란음모 사건이 8월에 발표되었다. 통합진보당은 민주노동당의 정통성을 이어받았을 뿐 아니라, 어쩌면 구체제 세력과 민주당의 너무나도 굳건한 양당제 정치 질서를 극복할 수 있는 거의 유일한 대안에 가까웠다. 그것은 민주당의 진보적인 일부까지 견인하는 광범위한 진보 연합을 통해 비유컨대 삼국지의 '천하삼분지계'를 실현하고자 했던 전략이었다. 통합진보당이 정권의 폭압으로 위기에 처하자 민주당은 광장을 버렸다. 국정원 대선개입을 규탄하던 촛불도 반공 바람 앞에 시들해졌다.

정권의 공격은 다음으로 검찰을 향했다. 당시 검찰 지휘부가 개인사를 이유로 사직하거나 좌천되면서 정권은 관권 부정선거 의혹을 덮었다. 정권은 멈추지 않았다. 2013년 10월에는 하루아침에 전교조를 불법화했다. 11월에는 헌재에 통합진보당 해산을 청구했다. 12월에는 민영화에 반대한 철도노조의 파업 지도부를 검거한다는 명목으로 사상 최초로 민주노총 사무실을 침탈해 쑥대밭으로 만들어 놓았다. 이듬해 2014년 12월 통합진보당이 강제 해산되었다. '신공안통치'가 지배했던 공포의 시절이었다.

그런 가운데 2014년 4월 16일 전남 진도 앞바다에서 세월호가 침몰했다. 침몰 장면은 생중계되었다. 전 국민이 생방송으로 지켜보는 가운데 탑승자 476명 가운데 304명이 속수무책으로 수장되었다. 국민적 충격이 대단히 컸다. 승객을 버리고 탈출하는 승무원은 해경이 구조했다. 버려진 승객들은 그나마도 사고 소식을 접하고 모여든 소형 어선의 어민들이 주로 구조했다. 사건 발생 후 7시간 30분이 지나서야 중대본에 도착한 박근혜 대통령은 한심한 소리만 늘어놓았다. 세월호 유족들은 국민적 지지 속에 단식과 농성을 이어가며 진상 규명을 요구했다. 그러나 국회 다수당이었던 새누리당의 강한 반대에 직면했다. 우여곡절 끝에 11월이 되어서야 특별법이 제정되었다. 그러나 정권은 특조위 권한마저 제한했고 진실을 은폐하려고 했다. 4.16을 거치며 촛불집회는 다시 규모를 키웠다.

정권은 2015년 10월 역사교과서의 국정화 방침을 발표해 시민사회의 반발을 샀다. 연말에는 일본 정부와 일본군 위안부 문제에 대한 졸속적이고 굴욕적인 협상 타결을 시도했다. 시민들의 비판이 다시 거세졌다. 당시 한일 정부 간 협상은 한미일 동맹을 통해 중국을 봉쇄하려던 미국 오바마의 배후 조종으로 추진된 것이었다. 협상 결과는 LA Times에 실렸던 삽화처럼 "미안하긴 한데 닥쳐 Sorry and shut up" 식이었다. 한일 양국 정부는 정작 피해 당사자는 배제한 채 일본 정부가 10억 엔을 출연해 재단을 설립하는 방식이 위안부 문제에 대한 최종적이고 불가역적인 해결책이라도 되는 양 밀어붙였다. 이듬해 2016년 초 정권은 갑작스레 개성공단을 폐쇄했다. 중소기업들이 입은 피해가 컸다. 7월에는 북한의 미사일 공격 방어에 전혀 도움이 되지 않는다고 알려진 사드THAAD를 성주에 설치한다고 발표했다. 중국 봉쇄에 나선 미국을 위한, 미국에 의한, 미국의 결정이었다.

2010년대는 한국 주력 제조업이 위기를 맞은 시기였다. 세계경제의 장기 침체 속에서 어느새 기술력을 갖춘 중국이 강력한 경쟁자로 부상했다. 그간에 누렸던 '중국 특수'마저 사라졌다. 중국 경제가 2012년경부터 성장률이 떨어진 탓이었다. 대외 의존적인 수출 주도 경제로서는 불황을 피해가기 어려웠다. '창조경제' 같은 누구도 정체를 알 수 없는 비전으로는 위기를 벗어날 수 없었다.

외부 환경이 악화되자 정권은 내수를 부양하고자 했다. 그러나 신자유주의 구조조정의 장기적 영향으로 불평등이 심화되었고 다수 대중의 구매력이 저하된 상태였기에 유효수요 확대를 통한 성장의 정공법은 안 통하는 상황이었다. 다음 그림은 1980년부터 2018년까지 한국의 잉여가치율이다. 잉여가치율은 마르크스주의 경제학의 기본 개념으로 부불노동에 해당하는 잉여가치를 가변자본, 즉 임금으로 나눈 값이다. 착취율이라고도 한다. 자본주의 사회 불평등의 근원은 자본에 의한 잉여가치의 전유, 즉 착취라고 할 것이다. 따라서 불평등에 대한 논의도 노동과 자본의 몫이 결정되는 양상에 먼저 주목할 필요가 있다. 그림을 보면 외환위기를 극복하는 과

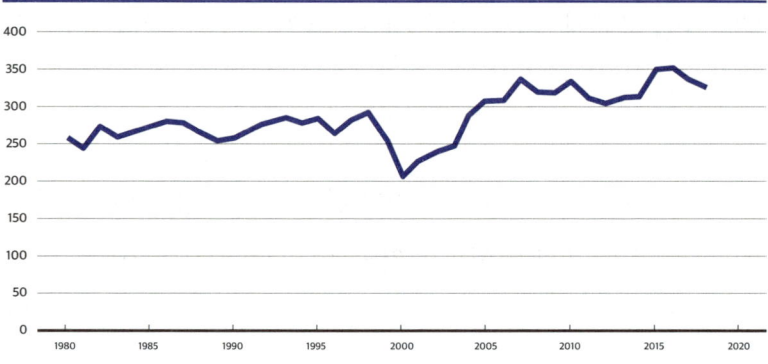

정에서 한국의 잉여가치율이 300%를 넘어서는 수준까지 상승했음을 알 수 있다. 노동자들이 100만원을 가져가려면 자본가를 위해 300만원 넘는 가치를 착취당해야 한다는 뜻이다. 당연히 분배가 악화될 수밖에 없었다.

그런데 잉여가치율을 추정하는 과정은 복잡하고 합의된 유일한 방식이 있는 것이 아니어서 연구자마다 추정 결과가 사뭇 다르다. 보다 표준적인 공식 자료를 최소한만 가공해 노동과 자본 간 분배 상황을 따지려면 국민 소득 중에 노동 소득이 차지하는 비율, 즉 임금 몫, 다른 말로 노동소득분배율을 구하면 된다. 그리고 노동소득분배율의 변화를 가늠하려면 물가의 영향이 제거된 실질임금의 추이를 노동생산성 추이와 비교해 살펴보면 충분하다. 만약 노동생산성이 향상되는 폭에 비해 실질임금이 적게 오르면 그 차이만큼 노동의 몫은 줄고 자본의 몫은 늘어난다. 다음 그래프는 2000년을 100으로 놓고 노동생산성과 실질임금을 비교한 결과이다. 이명박 정권 기간인 2008-2012년에 노동생산성과 실질임금 간 격차가 크게 벌어진 뒤로 좀처럼 좁혀지지 않고 있음을 알게 된다.

생산성과 실질임금의 괴리 (2000=100)

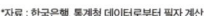
*자료 : 한국은행, 통계청 데이터로부터 필자 계산.

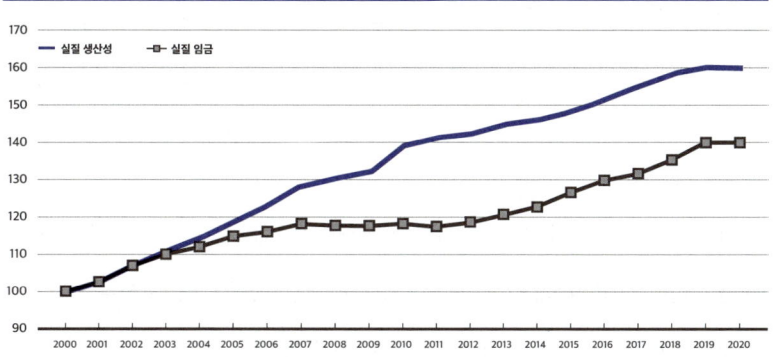

실질생산성은 명목GDP를 GDP 디플레이터로 나눠 분자의 실질GDP를 구하고 분모는 취업자 수를 써서 구했다. 전체 취업자 대상으로 산정된 평균 노동생산성이다. 한편 실질임금은 피용자보수를 소비자물가지수로 나눠 분자를 구하고 이를 분모의 임금 근로자 수로 나누어 계산했다. 임금 노동자 대상으로 산정된 평균 실질임금이다.

    박근혜 정권은 경제 정책에서 민생을 외면했다. 정권은 전임 이명박 정권에 이어 감세와 규제 완화를 지속했다. 감세의 목적은 부유층과 재벌을 위한 것이었다. 법인세와 종부세의 감세가 두드러졌다. 국세와 지방세 세수를 국내 총생산GDP으로 나눈 조세 부담률은 이명박 정권 5년간 평균 16.95%였으나 박근혜 정권 4년간은 16.66%로 더 떨어졌다. 2007년 노무현 정권 마지막 해 조세 부담률은 18.1%였는데 이명박, 박근혜 보수 정권 9년 동안 17%에 미

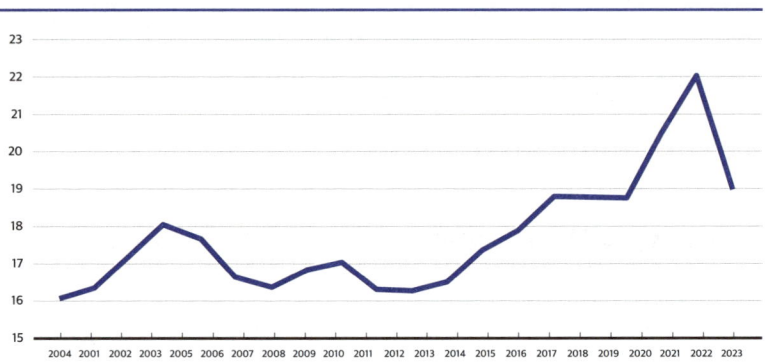

치지 못한 해가 6년이었다. OECD 평균이 23~25% 수준에서 변동한 것과는 뚜렷이 대조되었다. 부자 감세로 인한 세수 부족을 메우기 위해 박근혜 정권은 담뱃세를 거두어 들였다. 부자 감세, 서민 증세의 단면이었다.

박근혜 정권 시기 민생의 어려움과 관련해서는 도시 서민들의 주거비용 부담을 따져볼 필요도 있다. 아무래도 그 점에서는 주택 전세가격이 중요하다. 서민들의 주된 주거형태가 전세이기 때문이다. 1987년 전세가격을 100으로 놓으면 한국의 전세가격은 다음 그래프의 왼쪽과 같이 상승해왔다. 매해 연평균 상승률은 오른쪽 그림과 같다.

전세가격 추이

*자료 : 한국부동산원, 「전국주택가격동향조사」

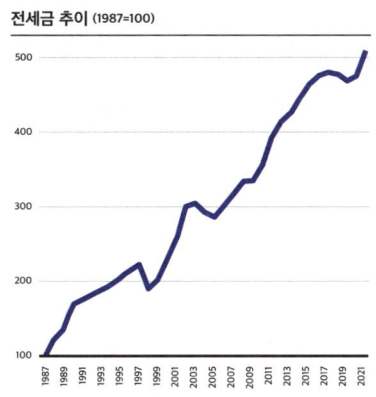

정권별 비교를 위해 통계적 분석 방법을 적용해 전세가격으로부터 장기 추세를 제거하고 순환 변동분만 남긴 결과는 다음 그림과 같다.

전세가격 순환 변동분

*자료 : 한국부동산원, 「전국주택가격동향조사」

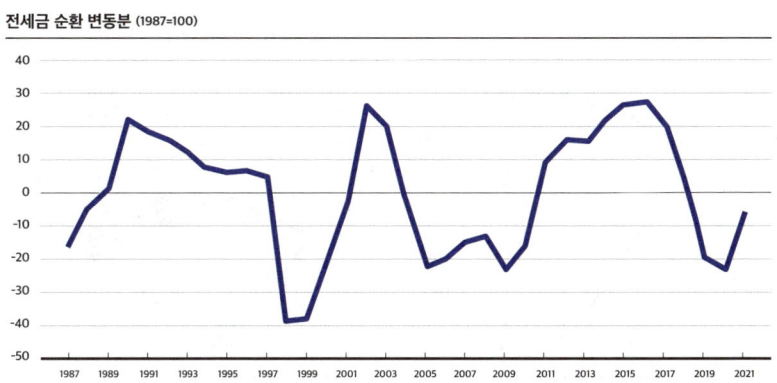

순환 변동분은 양(+)의 값을 가질 때도 있고 음(-)의 값을 가질 때도 있다. 순환 변동분이 양의 값이라면 이는 전세가격이 장기 추세를 웃도는 경우이다. 전세금이 추세를 웃돌면서 서민들의 주거비용 부담이 그만큼 커진 것으로 이해할 수 있다. 반대로 순환 변동분이 음의 값이라면, 이는 전세가격이 추세를 밑도는 경우여서 전세금이 안정된 때라고 할 수 있다.

이제 이 순환 변동분을 가지고 노무현, 이명박, 박근혜, 문재인 정권 기간 상대적인 전세금 부담을 비교할 수 있다. 김대중 정권 기간은 외환위기라는 너무나 큰 경제적 충격 때문에 전세가격이 급락과 급등을 반복했으므로 여기서는 제외했다. 이명박 정권 초기에 전세금이 추세를 밑돈 것은 글로벌 금융 위기의 영향으로 2008년

정권별 전세가격 비교 (단위 : %)

*자료 : 한국부동산원, 「전국주택가격동향조사」

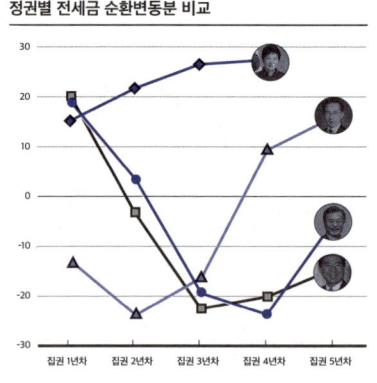

정권별 전세금 순환변동분 비교

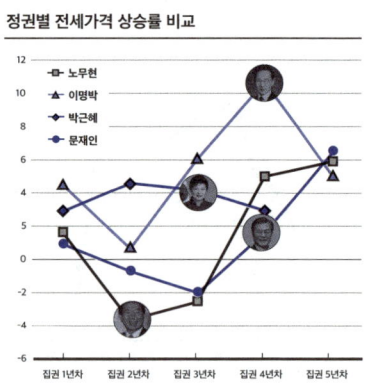

정권별 전세가격 상승률 비교

과 2009년에 한국경제가 크게 침체되었던 탓이다. 그 점을 감안하고 보면 이명박 정권 기간에 전세금은 정권 후반기로 갈수록 크게 상승했음을 알 수 있다.

노무현 정권 기간과 문재인 정권 기간 중 전세금 추이는 순환 변동분 기준으로는 비교적 유사한 양상을 보였다. 집권 시점에는 전세금 상승세가 강했고 추세를 웃돌았다. 하지만 집권 3년차 이후로는 전세금이 추세를 밑돌아 안정되었다. 어떤 정책 때문인지 특정하기는 어렵지만 경제 상황이나 부동산 정책의 전반적인 효과가 전세금을 안정시킨 측면이 없지 않아 보인다.

그런데 문제는 박근혜 정권 기간이다. 1년 먼저 정권이 끝나 집권 4년차까지를 다른 정권들과 비교하면 전세금이 추세를 상회하면서 고공 행진했다. 그 점은 순환 변동분 대신에 원 데이터 자체를 보더라도 확인된다. 각 정권 기간별 전세금 상승률을 비교한 그림에서도 노무현 정권 기간과 문재인 정권 기간 전세금 변동 양상은 꽤 닮았다. 집권 3년차까지는 전세금 안정, 4년차와 5년차에 상승한 공통적인 흐름이 관측된다. 집권 3년차까지는 노무현, 문재인에 비해 이명박, 박근혜 기간에 전세금이 더 많이 올랐다. 다만 박근혜 정권 기간은 어떻게 보더라도 집권 2년차와 3년차에 전세금을 안정시키는 데 실패했음을 알 수 있다. 이는 민생에 부담으로 작용했을 법하다.

박근혜 정권은 노동법 개악에도 나섰다. 2015년 9월 한국노총이 참여한 노사정 위원회는 저성과자 및 근무불량자에 대한 일반해고 요건 완화, 취업규칙 불이익 변경에 대한 동의 요건 완화, 비정규직 사용 기간의 2년에서 4년으로의 연장, 통상임금 범위 확대로 연장·야간·휴일근로 수당 삭감, 파견 허용 범위 확대, 성과연봉제 확산 등에 합의했다. 이는 정권이 최순실을 위해 미르 재단과 k-스포츠 재단을 설립하는 과정에서 재벌들로부터 자금을 마련한 것에 대한 대가로 재벌들의 숙원사항을 이참에 풀어주려던 의도로 진행한 일이었다. 재벌들의 요구는 한결같았다. 임금체계 개편과 해고 관련 규제의 완화, 노동 유연화가 그것이었다.

그러나 정권의 노동법 개악 시도는 민주노총과 시민사회, 야당의 반대로 해를 넘겨 무산되었다. 정권은 집요했다. 사회적 타협의 외양을 갖추고도 노동법 개악이 무산되자 이번에는 정부 시행령과 행정 지침을 개정하는 방식을 택했던 것이다. 그 중에서도 2016년 1월 노동부의 '양대 지침'이 악명을 떨쳤다. 양대 지침 가운데 하나는 저성과자 해고를 위한 매뉴얼이었다. 다른 하나는 취업규칙 불이익 변경 시 과반수 노조나 노동자 과반의 동의 없어도 되게 하는 내용이었다. 공공 부문 성과연봉제가 그렇게 막무가내로 도입되었다.

2015년은 또한 농민들에게도 힘든 한 해였다. 가공용 쌀에 이어 밥쌀용 쌀이 저율 관세로 수입 개방되면서 쌀값은 18킬로그램 기준 14만 원까지 떨어졌다. 1980년대 수준으로 되돌아간 결과였다. 개 사료 값보다 싼 쌀값으로는 생산원가를 보전할 수 없었다. 영세농민들은 생계유지에도 어려움을 겪었다.

조직된 노동자 농민들은 2015년 11월 민중총궐기로 정권에 저항했다. 그러나 민주노총 위원장 한상균이 구속되어 징역형을 확정받는 등 탄압이 극심했다. 그 절정의 순간에 농민 백남기가 직사 물대포를 맞고 쓰러졌다. 서울대병원에서 사경을 헤매던 농민 백남기는 2016년 9월 사망했다. 정권은 농민 백남기의 시신을 대상으로 부검을 강행해 사인을 조작하려고 시도했다. 민중들은 부검을 막으며 장례식장을 지켰다. 부검 영장이 만료되기 직전일 저녁, JTBC는 뉴스를 통해 최순실의 태블릿 PC 소식을 보도했다. 민중총궐기가 퇴진 촛불집회로 이어지는 순간이었다.

최순실 게이트의 실제 주역이 재벌, 그 중에서도 특히 삼성이었음을 잊지 말아야 한다. 돈은 삼성이 댔다. 이건희로부터 이재용으로 그룹 지배권이 세습되는 과정에서 삼성은 정권에 뇌물을 바치고 불법적인 특혜를 누렸다. 국가 권력은 그렇게 재벌의 '금권 정치'에 의해 사유화되었다.

박근혜 퇴진 촛불은 2016년 10월 말에 점화되었다. 전국적으로 연인원 1,700만 명이 시위에 참여했다. 2016년 12월 3일 집회에는 광화문에만 170만 명, 전국적으로 232만 명이 모였다. 한국 역사상 가장 많은 인원이 동시에 시위에 나선 날이었다. 민중의 강력한 압박으로 국회는 12월 9일 박근혜 탄핵 소추를 의결했다. 이듬해 3월 헌재는 박근혜를 최종적으로 파면했다. 한국에서 무도한 정권을 민중항쟁으로 끌어내린 것은 1960년 4.19 이후 처음 있는 사변이었다.

제5장 2008-2016, 한미FTA, 이명박 정권과 박근혜 정권
생각해 볼 문제

1 과거에는 통상 협정이 상품 시장 개방으로 내용이 제한되었던 반면 한미 FTA부터는 통상 협정이 교역 상대방의 주권 사항인 국내 정책 결정에까지 광범위한 영향을 미치게 되었다. 그 점을 고려하면서 기후정의운동이 한미 FTA 등 신자유주의적 개방을 강제하는 협상에 대해 견지해야 할 관점을 밝히시오.

2 다음과 같은 철호와 향미의 대화에 대해 평가하시오.

> **철호** 세금은 국가가 걷어가는 것인데 그 국가란 다름 아닌 자본가 계급의 국가잖아. 그렇다면 자본가 계급의 국가가 증세를 할 때 민중들은 당연히 반대해야 하는 것이지!
>
> **향미** 그렇지만 국가는 자본에 대해 상대적인 자율성이 있다고 봐야 하지 않을까? 국가가 자본가 계급의 것으로 고정되어 있다면 진보정당이 정권을 잡아도 소용이 없는 거잖아. 그러니까 국가를 그냥 자본가 계급의 도구로만 볼 일은 아닌 것 같아.
>
> **철호** 그래? 하지만 어쨌든 감세는 세금을 덜 걷는 것이고 따라서 덜 뺏어가는 것이므로 민중들한테도 좋은 것 아닐까? 세금을 많이 걷어서 가혹한 정치가 더 좋은 정치라는 거야?
>
> **향미** 글쎄, 국가가 어느 정도 공적 속성을 갖는다고 본다면, 증세로 공공 영역을 확대할 수 있을 테니까 민중들한테도 증세가 오히려 좋을 수 있지 않나?

3 세금은 어떻게 걷어야 좋은 세금일까? 또 세금은 어떻게 써야 좋은 세금일까?

4 2008년 광우병 촛불 이후 2013년 국정원 여론조작 반대 촛불, 2014년 세월호 촛불로 이어져온 일련의 과정은 2016년 박근혜 퇴진 촛불에 대해 어떤 의의를 갖는가?

5 통합진보당은 성공할 수 있는 전략이었는가? 성공을 위해서는 어떤 조건이 필요했는가?

제6장

한국경제의 종속

종속의 개념

한국 사회의 경제적 종속 양상을 추적한 시도들이 없지는 않다. 그러나 관련 연구는 단편적인 사실들의 수집에 그치는 경우가 많다. 한국의 종속을 주제로 경제학계에 정식으로 보고된 체계적인 연구를 찾아보기는 힘들다. 실은 경제적 종속은 개념 정의부터 어렵다. 진보적인 관점의 경제학에서 종속 문제를 다룬다고 할 때 핵심적인 아이디어는 세계 자본주의 체제가 '중심부 center'와 '주변부 periphery' 같은 위계적 질서로 구성되며 중심부는 체제 질서로부터 이득을 누리고 주변부는 그에 수반하는 비용을 부담한다는 생각이다.

경제적 종속에 대한 고전적인 한 가지 학술적 정의는 "어떤 나라의 경제가 다른 나라 경제의 발전과 확장에 따라 조건 지어지는 상황"[59]이라는 것이다. 그런데 종속을 이렇게 정의하면 상호 의존 관계와 구별하기 어렵다. 실제로는 어떤 나라의 경제발전도 다른 나라

---

[59] Dos Santos, T. (1970), 'The structure of dependence,' American Economic Review, 60(2).

의 경제발전에 의해 조건 지어진다. 유럽 경제는 미국 경제 상황에 좌우되기 마련이고 미국 경제도 유럽 상황에 의존한다. 중국도 베트남도 마찬가지다. 그렇다면 종속으로부터 벗어나려면 다른 나라로부터 영향을 받지 않아야 하는 것일까? 그러나 다른 나라와 관계를 끊는 경제적 고립을 경제적 자립과 동일한 것처럼 받아들이면 종속 개념을 오해하게 된다. 실천적으로도 진보 정치가 경제적 고립을 민중들에게 설득할 일은 아니다. 현실적 대안이 아니기 때문이다.

종속은 상호 의존의 문제가 아니라 권력 관계의 문제다. 두 국가 사이에서 종속은 지배-피지배의 관계 내지는 구조화된 위계 서열의 관계로 나타날 때가 많다. 지배나 위계는 순위나 등수의 문제가 아니라 우위와 열위의 차이를 구조적으로 재생산하는 권력의 문제이다. 종속을 경제적 차원에 국한한 '경제적 종속'도 종종 권력 관계에 따른 정치적 종속과 함께 나타난다. 사례를 하나 들어보자.

2008년 글로벌 금융위기는 미국 주택 금융 시장에서 부도 위험이 큰 서브프라임 대출이 과도하게 이루어진 결과로 발발했다. 당시 위기는 미국에서 시작되었고 미국이 위기의 원인이었다. 그런데 기이한 현상이 일어났다. 미국에서 금융위기가 일어나자 미국이 아니라 한국에서 외국 자본이 썰물처럼 빠져나간 것이었다. 1997년 외환위기 때에는 한국에서 위기가 발생했으므로 외국 자본이 한국을 이탈한 것으로 이해했다. 그렇다면 2008년 글로벌 금융위기 때에는 미국으로부터 해외 자본이 유출되었어야 하지 않을까? 그러나 실제로 일어난 일은 정반대였다. 외국인 투자자들은 한국에 투자해온 자산을 팔아치우고 달러로 환전해 한국을 떠나갔다. 달러가 귀해졌다. 달러 가격인 환율은 한때 1,500원을 돌파하며 공포감을 불러왔다. 한국 금융기관들은 달러가 모자랐다. 도대체 어떻게 된 일일까?

이런 일이 벌어졌던 이유는 국제 화폐 위계international currency hierarchy라는 구조적 관계 때문이다. 국제 화폐 위계는 위기가 어디서 발생했는지, 위기의 원인이 어느 나라 탓인지 묻지 않는다. 일단 위기가 발생해 유동성이 부족해지면 모두 '안전자산'인 달러의 확보에 혈안이 된다. 한국의 원화는 '주권 화폐'라고는 하지만 한국 안에서만 화폐로 통용될 뿐이며 국제적으로는 화폐가 아니다. 유로나 일본 엔화도 국제적으로는 부분적으로만 화폐로 인정된다. 국제적으로 온전하게 화폐로 인정받는 것은 미국 달러 하나밖에 없다.

여러 나라 화폐들 사이에는 위계의 서열이 존재한다. 그 정점에 달러가 있다. 그런데 그 위계는 권력 관계를 반영한다. 달러가 정점에 위치해 있는 것은 브레턴우즈 체제 성립을 전후한 시기에 확립된 미국의 패권에 의한 세계 지배가 이어지고 있어서다. 달러의 힘은 미국 중심의 국제적인 권력 관계에 기초해 있으면서 동시에 미국 패권을 유지하는 수단이 된다. 국제 화폐 위계의 작동으로 인해 글로벌 금융위기 당시 위계 하위의 주변부, 반*주변부 국가는 위계 상위의 중심부 국가에 의지하지 않을 수 없었다. 그 과정에서 국제 화폐 위계라는 경제적 종속 관계가 새삼 확인되었다.

한편 종속이 반드시 저발전을 낳고 종속이 사라져야 경제성장이 가능하다는 생각 역시 오해다. 그렇게 생각하면 종속의 문제가 저개발국, 후진국에서만 나타나는 것처럼, 그리고 경제가 성장하면 종속이 자동적으로 약화될 것처럼 받아들이게 된다. 그러나 형식적으로는 독립국이지만 실질적으로는 다른 나라의 지배적 영향력으로부터 자유롭지 않은 이른바 '신*식민지' 나라 중에도 양적인 경제성장을 달성한 경우가 있다. 그런 나라를 두고 종속이 해소되었다고 해도 될까?

종속이 지배나 위계의 구조적인 관계에 기인한다면, 그것은 저개발국이나 후진국만의 문제는 아니다. 양적 기준으로는 성장했지만 종속의 구조를 벗어나지 못한 나라도 있다. 반대로 저개발국이나 후진국도 자립적 경제발전의 길을 걸을 수 있다. 혹시 경제적 자립이 경제발전을 포기해 정체되고 쇠퇴하는 길은 아닐까? 아니다. 그렇지 않다. 적어도 한 가지 사실만큼은 분명하다. 종속에도 불구하고 발전할 수는 있지만, 종속이 발전에 유리한 조건일 리는 없다는 것이다.

중심부 국가들과 주변부 국가들 사이의 불평등은 부정할 수 없는 사실에 속한다. 중심부 국가들은 국제기구에서 영향력이 크다. 주변부 국가들에 비해 무역이나 금융 거래와 관련된 국제적 결정에 있어 협상력이 우월하다. 채권 국가로서 주변부 채무국의 경제정책을 자기 뜻대로 통제하기도 한다. 구조적으로 격차가 벌어지는 원인이 있는 셈이다.

경제적 종속에는 국제 화폐 위계와 같은 금융적 종속 외에 산업적 종속도 있다. 중심부 국가들은 원천 기술에 대한 지식재산권을 대부분 독점하고 있다. 이에 따라 주변부 국가들은 핵심 기술을 통제하는 중심부 국가에 기술사용료, 즉 로열티를 지속적으로 지불해야만 하는 경우가 적지 않다. 그럴 때 중심부 국가는 기술 공급을 제한함으로써 마치 독점 기업(유일한 판매자여서 협상력이 큰 기업)처럼 행동한다. 그렇게 주변부 국가들에 빨대를 꽂고 막대한 이윤을 뽑아내는 것이다. 중심부 국가의 정부와 자본은 또한 국제기구 등에서의 영향력을 지렛대로 활용해 주변부 국가의 자연 자원이나 노동력의 가격을 낮추기도 한다. 주변부 국가의 광물 등 자원에 대한 특권적 접근을 허용 받기도 한다. 그럴 때에도 주변부에서 중심부로 가치 이전이 일어난다.

 산업적 종속은 그밖에도 구매력 있는 수요 시장을 보유한 중심부 국가가 마치 수요 독점 기업(유일한 구매자여서 협상력이 큰 기업)처럼 행동할 때에도 나타난다. 그 경우 중심부 수입국은 주변부, 반*주변부의 수출국들을 대상으로 중심부 국가의 이익에 부합하는 방향으로 행동할 것을 강요할 수 있다. 2025년 트럼프 2기 행정부의 고율 관세 및 대미 투자 강요가 그 예이다.

제국주의

제국주의에 대한 이야기도 중심부-주변부 논의의 한 가지 갈래이다. 종속이 제국주의 지배의 결과로 이해되는 것이다. 제국주의 고전 이론이 집약된 레닌의 『제국주의론』은 제1차 세계대전의 경제적 원인을 규명하여 자본주의가 제국주의 전쟁에 의존할 수밖에 없음을 폭로함으로써 노동자계급의 변혁적 실천을 조직하려는 목적으로 저술되었다. 레닌은 제국주의를 자본주의의 특수한 발전 단계로 파악했다. 제국주의란 자본주의적 생산관계의 변화에 따른 독점화 현상의 필연적 귀결이라는 해석이었다.

19세기 말에서 20세기 초로 넘어가던 시기에 주요 자본주의 국가들에서는 독점자본이 확립되었다. 당시 자본주의의 특징은 독점자본이 자국 국가를 대리인으로 삼아 국가의 힘을 이용해 세계시장으로의 팽창을 추구한 데 있었다. 그 귀결이 식민지 쟁탈전이었고 또 제1차 세계대전이었다. 제국주의는 원래 과거 로마 제국이나

당 제국 등의 식민 정책을 뜻하는 오래된 용어였는데, 레닌이 제국주의라는 말을 쓴 것도 비슷한 맥락이었다. 독점 단계 자본주의가 식민지 지배를 추구하는 점을 고려해 제국주의라고 불렀던 것이다. 제국주의는 이렇듯 반드시 식민지 내지는 신식민지와 짝을 이루는 개념이다. 어떤 나라가 제국주의라면 그 나라가 영향력을 행사하는 (신)식민지가 특정되어야 한다. 물론 한 제국주의 나라가 지배적 영향력을 행사하는 (신)식민지 나라는 여러 개일 수 있다.

레닌의 『제국주의론』은 백년도 더 넘은 이야기이지만 고전답게도 자본주의 세계경제에서 여전히 적지 않은 진실을 함축하고 있다. 레닌은 제국주의를 정의하는 기준으로 다섯 가지 '표지標識'를 제시했다. 그것은 첫째, 독점자본의 확립, 둘째, 금융자본에 의한 지배, 셋째, 해외 투자(자본 수출) 확대, 넷째, 독점자본에 의한 경제적 세계 분할, 그리고 다섯째, 식민지 영토 분할이었다. 이들 가운데 자본주의가 독점 단계에 진입한다는 첫 번째 표지는 어떤 나라가 제국주의가 되려면 반드시 충족시켜야 하는 필요조건에 해당한다. 모든 제국주의는 독점자본주의이다. 단, 독점자본주의 모두가 제국주의인 것은 아니어서 독점자본주의 나라여도 제국주의가 아닐 수 있다.

이들 표지는 전체를 왜곡 없이 종합적으로 그리고 총체적으로 이해할 필요가 있다. 특히 마지막 표지가 갖는 의미를 존중해야 한다. 현대적 맥락에서 마지막 표지는 제국주의와 ⑸식민지 간 관계가 결국 두 나라 사이에 정치군사적 영향력이 일방적으로 관철되는 현상으로 나타난다. 독점자본이 확립된 것이나 자본 수출이 이루어지는 것에만 근거해 제국주의 규정을 하는 것은 이 마지막 표지의 의미를 부정하는 것이다. 그러나 자기 맘대로 특정 표지만 골라 부인할 것이라면 적어도 레닌에서 근거를 찾지는 말아야 한다. 그런 식으로는 제국주의 5표지의 전체적인 의미를 왜곡하고 만다. 독점자본이 확립되었고 해외 투자를 한다고는 해도 정치군사적으로 영향을 미치는 종속국이 없다면 그런 나라는, 적어도 레닌의 제국주의 개념에 따르면, 제국주의라고 할 수 없다.[60]

일각에서는 제국주의의 정의에 있어 주변부에서 중심부로 가치 이전이 지속적으로 이루어지는 경우를 제국주의로 부르기도 한다. 그런데 순수하게 경제적인 측면에만 주목하는 이런 정의는, 권력관계 측면에서 우열이 딱히 없는 대등한 두 나라 간 무역에서도 가치 이전에 따른 잉여 유출이 얼마든지 일어날 수 있다는 점에서 문제가 있다. 높은 기술 수준으로 시장을 지배하는 기업 A와 그렇지 못한 기업 B가 하나의 글로벌 공급망에 참여해 거래를 하면, 기업 A에 유리하게 부가가치가 분배될 수 있다. 만약 기업 A가 A국 기업이고 기업 B가 B국 기업이라면 결과적으로는 B국으로부터 A국으로

---

60 나원준, 「현대 제국주의에 대한 이해」 『미중 갈등과 한국경제』, 민주노총, 2023.

잉여가 유출되는 셈이다. 하지만 B국 정권이 A국 정권을 일방적으로 조종하는 관계에 있다면, 그 경우에도 A국이 제국주의라고 할 수 있는가? 이런 식의 제국주의 정의가 도대체 무슨 의미가 있는가?

이와는 달리 레닌의 접근법에서는 제국주의와 (신)식민지 사이에 국가 간, 민족 간 권력 관계가 중요하다. 전 세계 곳곳에서 전개되어 온 반제국주의 운동, 민족해방운동도 국가 간, 민족 간 정치적 권력 관계에 입각하여 (신)식민지 민중의 입장에서 제국주의 독점자본과 제국주의 국가에 저항한다. 반면에 제국주의를 경제적인 가치이전의 이론적 관계로만 파악하는 시각은 반제국주의 투쟁의 실천적 의의를 희석시킨다. 독점자본이 자국의 국가를 도구로 삼아 (신)식민지에 영향력을 행사할 때 이에 맞서는 민중운동의 손에 쥐어져야 할 혁명적 이론은 그런 것일 수 없다.

제2차 세계대전 후 자본주의 세계는 유일한 초강대국 미국에 의해 지배되었다. 미국은 실로 자본주의 "세계경제 전체를 언제 어디서나 지배"[61]했다. 세계 자본주의는 집단적 신식민주의 체제로 재편되었다. 그 중심부는 미국과 미국의 하위 파트너인 서유럽 열강 및 일본이 차지했다. 브레턴우즈 체제를 대체한 신자유주의 체제에서 미국의 세계경제 지배는 이중적인 양상을 띠었다. 제3세계의 채무

---

61 정성진, 「21세기 미국 제국주의: 맑스주의적 분석」, 『사회경제평론』 제20호, 2003, 114쪽.

국들을 상대로 미국과 지배자들은 워싱턴 컨센서스를 앞세우며 신자유주의적인 수탈에 열을 올렸다. 다만 미국에 수출을 많이 해서 달러를 벌어들이는 나라들을 상대로 해서는 또 다른 모습으로 수탈과 지배를 이어갔다.

미국은 미국 국채를 사는 식으로 미국에 돈을 꿔 준 채권국인 산유국이나 그 밖의 대미 수출국들도 수탈한다. 수탈은 국제 통화 체제를 활용하는 세련된 금융적 방식으로 이루어진다. 경제학자 마이클 허드슨(Michael Hudson)이 '금융 제국주의 monetary imperialism'라고 부른 것이 수탈의 실체다. 미국에 수출을 많이 해서 달러를 벌어들인 나라는 그렇게 번 달러의 상당 부분을 다시 미국 국채를 매입하는 데에 쓴다. 그렇게 미국 국채를 쌓아 놓고 있어야 유사시 IMF 사태 같은 외환위기, 국가 부도 사태를 맞지 않을 수 있어서다. 그런데 그 나라는 수출을 늘리려고 임금을 깎아야 했다. 저임금을 유지하려고 곡물 가격도 억눌러야 했다. 노동자 농민 허리띠를 졸라매서 수출품을 싸게 생산했다. 싸게 생산했으니 수출을 제법 늘릴 수는 있었다. 그런데 그렇게 노동자 농민을 힘들고 가난하게 해서 벌어온 달러를 이번에는 미국 국채를 산다고 미국에 홀라당 가져다 바친다. 수출국들이 번 달러는 이렇게 다시 미국으로 흘러 들어간다. 미국 입장에서는 무역 적자로 외국에 뿌린 달러가 다시 자국으로 돌아왔다.

한편 각국이 미국 국채를 많이 사면 살수록 미국으로서는 재정 적자[62]라는 골치 아픈 두통도 가신다. 국채를 찍어 내기만 하면 수출로 달러를 번 나라들이 알아서 사 줄 테니까 말이다. 그러니 자본가 계급의 국가인 미국의 정부로서는 재정 자금 조달을 위해 정치적 부담을 무릅쓰고 부자 증세를 할 이유도 없었다.

지금까지의 이야기를 간단히 요약해 보자. 미국은 달러를 찍어 세계 곳곳의 생산물을 원하는 만큼 사서 쓴다. 미국은 국채도 찍는다. 달러를 주고 원하는 재화를 사온 다음에 국채를 주고 달러를 돌려받으면 그만이다. 말 그대로 무임승차다. 그런데 그 무임승차는 세계의 다른 곳에서는 참담한 비극이기도 했다. 미국이 국채를 팔아 마련한 돈은, 미국의 국채를 매입해 미국에 돈을 꿔준 나라 민중들을 학살하고 그들의 자주적 요구를 폭력적으로 진압하는 데에 종종 쓰였던 탓이다.

1950년대 전성기의 미국은 당시 막강했던 경제력을 근거로 자신이 원하는 모든 것을 얻을 수 있었다. 그러나 오늘날 세계경제에 대한 미국의 지배력은 과거에 비해 취약하다. 달러의 위상도 저하되고 있다. 그러면 그럴수록 미국은 트럼프 2기 관세 폭탄과 투자

---

62 정부는 세금을 걷어 재정을 마련한 다음 이를 다양한 용도로 지출할 수 있다. 재정 수지란 정부의 살림살이다. 정부가 세금 등으로 마련한 돈에서 지출로 쓴 돈을 뺀 값이 재정 수지다. 재정 수지가 적자라면 정부는 국채라는 빚을 내서 지출 일부를 충당한다.

강요의 사례에서도 드러나듯 더욱더 맹렬히 종속국에 대한 경제 침략을 감행한다. 군사력을 과시하며 국제적인 분쟁에도 빠짐없이 개입한다. 제국주의 미국의 호전성과 군국주의적 성격은 한순간도 약화된 적이 없다. 소련 붕괴 후에도 미국이 직간접적으로 개입한 군사적 충돌은 전혀 줄어들지 않았다. 패권 유지를 위해 미국은 지금 남은 모든 힘을 퍼붓고 있다.

마르크스주의자이면서 케인스주의 좌파로부터 깊은 영향을 받았던 진보 경제학자 폴 바란$^{Paul\ Baran}$은 제국주의 국가와 그 배후에 있는 외국 독점자본이 '매판자본'을 앞세워 저발전국가의 정상적인 발전을 질식시킨다고 생각했다. 여기서 매판자본은 외국 자본에 빌붙은 국내 자본을 일컫는다. 바란은 제국주의에 종속된 나라는 경제 구조가 편파적이고 자기완결성이 결여된 특징을 갖는다고 보았다. 어떤 나라가, 독자적인 재생산이 어려워 지속 불가능한 편중된 경제 구조를 갖고 있다면 그것이야말로 종속을 입증하는 증거라는 뜻이다.

바란은 한 걸음 더 나아가 자립적 경제발전의 조건을 다음 ①~④의 네 가지로 제시했다. 그것은 ① 생산이 주로 국내 시장을 지향해야 하고(내수 지향성), ② 장비, 기계류 등 자본재의 해외 의존도가 낮아야 하며, ③ 국내 산업 구조가 다변화된 가운데 산업 간에 비례와

균형이 맞아야 하고, ④ 기술이 자립적이어야 한다는 것이었다. 이상 네 가지 조건으로부터 우리는 산업적 종속의 정도를 측정하는 몇 가지 지표를 제안할 수 있다.

한국경제의 종속을 보여주는 핵심 지표들

이제 한국경제의 경제적 종속 양상을 보여주는 핵심 지표들을 간략히 소개하고자 한다. 먼저 금융 종속이다. 그런데 그 전에 짚고 넘어갈 지점이 한 가지 있다. 1997년 외환위기 이후 초국적 금융자본의 영향력이 확대되면서 나타난 현상을 두고 일각에서는 미국과 서유럽의 경험을 기계적으로 대입하면서 마치 한국경제가 금융자본이 산업자본을 지배하는 금융 자본주의로 변모한 것처럼 해석하기도 했다. 하지만 진실은 달랐다. "우리나라에서는 금융화를 운운할 정도로 자립적인 금융자본이 존재한 적이 없었으며, 따라서 산업자본에 대한 국내 금융자본의 헤게모니 같은 현상은 있어 본 적이 없었다."[63]

신자유주의 세계화는 전 지구적인 현상이었지만 세계 모든 지역

---

[63] 정성진, 「한국 자본주의 축적의 장기 추세와 위기: 1970~2003」 『한국 자본주의의 축적체제 변화』, 한울아카데미, 2006.

에서 동일하게 진행되지는 않았다. 신자유주의 세계화 자체가 제국주의 미국의 세계 지배 전략의 일환이었기에 그랬다. 제국주의 중심부에서 현저해진 금융자본의 지배는 주변부, 반#주변부로 오면 금융적 종속의 심화로 표출되었다. 외환위기 이후 한국의 금융 시장과 증시가 외국계 자금에 의해 주도된 것은 금융적 종속이라고 표현할 만한 것이었다.

대개 금융적 종속의 정도를 파악하는 한 가지 지표는 상장주식 시가총액 가운데 외국인이 보유한 비중이다. 한국의 경우 외환위기 이후 그 비중이 급등해 2003년과 2004년에 40%를 넘었다가 이후 조정되어 대략 2007년부터 최근까지는 30% 선을 유지하고 있다. 이는 세계적으로 높은 수준이다. 그 중 약 40%가 미국계 자

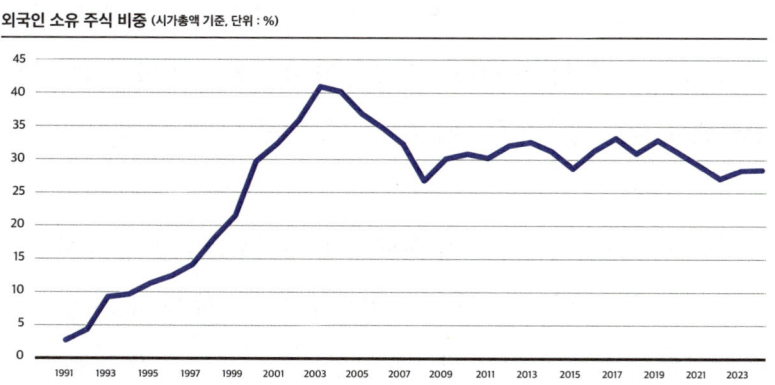

외국인 소유 주식 비중 *자료 : 금융감독원 「외국인 투자자 증권매매 동향」, 한국거래소 정보데이터시스템 외국인보유량 추이

투자소득 유출

*자료 : 한국은행 ECOS

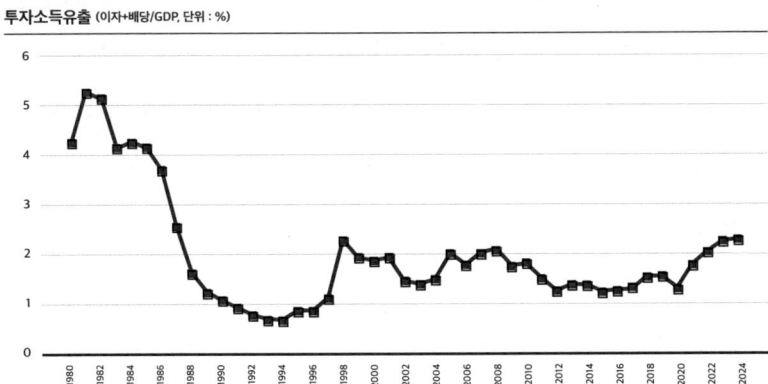

투자소득유출 (이자+배당/GDP, 단위 : %)

금이라고 알려져 있다. 외국인 주식 보유 비중은 미국 10%, 일본 15~20%, 대만 20~25% 정도다.

한국은행 국제수지표의 투자소득수지 가운데 이자 및 배당 지급 규모도 금융적 종속의 정도를 측정하는 한 지표로 알려져 있다. 동 지표는 외환위기 직후 GDP의 2% 넘게 상승했고 이후 2010년대에 들어 1.5%를 하회하기도 했으나 2020년대 들어 다시 2%까지 상승했다. 외환위기 직후부터 최근까지 큰 변동은 없는 셈이다.

다음으로는 산업적 종속을 살펴본다. 여기서는 바란이 제시했던 자립적 경제발전의 네 가지 조건 가운데 ①, ②, ④의 세 가지 조건에 주목하고자 한다. 먼저 내수 지향성을 의미하는 기준 ①은 무역

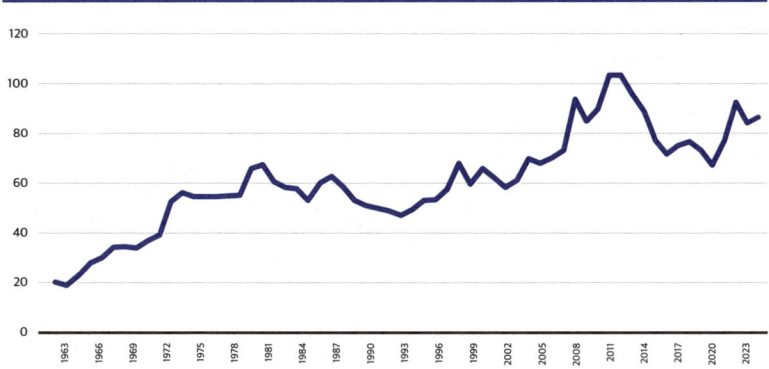

의존도의 추이를 통해 종속의 정도를 파악할 수 있다. 무역 의존도는 수출과 수입을 더해 GDP로 나눈 값으로 한 나라 경제가 외부적인 충격에 얼마나 민감하게 영향 받을 수 있는지 나타낸다. 한국경제의 무역 의존도는 매우 높은 수준으로 거침없는 상승을 거듭해왔다. 21세기 들어서도 과거 어느 때보다도 높이 치솟았다. 2010년대에는 70% 선에서 비교적 안정되는 모습을 보이기도 했으나 최근에 다시 상승해 2024년 84.6%에 달하고 있다.

바란의 두 번째 종속 지표는 생산수단의 수입 의존도이다. 이 지표는 실물적 종속을 가장 직접적으로 포착하는 지표로 알려져 있다. 다음 그림은 제조업 고정자본의 수입 의존도이다. 산업연관표 생산자가격 기준 국산거래표와 수입거래표로부터 계산한 결과이다. 그래프에 표시된 모든 점들은 최근 2022년을 제외하고 실측표

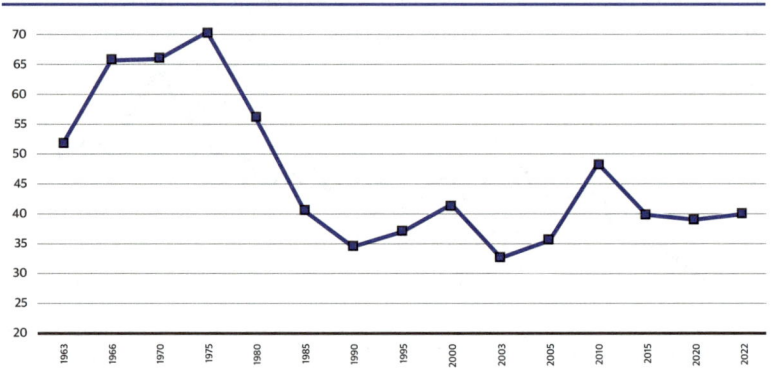

제조업 고정자본 수입 의존도 (단위 : %)

*자료 : 한국은행, 산업연관표 각년도

로부터 구했고 2022년만 연장표로부터 구했다. 그림을 보면 1970년대의 초기 공업화 단계에서는 수입 의존도가 65%를 상회할 정도로 높았으나 1980년대 중반부터는 다소의 변동에도 불구하고 대체로 40% 선에서 수입 의존도가 안정화되었음을 알 수 있다. 고정자본 수입 의존도만 보면 2020년대 들어서도 1980년대 중반 수준의 실물적 종속이 이어지고 있는 셈이다.

다음으로 바란의 네 번째 종속 지표인 기술의 해외 의존도에 대해 살펴본다. 과학기술정보통신부에서 집계하는 기술 무역 수지 가운데 기술 도입 규모는 투자소득 유출처럼 가치의 국외 유출 개념이다. 동 지표는 외환위기 직후 GDP의 0.6%까지 오른 다음 2010년대에 들어 1%를 상회할 정도로 상승했다. 최근에도 상승 흐름이 이어져 1.2%에 육박하는 중이다. 두말할 것도 없이 기술 무역 수지

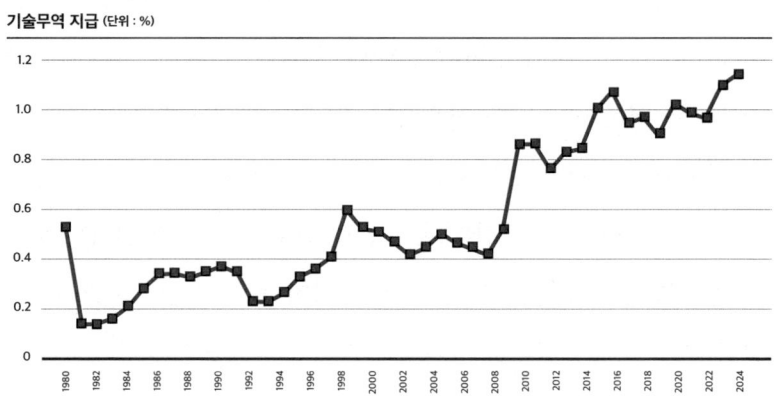

는 만년 적자 상태이다.

한국 경제성장의 역사적 특성에 대해서는 분석하는 연구자마다 견해가 천차만별일 수 있지만 그럼에도 불구하고 진보적인 관점에서 적어도 다음 세 가지 사실만큼은 분명한 듯하다. 첫째는 반공 진영의 최전선 보루에 위치한 지정학적 배경에 힘입어 미국이 쇼윈도 효과 차원에서 한국 경제성장을 관리했다는 점이다. 그 덕에 박정희 정권의 경제개발계획과 베트남 전쟁 참전 등을 거치며 한국경제가 성장의 이륙을 경험할 수 있었음은 부인하기 어렵다. 1980년대 한국경제가 세계적인 외채위기를 무사히 피해갈 수 있었던 것도, 또 플라자 합의로 3저 호황을 누릴 수 있게 된 것도 역사적으로는 동일한 맥락에 있었다.

한국 경제성장의 두 번째 특성은 이른바 '조립형 산업화' 전략에서 찾을 수 있다. 조립형 산업화는 소재나 부품을 자립화하지 않은 상태에서 해외로부터 수입해 조립한 다음 완제품으로 다시 해외에 수출하는 전략이다. 이와 같은 전략 하에서는 국내 산업 간 연계성이 떨어지고 수입과 수출에 대한 의존도가 커지는 문제가 있다. 한국경제는 오랜 조립형 산업화로 인해 산업 구조가 파편화되었다. 그런데 역설적이게도 그런 특성은 21세기 들어 공정이 분할되면서 공급망이 전 세계 범위로 확대되는 과정에서는 오히려 유리하게 작용하기도 했다.

한국 경제성장의 세 번째 특성은 재벌체제가 보여준 기민성이었다. 재벌 기업들은 국내 공급망을 하청 구조로 구성한 다음 공급망에서 발생하는 전체 부가가치의 거의 전부를 자신의 이윤으로 독식했다. 재벌들이 이렇게 산업을 지배한 것은 독재의 역사와도 관련이 있었다. 한국의 군부 독재는 민주주의를 짓밟고 권력을 획득한 점에서 권력의 정당성이 부족했다. 그들은 양적으로 경제성장을 달성함으로써 부족한 정당성을 메우려고 했다. 그래서 정권이 한 짓은 나름대로 효율적인 자원 배분을 한답시고 정권과 유착된 소수 지배층을 육성한 일이었다. 재벌에 의한 산업 독재는 그렇게 뿌리를 내렸다. 마지막으로 이상 살펴본 한국 경제성장의 세 가지 역사적 특성 모두 한국경제의 구조적 종속과 밀접히 연관된 것이라는 점을 지적해두고자 한다.

제6장 한국경제의 종속
생각해 볼 문제

1 다음의 그래프는 불평등 교환에 관한 유명한 한 논문[64]에서 가져왔다. 그림에서 JP는 일본, US는 미국, RK는 남한을 가리킨다. 간단하게 설명하자면, "JP to US / US to JP"에서 분자의 "JP to US"는 일본의 미국에 대한 수출 천 달러에 포함된 일본 노동자들의 노동시간 같은 것이고 분모의 "US to JP"는 미국의 일본에 대한 수출 천 달러에 포함된 미국 노동자들의 노동시간 같은 것이다.

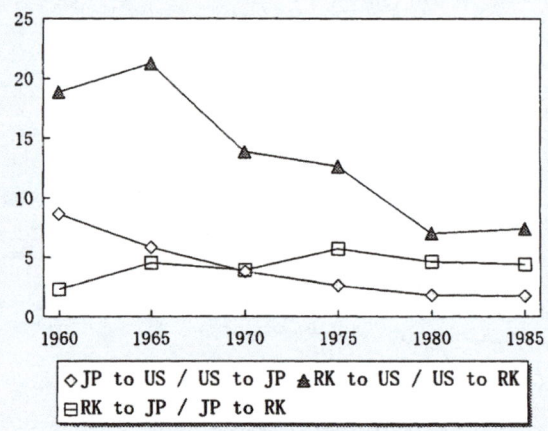

1960년에 이 비율은 약 9인데 이는 국제 교역에서 미국 노동자들의 노동 1시간이 일본 노동자들의 노동 1시간보다 대략 9배 비싸게 평가되고 있다는 뜻이다. 이와 같은 현상을 논문 저자들은 '노동의 부등가 교환'이라고 불렀다. 노동의 부등가 교환은 한국과 미국 사이에서 뚜렷했다. 이를테면 1965년에는 미국 노동자들의 평균적인 1시간 노동이 한국 노동자들의 약 21시간 노동과 교환되었다.

---

64 Nakajima, A. and Izumi, H. (1995), 'Economic development and unequal exchange among nations: Analysis of the U.S., Japan, and South Korea,' Review of Radical Political Economics 27(3).

그런데 이 논문의 저자들은 노동의 부등가 교환이 실제로 존재한 다는 사실을 자신들이 발견한 것을 강조하면서도 한국의 경제발전 과정에서 노동의 부등가 교환이 점차 약화되고 있음을 지적했다.

- 그렇다면 경제가 성장하면 할수록 노동의 부등가 교환이 줄어들 테니까 경제적 종속 역시 약화된다고 할 수 있을까?
- 미국에 대한 한국의 경제적 종속이 약화되면서 미국의 제국주의로서의 지위에도 변화가 발생한다고 할 수 있을까?
- 미국이나 일본이 아닌 가상의 나라 '램국'이 있어서 한국의 1시간 노동이 램국의 2시간 노동과 교환된다고 가정하자. 그렇다면 한국은 램국에 대해 제국주의이고 램국은 한국에 대해 (신)식민지라고 할 수 있을까?

2 최근 한국은행 발표[65]에 따르면 한국의 외환 및 금융 시장은 태국, 필리핀, 말레이시아, 인도네시아 등 신흥국 평균보다도 외부 충격에 더 취약한 것으로 분석되었다. 위기 발생 시 미국은 물론이고 신흥국들보다도 한국 시장에서 부정적 영향이 더 크게 나타나기 쉽다는 뜻이다. 이어지는 물음에 답하시오.

- 이를 두고 한국경제의 금융 종속을 뒷받침하는 증거로 볼 수 있는가?
- 이와 같은 약점은 한국경제가 국내 총생산[GDP]과 같은 양적 기준으로 앞으로 더 많이 성장하면 자동적으로 해소될까?

---

[65] 김지현·김민, 「금융·외환시장 심도를 고려한 정책대응 분석」 BOK 이슈노트 제2025-27호, 2025년 9월.

3 마이클 허드슨의 금융 제국주의의 논리에 따르면 미국 국채는 종이 금$^{paper\ gold}$으로 비유될 수 있다. 어떻게 그런 비유가 가능한 것일까?

4 칼 폴라니에 따르면 자본주의는 노동, 토지, 화폐를 상품화함으로써 사회에 파괴적인 영향을 미쳤다. 그 논리를 확장하면 종속적인 국제 질서가 존재하는 현실의 세계에서는 또한 제국주의가 종속 국가의 사회를 파괴하는 데 참여한다고 할 것이다. 그렇다면 자본주의와 제국주의가 파괴하는 대상인 그 사회는, 곧 민중의 투쟁(폴라니의 이른바 '이중운동')으로 지켜내고 해방시켜야 할 공동체일 수 있다. 그와 같은 관점에서 민족해방운동의 애국 이념에 대해 평가하시오. 애국의 대상인 '조국'은 그 실체가 어떤 것이라고 보는가?

제7장
한국경제의 생산체제와 복지국가

조립형 산업화 전략과
재벌체제의 공급체계

1960년대 한국은 세계에서 가장 가난하지만 그래도 비교적 고르게 가난한 축에 드는 나라였다. 그 이유는 북한의 토지개혁 영향으로 농지개혁을 했고 한국전쟁으로 지주 계급이 거의 소멸된 덕이었다. 동북아시아에서 이루어진 토지개혁이나 농지개혁은, 중남미나 동남아 나라들처럼 대토지 소유가 지배적이게 된 나라들에 비하면 이후 이들 지역이 빠르게 성장할 수 있게 한 배경이 되었다. 평등이 장기적으로 성장에 유리한 조건이라는 점은 그와 같은 사실을 통해서도 짐작할 수 있다.

냉전 시기 한국경제는 군사정권의 국가주도 개발과 한미일 분업구조에 따른 대외 종속으로 특징지을 수 있다. 한국의 경제 개발은 미국의 세계전략의 일환으로 시작되어 미국과 일본으로부터 원조, 차관, 직접 투자의 지원을 받으며 이루어졌다. 발전의 양상은 재벌 대기업을 집중 육성해 수출주도 산업화를 추진하는 것이었다. 군부 독재 정권은 정부 개입으로 압축적 산업화를 달성하는 발전국가 전략을 추구했다. 1970년대부터 중화학공업화가 이루어졌고 1980년대의 3저 호황을 거치면서 고도성장 국면에 진입하는 데 성공했다. 중화학 공업과 수출 대기업의 육성에 국가적 자원을 집중하는 산업 정책, 관치 금융을 활용한 직접 지원이 특징적이었다.

한국의 발전 국가는 두 가지 긴장을 견뎌야 했다. 하나는 반공 국가로서 지정학적 갈등 구조에서 연원하는 긴장이었다. 다른 하나는 생산체제에 내포된 갈등 구조에서 연원하는 긴장이었다. 정권은 권력 자원을 독점한 가운데 반공과 성장을 명분으로 생산체제의 갈등 구조를 폭력적으로 억압했다. 불균형적인 성장 정책은 병영적 노동 통제 및 노동자 농민을 수탈하는 저곡가 저임금 체제와 결합하면서 불평등 체제를 형성했다.

불평등의 양상은 산업화의 양상에 의해 적지 않은 영향을 받았다. 한국 제조업의 성장 과정은 한마디로 한국 대기업의 성장 과정이었다. 이를 위해 조립형 산업화 전략이 채택되었다. 조립형 산업화에서는 노동자들의 작업장 숙련은 덜 중요했다. 해외 수입 장비에 체현된 기술은 숙련을 덜 요구하는 방향이었다. 이른바 '숙련 절약형 체계'였다. 조립형 산업화에서 고도의 완제품을 생산할 수 있는 능력 있는 대기업으로서는, 저렴한 원가로 대기업에 부품과 소재를 공급할 수 있는 중소기업을 필요로 했다. 조립형 산업화는 강한 대기업과 약한 중소기업의 이중구조가 자리 잡고 심화되는 데 기여했다. 그 과정에서 대기업의 신속한 의사결정에 기초한 수직계열화와 위계적 원·하청 관계가 형성되었다. 대기업으로서는 세계 시장의 변화에 기민하게 대응하면서 추격의 속도를 관리할 수 있는 공급체계를 구축하는 데에 성공했다고 볼 수 있다. 다만 공급체계의 하층부에는 위험과 부작용이 누적되었다. 겉으로 드러나는 화려해 보이는 빠른 양적 성장의 이면으로 불평등이 심화되고 양극화가 진행되었다. 비정상적인 대외 의존으로 국내 산업 연관이 취약한 문제도 극복이 어려웠다. 핵심 소재와 부품, 기계 설비를 일본으로부터 수입했고 그런 사정 때문에 수출이 늘어날수록 무역 수지가 악화되었다.

다만 대기업이 자리를 잡아가면서 고용이 보장된 것과 기업 복지가 확대된 것은 빈곤의 완화에 효과가 있었다. 1980년대부터 대기업들이 부품 국산화를 위해 노력하면서 국내 공급망이 기술 역량을 갖추기 시작하는 계기가 부분적으로 마련되기도 했다. 특히 1987년 노동자 대투쟁 이후 대기업 노동자의 실질임금이 오른 것은 큰 변화였다. 이에 사용자들은 고용을 억제하고 기계화 자동화 투자를 확대했다. 노동을 자본으로 대체하는 전형적인 노동 절약형 기술진보가 나타나기 시작했던 것이다.

그러나 1990년대로 접어들면 성장을 앞세우고 분배는 미뤄두는 선성장 후분배 접근법의 한계가 역력했다. 산업화 기간에 정부는 공적 복지를 최소화했다. 복지는 민간에 맡겼다. 특히 가부장제 속에서 여성을 희생시키는 가족 복지가 중심적인 역할을 했다. 경제는 빠르게 성장했지만 그 과정에서 복지는 함께 확대되지 않았다. 그 점은 국가의 시장 개입과 산업 정책을 최소화하고 복지는 공적 주도로 확대해온 서구 역사와 정반대였다.

1990년대 초반 김영삼 정권이 집권하면서 발전국가 전략은 자발적인 신자유주의 정책을 중심으로 재구성되었다. 이후 IMF 관리체제를 거치면서 미국이 주도하는 초국적 자본의 한국 산업과 금융에 대한 지배력이 확대되었다. 경제위기가 진정된 이후 김대중 정권 산업정책의 지원을 받으면서 한국경제는 수출 중심의 고도성장을 시현했다. 그러나 신자유주의 전략은 전통적인 발전국가 전략에 비해서도 불평등 상황을 악화시켰다. 외환위기 이후 신자유주의가 전면화하면서 인건비 절감 위주의 구조조정으로 비정규직과 외주하청 비중이 급속도로 확대된 탓이 컸다. 그 과정에서는 기간제법과 파견법의 역할이 작지 않았다. 기업 부문 이중구조는 자연스럽게 노동시장 이중구조로 연결되었다. 대기업과 중소기업의 격차가 확대되면서 정규직과 비정규직의 고용 형태별 격차도 커져만 갔다.

중화학공업 중심의 축적으로 설비에 대한 막대한 초기 투자가 이루어지는 점은 한국 자본주의 생산체제가 갖는 특징 가운데 하나였다. 최신의 대규모 공정 설비를 수입해 운영함으로써 규모의 경제 효과(생산 규모가 커지면 제품 당 평균 비용이 하락하는 효과)를 도모하는 전략이었다. 외환위기 이후 자동차, 반도체 등 중심으로 산업로봇 사용이 크게 확대되는 등 자동화가 세계 최고 수준을 달성했다. 자동화 설비투자의 규모가 커지면 기업으로서는 대규모 고정자본의 회수와 가동률 극대화를 위해 저임금 장시간 노동을 활용할 유인이 더욱 강해진다. 한국 자본가들은 설비에 투자한 돈을 조기 회수하기 위해 저임금 장시간 노동을 유지하는 것에 집중했다. 그들이 노동 유연성 확보에 사활을 걸고 사내하청과 비정규직을 광범위하게 사용했던 이유다.

재벌체제에서 대기업의 역할은 주로 연구개발, 제품 설계, 최종재의 조립 생산 및 마케팅이었다. 최종재 조립을 위한 중간재는 일차적으로 부품 계열사들로 구성된 공급망을 통해 조달했다. 특히 부가가치가 큰 핵심 부분장치들은 기술적으로 가능하면 계열사를 통해 공급받았다. 핵심 공급체계를 계열 내부에서 완성한 것이었다. 그 결과 계열사가 아닌 협력사(공급 기업)의 협상력이 약화되었고 공급망 관리의 불확실성도 줄일 수 있었다. 핵심 공급체계가 아니라도 공급망의 전 과정에 걸쳐 부품 계열사가 곳곳에 배치되었다. 그렇게 재벌 대기업은 공급망 전체를 통제하면서 기술 역량을 관리했다. 이를 통해 계열 전체, 즉 기업 집단도 성장을 거듭했다. 단, 핵심 부품이면서도 기술적으로 계열사 생산이 적합하지 않은 경우 주로 해외로부터 수입했다.

공급망 내에서 재벌 대기업에 납품하는 시장은 아무 중소기업이나 참여할 수 있는 개방된 공간이 아니었다. 공급체계는 폐쇄적이었다. 대기업은 거래선을 변경하겠다고 위협함으로써 협력사들을 통제했다. 폐쇄적인 공급체계 안에서 대기업은 일감 몰아주기나 기술 탈취를 자행했다.

제조업 및 연관 업종에서 다수의 중소기업은 수출 대기업과의 관계에서 부품 계열사 아니면 외부 협력업체로 공급망에 참여했다. 이들 사이에는 엄연히 수직적인 위계와 계층적인 질서가 자리 잡고 있었다. 부가가치가 상대적으로 작거나 덜 핵심적인 중간재는 협력 중소기업인 1차 벤더 업체들을 통해 조달했다. 1차 벤더들은 대기업이 단가 인하[CR]를 압박하면 다시 자신보다 힘이 약한 2차 벤더 업체를 압박하는 방식으로 견뎌야 했다. 외주 하청 관계는 이렇게 복합적으로 중층적으로 자리 잡았다. 대기업이 일방적인 교섭력 우위에 있었다. 법적 보호를 강화해도 일방적인 단가 인하나 기술 탈취와 같은 불공정 거래 관행이 지속되는 구조적 배경이다. 대기업은 중소기업에게 사실상 전속적인 납품관계를 요구했다. 다른 경쟁 거래처에는 공급하지 말 것을 강요한 것이었다. 이에 개별 중소기업으로서는 물량을 유지하려면 대기업의 일방적인 요구라도 따르지 않을 길이 없었다.

납품단가에 반영된 위험과 수익의 분담 구조는 비대칭적인 것이었다. 공급망 안에서 대기업에 부품 등을 납품하는 협력사로서는 최소화된 이윤 밖에는 누릴 수 없었다. 대기업은 협력사에게 안정된 거래처 역할을 하는 대신 협력사의 마진을 최소한만 허용했다. 최저임금 상승 등 요인으로 인건비가 상승해도 납품업체의 원가 절감으로 이를 전액 충당해야 하는 경우가 적지 않았다. 원재료비 변동은 납품단가 조정 사유로 인정하더라도 인건비에 대해서는 인정하지 않는 관행이 문제였다.

원재료비 상승 시 납품단가는 소폭 인상되었다. 반대로 원재료비 하락 시 납품단가는 충분히 인하되었다. 최종재의 판매가격이 하락하면 납품단가는 인하되었지만 최종재의 판매가격이 상승해도 납품단가가 인상되는 일은 잘 없었다. 대기업에 유리한 구조였다. 이와 같은 관행을 활용해 대기업은 시장에서 완제품 판매가 잘

안 되더라도 이윤을 보장 받았다. 시장 위험을 납품업체에 전가한 것이었다.

21세기 한국 제조업의 전개

21세기의 첫 십년간은 중국이 세계경제 내에 깊숙이 자기 자리를 잡으면서 미국과 중국 간에, 유럽과 중국 간에 그리고 한중간에도 경제적 상호의존성이 확대된 시기였다. 1990년대부터 21세기의 첫 10년간에 이르기까지 약 20년간 미국은 중국을 세계 자본주의 체제 내로 통합시켜 저임금 노동의 원천과 완제품의 새로운 판로를 자신들의 입맛에 맞게 확보했다.

1990년대 이후 아시아와 유럽의 제조업 국가들은 중국을 포함한 글로벌 공급망 구축으로 생산 공정을 전 세계 범위에 걸쳐 지리적으로 분할해냈다. 이를테면 부품을 A국에서 생산하면 B국에서 그것을 수입해 가공한 다음 C국에 수출하고 C국에서 부분장치를 구성해 D국에 수출하면 D국에서 조립한 다음 E국에서 마무리 공정을 거쳐 최종 판매하는 식이었다. 그 과정에서는 당연히 자본재와 중간재의 아웃소싱이 확대되었다.

21세기의 첫 10년을 조금 넘는 기간 동안 한국 제조업은 우호적인 중미관계를 배경으로 전성기를 구가했다. 이 시기 한국경제는 비유컨대 중국의 등을 올라타고 고도성장을 이어갔다. IMF 사태를 거치며 늘어난 대기업의 해외 직접 투자도 대폭 확대되었다. 글로벌 생산 네트워크를 구축해 국내 공급망 구조를 해외로 확장하는 단계로까지 진전된 것이었다.

이 시기 한국의 재벌은 글로벌 아웃소싱 확대로 핵심 중간재는 일본, 일반 중간재는 중국과 동남아로부터의 수입에 의존하면서 단기간 내에 완제품 수준에서 고부가가치화하는 전략을 채택했다. 다양한 용도로 쓰이는 중간재 부분장치, 그리고 최종재 단계에서 고도화를 달성함으로써 세계시장 점유율을 확대했다.

재벌들은 미국이 열어놓은 신자유주의 세계화의 흐름을 타고 국제 분업구조를 적극 활용했으며 특히 중국 특수를 집중적으로 누렸다. 한국 제조업에 있어 중국은 직접투자, 최종재 수출 및 초중급 수준 중간재 수출의 대상이었고 일본은 중고급 중간재 조달처, 미국은 고급 최종재 수출 대상이었다. 다만 그와 같은 변화는 중간 이하 수준의 기술과 노동집약적 업종의 중소기업한테는 치명타였다. 대기업에 이어 중소기업도 어쩔 수 없이 해외이전으로 활로를 모색해야 했던 배경이다.

그러나 생산체제 측면에서의 대외 의존성은 21세기에 들어 심화되었다. 개념 설계나 원천기술 경쟁력이 취약한 데 따른 기술 종속은 기술수지 적자를 구조화시킨 요인이었다. 취약한 국내 산업연관도 과도한 대외 의존의 귀결이었다. 자동화 등 대규모 초기 투자가 이루어진 상태에서 투자 회수까지 소요되는 기간을 줄이기 위해 부족한 내수시장보다 수출에 집중하다 보니 전방 산업연관(최종 소비자에게 가까운 산업과의 연관)은 미약한 상태를 벗어날 수 없었다. 또한 주요 소재와 부품, 기계 설비를 단기간 내에 국산화하기 어려워 수입에 의존하면서 후방 산업연관(원자재나 중간재를 공급하는 산업과의 연관)도 약화되었다.

그 결과, 제조업 수출 중에 국내에서 생산된 부가가치가 차지하는 비중은 90년대에는 70%를 상회했으나 2000년대 이후 약 60% 수준까지 하락했다. 일본이나 미국은 물론 독일, 중국 등 주요 공업국가에 비해 낮은 수준이었다. 2023년 기준으로도 한국은 수출에 의한 부가가치 가운데 약 60%만이 국내에서 생산되고 있어 국내 생산의 수출 기여가 다른 나라에 비해 낮은 수준이다. 예를 들어 동 비율이 미국과 호주는 약 90%, 중국과 일본은 82~83%, 인도 77%, 필리핀 75%, 대만과 태국, 캄보디아가 61~62%이다. 단, 국내 생산의 수출 기여도에는 국내 직접 투자된 외국인 투자 기업의 몫도 포함되어 있으며 그 몫은 전체 수출의 약 20%인 것으로 알려져 있다. 한편 한국 제조업은 21세기에 들어서도 작업장 내 숙련의 축적이 필수적인 소재나 부품 수준에서는 경쟁력을 개선하지 못했다. 그만큼 제조업의 자립 기반이 취약했다.

21세기의 첫 10년간 대기업과 중소기업 모두 기술 역량, 노동 생산성, 실질 임금이 대체로 상승했다. 그러나 임금 격차는 확대되었다. 임금 불평등을 시정할 수 있는 길이 산별 교섭에 있다는 인식은 있었다. 그러나 이미 격차가 지나치게 벌어진 상태에서는 산별 교섭이 난맥상만 드러낼 뿐이라는 우려도 있었다. 한국경제가 여전히 안고 있는, 해결이 쉽지 않은 문제이다.

2010년대 국제정치경제 지형에서는 글로벌 금융위기 이후 회복 지연으로 세계경제가 장기 정체에 돌입한 가운데 기존에 중간 이하 수준에 머물러 있던 중국의 기술력이 빠른 속도로 향상된 변화가 중요했다. 이와 같은 변화를 배경으로 한국 제조업은 큰 어려움을 겪게 되었다. 세계경제의 장기 정체로 해외 수요가 감소했다. 그런 가운데 기술과 가격 양 측면에서 경쟁력을 갖춘 경쟁자 중국의 부상으로 2010년대 한국의 주력 제조업은 위기에 봉착했다.

위기의 원인에 있어서는 중국의 성장률 둔화와 중국의 자국 내 중간재 조달 비중 확대에 따른 대(對)중국 수출 감소가 한몫했다고 볼 일이다. 당시 조선업에서 시작되고 이후 자동차 산업으로 이어진

매출 감소는 기계와 철강 산업으로 그 영향이 확산되었다. 불확실성이 커지면서 설비 투자가 크게 위축됨으로써 고용과 노동 생산성에 부정적인 효과가 누적되어 갔다.

경제가 전반적으로 침체되는 가운데 양질의 대기업 일자리는 감소했다. 이 시기 과잉 인구(잉여 노동력)는 소기업 창업에 의해 일정 부분 흡수되었다. 그 결과로 제조업 사업체 규모의 영세화 추세가 뚜렷해졌다. 5인 미만, 50인 미만 사업장 종사자수의 비중이 늘고 50인 이상 사업장은 비중이 감소했다. 그것은 영세 사업장에서 일자리 창출 능력이 개선된 데 따른 귀결은 아니었다.

2010년대에 들어 노동시장 이중구조는 더욱더 심화되었다. 가격 경쟁력을 내세운 도전자들이 세계 시장에 진입하고 수요가 침체되면서 인건비 절감 요구로 외주 하청이 더욱 확산되었던 탓이다. 수직적 국내 공급체계 내에서 활동하는 중소기업으로서는 사업구조 고도화나 고부가가치화가 점점 더 어려운 환경이 된 것이었다.

2010년대가 끝나가면서 한국 제조업은 다른 산업과의 연관이나 고용 창출 효과가 상대적으로 미약한 반도체 부문의 수출에 대한 의존도가 커졌다. 여타의 기존 주력 산업에서 구조조정 장기화 전망이 지배적이었던 가운데 한국 자본주의는 코로나 경제위기를 마주해야 했다.

복지국가와 자본의 전략

한국에서 복지는 해방 이후 미국의 구호 원조로 시작되었다. 그런 만큼 잔여적 복지(가정이나 직장, 시장 등을 통해 정상적인 지원을 제공받을 수 없는 이들한테만 공적 지원을 제공하는 선별적 복지)의 성격이 강했다. 이후 한국전쟁을 거치며 대규모 이재민이 등장하자 부족한 공공 재원을 대신할 민간 중심의 복지전달 체계가 구축되기 시작했다. 산업화 과정에서 한국 민중은 공동체의 해체를 경험했다. 시장 경제가 초래하는 사회적 위험을 개인과 가족이 부담하는 각자도생 사회로 변해갔다. 결국 초저출산과 높은 자살률, 심각한 노인 빈곤의 문제는 저성장으로 이어져 지금은 이미 악순환 고리를 형성한 상태이다.

특히 IMF 외환위기을 계기로 빈곤 인구 양산, 자살, 이혼, 가출 등 사회적 병리 현상이 크게 늘어났다. 이런 상황을 배경으로 김대중 정권 들어 처음으로 제법 복지 같은 복지가 국민기초생활보장제도의 도입으로 시작되었다. 아이러니였다. 서구에서 복지국가의 기틀은 1950년대, 1960년대 자본주의 황금기에 확립되었다. 밀물이 들어올 때 배를 띄웠던 셈이다. 그러나 한국은 외환위기 직후에야 비로소 공적 복지가 틀을 갖추기 시작했으니 말하자면 물이 다 빠져나가는 썰물에 배를 띄운 것이었다. 그러다 보니 형식적으로는 서구 제도를 베껴서 이식해 왔음에도 그 제도를 채울 재원이 미비했고 이에 따라 복지수준은 낮았다.

그간의 통계가 일관성이 없었기에 전체 흐름의 파악이 쉽지 않은 점은 있다. 이를테면 통계청 가계동향조사는 1인 가구를 포함하지 않았다가 2006년부터야 포함했다. 그리고 2016년부터는 기준 통계 자체를 가계동향조사에서 가계금융복지조사로 변경하기도 했다. 그러나 2006년부터 2008년까지는 어떤 기준으로 따져도 불평등이 악화된 것만큼은 틀림없는 사실이었다. 2009년 이후에는 신자유주의 전면화로 노동과 자본 간 분배, 즉 시장소득에 있어서는 불평등 악화 흐름이 뚜렷했으나 복지 지출이 양적으로 늘면서 가처분소득 기준 불평등은 소폭 완화되었다. 그와 같은 경향은 문재인 정권 기간에 가장 두드러졌다. 복지국가의 공적 복지 제공 역할이 확대된 것이었다.

그렇다면 시장소득 불평등은 왜 개선되지 않고 있을까? 그 원인에 대한 경제학 연구 결과는 다양한 가설을 지지한다. 인구 구조 변화로 저소득 노령 인구가 늘어난 것이 첫손 꼽힌다. 기술 변화로 숙련에 대한 보상이 줄어든 것도 원인으로 자주 거론된다. 노동자 계급의 자본에 대한 대항력과 교섭력이 약화된 현실도 빼놓을 수 없다. 작업장에서, 노동 과정에서 자본의 노동에 대한 배제와 균열 전략이 더 강화되고 있어서다.

자본은 핵심 기능이 아니면 외부화하면서 극단적인 노동 유연화를 추구하고 있다. 자본의 '고용 털어내기'는 계약직, 하청, 아웃소싱, 프랜차이징의 복잡 다양한 형태를 띠고 이루어진다. 이로 인해 고용 형태의 다변화가 초래되며 기존 노동 보호 제도의 사각지대가 확대된다. 결국 노동 조건의 바닥을 향한 질주로 귀결되고 만다. 최근에는 노동일을 쪼갠 다음 대기시간에 대해서는 지불하지 않는 호출형, 플랫폼 노동, 즉 이른바 긱^{gig} 노동의 활용이 증가하고 있다.

이와 같은 노동 시장 분절로 인해 일자리 안정성, 노동 기준, 직장 문화, 노조 조직, 산업안전 등 일터의 다양한 영역에서 불평등이 심화되고 있다. 현실에서 비정규직은 하청 기업 소속이거나 용역 파견 등 간접 고용인 경우가 많으며 노조할 권리를 실현하려면 너무 많은 희생을 치러야 한다. 은밀하면서도 공공연한 부당노동행위가 만연해 노조를 결성하려면 비정규직은 해고를 감수해야 한다. 정규직에 비해 확연히 낮은 비정규직 노조 조직률이 그 증거이다. 그러나 자주적인 노조마저 없으면 사용자 측이 일방적으로 사업장을 통제하면서 노동 조건을 둘러싼 교섭도 사실상 무력화되고 만다.

산업재해도 비정규직 노동자들에게 집중된다. 바로 위험의 외주화이다. 외주화를 못 하게 하면 위험도 최소화될 것이다. 한국은 1990년대 중반 이후 여태껏 OECD 산재사망률 1위를 놓쳐본 적이 없다. 특히 유해하고 위험한 업무는 제도의 사각지대에 있는 비정규직 하청 노동자들에게 맡겨진다. 2016년 구의역 김군, 2018년 고 김용균 사례는 우연이 아니었다. 한국은 매일 약 6명의 노동자가 일하다가 죽는다. OECD의 3배에 달한다. 이 중 90%가 50인 미만 사업장이고 5인 미만은 약 1/3이다. 그런데 사망이 아닌 일반 산재는 OECD의 20%도 안 된다. 사망에 이르지 않으면 신고 되지 않는 은폐된 산재가 허다하다.

이와 관련해서는 근로기준법의 차별적 적용부터 문제이다. 상시 노동자 5인 미만 사업장은 노동 시간에 대한 규제도 없고 연장노동, 휴일노동, 야간노동에 대한 가산수당도 없다. 유급 연차휴가도 없고 여성 노동자에 대한 생리휴가도 없다. 직장 내 괴롭힘 방지법 적용에서조차 제외된다. 해고 및 징계처분에 대해 민사소송이 아니고서는 구제신청도 할 수 없다. 노동위원회를 통한 구제신청도 5인 이상 사업장에만 해당된다. 법이 차별을 강요하고 있는 것이다.

복지국가는 노동시장 분절 현상에 대해 사회적 임금, 즉 복지를 통한 재분배로 대응한다. 복지가 누구나 누려야 할 보편적 시민권이고 국가 책임의 영역이라는 점에 대한 사회적 동의와 함께 조세에 기반한 복지제도가 필수적이다. 그러나 현재 한국은 조세 기반이 아니라 사회보험 기반으로 복지제도가 운영된다. 사회보험은 안정적인 고용관계와 노사의 기여에 의존하므로 정규직 노동자들한테는 잘 기능할 수 있지만, 비정규직과 프리랜서, 플랫폼 노동자들을 포함한 불안정 노동자들로서는 가입 자격이 주어지지 않거나 자격이 주어져도 보험료를 낼 여력이 없는 것이 엄연한 현실이다. 노동시장 격차가 그로 인해 확대되는 부작용이 없지 않다. 비정규직 등 불안정 노동자들 가운데 적지 않은 수가 복지 사각지대로 밀려나면서 임금 불평등, 일자리 불평등이 가계소득 양극화로 연결되는 것이다.

한국의 자산 기반 복지

한국 사회는 부동산에 중독되어 있다. 우리 주위의 현실을 보면 온통 부동산에 관심이 집중되어 있다. 수도권에 집 가진 사람들은 내 집값이 얼마나 오를지, 지방 사람들은 수도권 집값이 얼마나 오를지가 초미의 관심사다. 국회나 지방의회의 의원들도 지역구 개발 호재에 촉각을 곤두세운다. 건설회사는 공공택지를 얼마나 싸게 분양받을 수 있을지, 운수회사는 차고지 땅값이 얼마나 오를지, 수도권에 공장 가진 중소기업은 공장부지 땅값이 얼마나 오를지 온통 부동산이다. 그러니 정부로서도 땅값, 집값 잡겠다고 약속하면 사람들이 정말 좋아할지 자신이 없다.

그 때문인지 한국의 땅값은 2021년 현재 GDP의 5.2배에 이른다. 두말할 것 없이 세계 최고 수준이다.

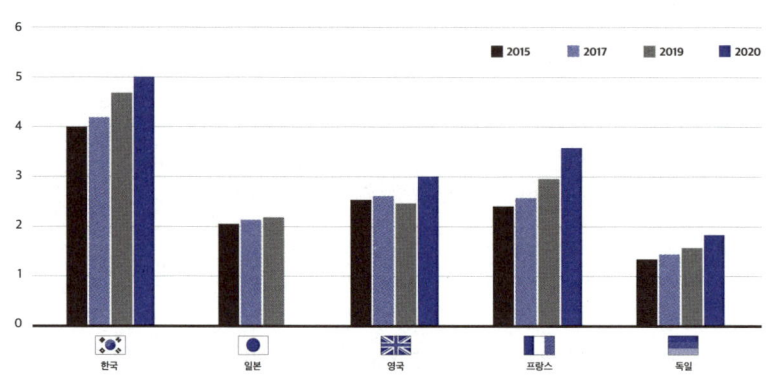

국민경제 전체적으로 국민들의 소득을 모두 더한 국민소득에 비해 주택 등 자산의 가치가 얼마나 큰지 나타내는 비율을 경제학자 토마 피케티 Thomas Pikettey의 이름을 빌려와 피케티 지수라고 한다. 피케티 지수는 한국은행 등 각국 중앙은행들이 발표하는 국민대차대조표의 국민순자산 가액을 국민순소득으로 나누는 방식으로 계산한다. 쉽게 말하면 피케티 지수는 집값을 연간급여로 나눈 것처럼 생각하면 된다. 분자가 집값이고 연간급여가 분모이다. 피케티 지수가 커질수록, 즉 집값과 급여 사이에 격차가 커지면 커질수록, 집을 가진 사람은 더 부자가 되고 노동자는 뼈 빠지게 일해도 제 집 마련이 어려워진다. 그만큼 자산 불평등이 심해지는 것이다.

국민순소득 대비 국민순자산 배율 (단위: 배)

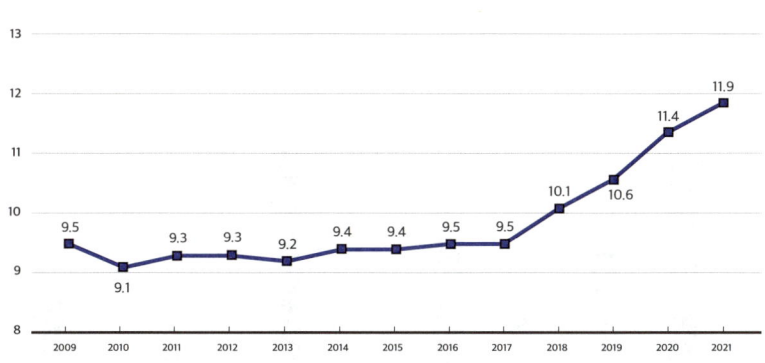

*자료: 한국은행

한국은 이 피케티 지수, 즉 국민순소득 대비 국민순자산 배율도 2020년 11.4배, 2021년 11.9배로 세계 최고 수준이다. 자료가 집계된 2009년 이래 빠른 속도로 상승하기도 했다. 마르크스와 엥겔스가 『공산당 선언』을 집필했던 극심한 불평등의 시대이자 혁명의 시대였던 19세기 말과 20세기 초 유럽 선진국들의 피케티 지수는 약 7배였다. 11배가 넘는 피케티 지수 수치만 보면 이 정도로 가진 자들만을 위한 세상인데 노동자들이 혁명을 일으키지 않는 현실이 기이할 정도다.

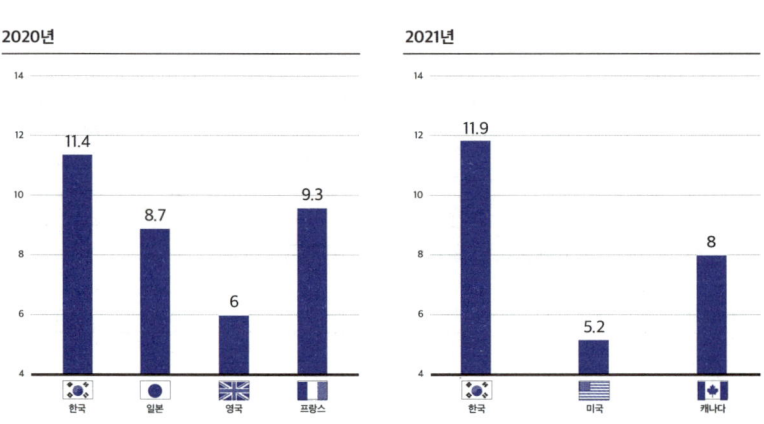

자산 불평등은 주택 소유의 편중과 주거 안정성의 악화로도 나타났다. 가령 2012년부터 코로나19 전인 2019년까지 기간 중 1주택자는 16%, 2주택자는 38%, 3주택 이상은 48% 늘었다. 다주택자 비중이 오른 만큼 주택 소유가 소수에게로 더욱 편중된 결과다. 아울러 저소득층의 비주택[66] 거주 가구 비율이 2012년 1.7%로부터 2019년 7.1%로 상승하는 등 서민들의 주거 안정성은 나빠졌다. 자산 불평등은 세대 갈등도 수반했다. 20대와 30대 소득 가운데 적지 않은 부분이 주거비 명목으로 고령층에게 이전되었다는 진단이 제기되기도 했다. 젊은 세대가 이른바 '현대판 농노'처럼 고령층 지주에게 수탈당한다는 인식이다. 실제로 연령대별 주택 소유

---

66 비주택이란 고시원, 쪽방, 여인숙, 비닐하우스, 컨테이너, 움막 등 법적으로는 주택이 아닌 열악한 주거 형태를 가리킨다.

비율을 보면 40대 미만의 경우 2012년에 18.5%였다가 2019년에는 13.9%로 줄었다. 반면 60세 이상은 2012년 27.7%에서 2019년 35.0%로 올랐다.

한국은 어쩌다 이렇게 부동산에 인질로 잡힌 사회가 되었는가. 그 원인 중 하나는 아무래도 역대 정권의 비일관성과 무능력에 있을 법하다. 한국의 역대 정권은 부동산 값이 폭등하는 것도 문제지만 적어도 떨어지지는 않도록 관리하면 된다는 생각에 의해 지배되었다. 그러다보니 단기 시장 조절에 치우치면서 부동산 정책에 있어 일관성이 없었다. 경기 침체 조짐이 보이면 우선 규제부터 풀고 부동산을 경기 부양의 불쏘시개로 활용하곤 했다. 그러다가 부동산 시장이 과열되면 투기를 제대로 잡을 수 없는 핀셋 규제에 나서곤 했다. 그런 패턴이 반복되면서 부동산 불패의 신화가 자리 잡았다.

무엇보다도 역대 정권들은 철학의 빈곤으로 토지 불로소득에 대한 대책이 없었다. 도시화가 진전되는 과정에서 무분별한 도시개발로 땅값은 폭등해온 반면 부동산 투기 근절을 위한 근본대책은 허술하기 짝이 없었다. 부동산 투기는 불로소득이 따르기 때문에 발생한다. 그런데 불로소득의 차단과 환수를 위한 조세 제도는 미약했다. 부동산 가액 대비 보유세(종합부동산세와 재산세) 금액의 비율인 보유세 실효세율은 OECD 회원국인 다른 나라와 비교하면 현저히 낮은 수준을 벗어나지 못하고 있다.

하지만 한국의 부동산 불패 신화에는 어쩌면 더 깊은 원인이 있는 듯하다. 그것은 국가가 제공하는 공적 복지가 불충분해 시민들이 각자 주택이나 땅, 주식, 코인 같은 가계 자산에 의지해 사적 복지의 기반을 마련해왔고 그 중 부동산의 가치 비중이 제일 컸던 결과였다. 시민들에게 주택 소유는 주거 불안을 해소하면서 동시에 가계의 자산을 형성하는 계기였다. 유사시 소득 감소나 지출 발생에 대비하는 역할도 할 수 있고 임대료와 같은 고정적인 수익을 올릴 수 있는 저축 수단이기도 해서 노후 대책으로는 최선이라는 생각이 퍼졌다.

집값이 너무나도 올라 버린 오늘날 도시 서민들의 서글픈 내 집 마련의 꿈에는, 공적 복지의 부재 내지는 공백을 어떻게든 메워내고자 하는 복지 욕구가 반영되어 있다. 사회 곳곳에 파고든 신자유주의 원리로 각자도생은 어느새 규범처럼 우리 사회에 자리 잡았다. 사회안전망이 아니라 개별 안전망의 나라가 된 것이다. 전 사회적으로 부동산에 집착하는 부동산 인질사회가 된 것은 그 자연스러운 귀결이었다. 사적 복지가 공적 사회보장을 대신하고 부동산이 복지를 대신하는 '자산 기반 복지'가 부동산 불패의 근본 원인이 된 것이다.

그런데 자산 기반 복지가 대세가 되면서 이번에는 정부 정책이 주택 소유자의 이익을 중심에 두는 경향을 낳기도 했다. 역대 정권은 집값을 떠받쳐 가계의 자산 형성을 도우면 집 가진 중산층이 경제성장의 과실을 향유할 수 있다는 점에 착안했다. 부동산 값을 올려 중산층을 육성하고 지원하는 독특한 재분배 구조를 만들어낸 것은 군부 독재 정권이었다. 박정희 시대 서울 강남 개발이 대표적인 사례였다. 강남은 부동산 개발을 통한 부유층 자산 형성의 상징으로 두고두고 남아 있다. 군부 독재 이후에도 아파트 시장 활성화는 경제성장의 핵심 요소로 받아들여졌다.

자산 기반 복지는 세금도 적게 내고 공적 복지의 혜택도 적게 누리는 저부담-저복지 체제를 강화시켜온 핵심 요인이 되었다. 다만 부작용이 컸다. 오르기만 하는 집값, 땅값과 늘어만 가는 가계부채가 그것이었다. 부동산 의존적인 사회 구조가 그 과정에서 확대 재생산되었다. 낮은 조세 부담과 사적 자산에 대한 의존성이 결과적으로 고(高)비용 사회를 초래하고 자산 불평등을 심화시켜온 것이다.

역대 정권은 불로소득이 창출되는 통로를 관리함으로써 자산 기반 복지의 틀을 주도적으로 만들어 오기도 했다. 정권은 주택 소유자의 이익을 중심에 놓고 아파트 시장을 설계해 건설회사와 주택 소유자가 불로소득을 벌 수 있는 기회를 제공해왔다. 공공 택지 공급, 청약제도 설계, 각종 규제, 부동산 관련 세제 등 여러 수단이 동원되었다. 그 결과, 정부는 공적 복지를 위한 재정 투입을 절약할 수 있었다. 그렇게 아낀 재원은 재벌 육성에 집중되었던 것이다.

제7장 한국경제의 생산체제와 복지국가
생각해 볼 문제

1 정규직 중심의 이른바 1차 노동시장에서는 국민연금과 같은 사회보험이 제대로 작동할 수 있지만, 비정규직 중심의 2차 노동시장에서는 가입 자격이 제한되거나 자격이 주어져도 보험료를 낼 여력이 충분치 않은 경우가 많다. 그렇다면 사회보험에 기초한 복지는 양극화를 심화시킨다고 할 수 있을까? 사회보험을 약화시키는 편이 불평등 해소에 도움이 된다고 할 수 있을까?

2 한국 재벌체제의 공급망 내 납품 시장은 수요자와 공급자가 서로 자유롭게 경쟁하는 시장과는 거리가 멀다. 중간재를 납품받는 수요자가 궁극적으로 재벌 대기업 혼자인 '수요 독점'이고 재벌 대기업은 공급망 내에서 우월한 지위에 있기 때문이다. 그런데 보통은 재벌 대기업에 납품하는 핵심 협력사가 재벌 대기업에 종속되어 있지 않은 다른 중소 제조기업보다 기술, 생산성 등 측면에서 우월하다고 알려져 있다. 그렇다면 중소기업을 대기업에 더 강하게 종속시킬수록 중소기업의 성과가 더 좋아진다고 할 수 있을까?

3 연구자들 사이에서는 자산 기반 복지의 연착륙을 위해서는 공공임대 주택의 공급을 늘려 주거 불안을 해소한다는 대안과, 소득보장 제도를 발전시켜 노후 불안을 해소한다는 대안이 주로 제출되어 왔다. 보유세 인상과 같은 정책 개입 없이 부동산 불로소득의 근원을 남겨둔 상태에서도 그렇게 하면 충분할까?

4 장기적으로는 아파트 공급이 늘어나면 집값에 하방 압력으로 작용할 가능성이 원천적으로 부인되지는 않는다. 하지만 불로소득 환수 장치가 미비한 탓에 개발 호재를 노리는 투기적 가수요가 집값을 끌어올릴 때에도 공급 확대가 집값 안정화에 도움이 된다고 할 수 있을까?

5 경제학자 애덤 스미스의 『국부론』에는 다음과 같은 구절이 나온다.[67] 토지의 지대에 과세하더라도 나라의 어떤 산업도 전혀 저해되지 않는다는 내용의 다음 구절을 읽고 '가장 덜 나쁜 세금은 부동산 보유세'라는 주장에 대해 평가하시오.

> "택지 지대와 보통의 토지 지대는 대부분의 경우 그 토지 소유자가 스스로 아무런 관심이나 주의도 기울이지 않고 얻는 수입의 일종이다. 이 수입의 일부를 그의 주머니로부터 국가 경비를 부담시키기 위해 징수하더라도, 어떤 종류의 산업도 저해되지 않을 것이다. 한 사회의 토지·노동의 연간생산물, 즉 국민 대다수의 참된 부와 수입은 과세 전이나 후에나 변함이 없을 것이다. 따라서 택지 지대와 보통의 토지 지대는 그것에 부과되는 어떤 조세라도 가장 잘 부담할 수 있는 수입일 것이다."

---

[67] 애덤 스미스 (1776), 김수행 옮김 (2007), 『국부론』 하권 제5편 국왕 또는 국가의 수입 제2장 제2절, 1042쪽.

제8장
분단과 전쟁의 나라

동아시아의 정치 경제 질서

　20세기 이후 각 나라의 경제 질서를 이해함에 있어 해당 사회의 내적인 모순과 갈등의 구조를 파악하는 작업이 갖는 중요성은 아무리 강조해도 지나치지 않는다. 그런데 그렇다고 그 한 나라만 봐서는 안 된다. 일국적인 관점에 머물지 말고 자본주의 세계체제, 그리고 그 안에서 이루어지는 국가 간 경제적, 정치적 상호작용이라는 틀 속에서 접근해야 할 때가 있다. 특히 한국의 경제적 성취와 한계는 반드시 미국이 20세기 들어 세계적으로 수행해온 역할과의 연관 속에서 이해되어야 한다. 그 이유는 한국의 경제적 경험은 미국 주도의 전후 국제 무역 및 금융 질서에 편입되면서 지정학적으로 미국 패권의 최전선에 놓인 가운데 이루어졌기 때문이다.

　더욱이 오늘날 한국 자본주의는 대외 요인의 규정력이 더욱 커진 상태다. 21세기 한국경제에 대한 새로운 사고는 외부로부터의 정치적, 경제적 영향력이 점증하는 현실을 반영하는 것이어야 한다. 한국을 둘러싼 국제 정치 경제 지형과 그 지형을 형성시키는 국제 갈등의 구조가 그간에 한국에서 자본주의 발전을 어떻게 조건 지었는지, 한국의 정권과 자본은 변화되는 국제적 갈등 구조에 축적 전략을 어떻게 조응시켜 왔는지 규명하는 과제가 중요하다. 한국 경제에 있어 분단의 영향을 살펴보기 위해 먼저 동아시아 수준에 있어서의 국제 정치 경제 질서가 어떻게 형성되어 어떤 변화를 겪어왔는지 살펴보고자 한다.

20세기

과거 동서 냉전 기간에 한국을 둘러싼 국제적 갈등의 기축 구조가 미국과 소련 간 대립에서 출발했음은 누구도 부인할 수 없는 사실이다. 이와 관련해 정치학자 이삼성은 한반도의 소분단 체제는 동아시아 차원의 대분단 체제라는 확장된 개념 속에서 파악해야 한다고 주장한다. 대분단 체제의 시각에서 갈등의 구조는 여러 차원에 걸쳐 있었다. 첫 번째 차원은 이념적 분단이었다. 두 번째 차원은 미국이 일본과 연합함으로써 일본의 전쟁 범죄가 미국에 의해 사실상 면죄부를 받은 데 따른 역사적 갈등이었다. 세 번째 차원은 이념이나 과거사를 떠나 오랜 역사 속에서 반복적으로 관측되어온 강대국들 간의 일반적인 긴장 관계였다.

한국을 둘러싸고 전개된 이 세 가지 차원의 국제적 갈등은 서로 동등한 지위에 있지 않았다. 냉전에 따른 이념 대립은 미국 영향권 지역에서 역사적 갈등을 은폐시켰다. 한반도에서 갈등의 첫 번째 차원이 표면에서 진행되었다면 두 번째 차원은 더 깊은 곳에 잠복한 상태였다. 남북 관계와 북미 관계, 한일 관계 등은 모두 정치적 군사적 측면이든 경제적 측면이든 그와 같은 여러 차원의 국제적 갈등으로부터 크든 작든 어느 정도는 영향을 받고 또 그것과 일정하게 상호 작용하면서 변해 갔다.

다만 따져볼 점은 이상 세 가지 국제적 갈등 가운데 두 번째인 역사적 갈등이 동아시아 지역 내 대립 구도와 충돌한다는 사실이다. 역사적 갈등에서 대립 구도는 어디까지나 일본을 한편으로 하고 중국, 북한, 한국을 반대편으로 해온 반면, 냉전 시기 동아시아에서 이념적 분단의 기본 구도는 미일 연합, 한국, 대만, 필리핀과 이들에 맞선 중소 동맹, 북한, 베트남 간 대립으로 나타났기 때문이다. 첫 번째 갈등과 두 번째 갈등의 성격이 크게 다르며 두 번째 갈등에는 오히려 첫 번째 갈등을 부인하도록 이끄는 에너지가 잠복되어 있다. 아울러 세 번째 갈등으로 제시된 강대국들 간 일반적인 긴장은 그 개념이 모호할 뿐만 아니라 동아시아에 특수한 것이 아니어서 동아시아 대분단 체제라는 가설을 정의하는 데 적합하지 않아 보인다.

동아시아에서 미국과 일본이 본래부터 동일체적 관계였다고 보기는 어렵다. 양국 간에 일본의 진주만 침공으로 발발한 태평양전쟁만큼 결정적인 대립은 없었고, 태평양전쟁 자체가 전쟁 전 미일 간 외견상 협력 관계가 쉽게 붕괴될 수 있는 것이었음을 입증한 사건이었기 때문이다. 그런 점에서 대분단 체제라는 개념은 제2차 세계대전 이후의 특정 국면에 국한하는 편이 자연스러울 수 있다. 어쨌든 태평양전쟁이 미국의 완승으로 종결된 뒤로 미국과 일본 간 적대 관계는 항구적 주종 관계로 변모했다. 제2차 세계대전 후 동아시아에서 미일 제국주의 카르텔은 미국이 이끄는 동일체로 등장했고 미국의 동아시아 정책은 항상 일본과의 연합이라는 형태로 나타났다.

소련의 영향력이 확대되고 중국에서 1949년에 공산 혁명이 성공한 것을 배경으로 한국을 둘러싼 국제적 갈등 구조는 그 중심축이 미일 연합과 중소 동맹을 가르는 전선으로 굳어져 갔다. 특히 한국전쟁은 한반도라는 지역 범위에서 그 전선을 고착화시킨 계기였다. 그렇게 완성된 냉전 체제에 한국경제는 군사 정권의 국가 주도 개발과 한미일 분업 구조에 따른 대외 종속의 방식으로 조응해 갔다. 다만 미일 연합이 동일체로서 강하게 결합된 성격의 것이었다면 중소 동맹은 반대로 매우 불안정했으며 모택동 이후 개혁 개방을 거치면서 중국이 사실상 이탈한 점에서 대조적이었다. 북한도 자주 노선을 견지했기에 중소 동맹에 느슨하게만 결합되어 있었다. 대분단 체제 개념은 그 점에서도 취약하다.

이후 독일 통일과 소련 붕괴를 거치면서 1990년대 들어 유럽에서는 냉전이 해소되었다. 동아시아 지역에서도 기존 냉전 체제는 이완을 경험했다. 극동 지역에서는 애초부터 소련의 영향력이 제한적이었다. 소련 붕괴 후 중국이 소련의 역할을 대신한 것도 아니었다. 중국은 미국이 이끄는 신자유주의적 국제 분업 체제에 1990년대 이후 하위 파트너로 참여했고 2001년에는 세계 무역 기구^{WTO}에 가입해 자유 무역의 이해를 대변했다. 중국의 괄목할만한 경제 성장이 시작되면서 적어도 1990년대에는 동아시아 대분단 체제라고 부를만한 실체가 사라졌다고 할 것이다. 그러나 한반도에서만큼은 분단 체제의 긴장이 지속되었다. 한반도에서는 이념적 분단이라는 국제적 갈등이 1990년대도 이어졌다. 양상은 달라졌다. 한국은 중국이나 러시아와의 관계에서 이념적 분단의 영향으로부터 자유로울 수 있었다. 대분단 체제는 사라졌는데 한반도의 소분단 체제는 남았다. 한반도의 분단 체제를 파악할 때 반드시 동아시아 대분단 체제라는 개념을 경유할 필요성은 뚜렷하지 않은 셈이다.

1970년대 말 이래 개혁 개방의 성과를 발판으로 중국은 동서 냉전이 해소된 국면에서 시장사회주의 요소를 본격 확대했다. 그 점은 소련의 부재에 더해 한국을 둘러싼 국제 지형에서 이념적 분단이 퇴조되는 데에 크게 기여했다. 1980년대 말부터 시작해 1990년대까지 한국 사회가 경험했던 민주주의 확대는 그와 같은 긴장 완화를 배경으로 했다. 또한 바로 그 시기에 한국경제에서는 발전 국가의 역할이 줄어들고 대신에 경제의 민간화가 진전되었다. 경제의 민간화란 곧 시장의 지배자로서 재벌의 역할이 커졌다는 뜻이다.

한편 이념적 긴장이 표면에서 이완되자 심층에 잠복해있던 과거사 갈등이 분출된 것은 1990년대 말부터였다. 일본은 사회당 무라야마 총리가 1994년 김일성 주석 사망에 애도 조전을 보내고 1995년에는 역사상 처음으로 식민 지배와 침략 전쟁에 대해 공식 사과하는 등 동아시아 피해국들과의 관계 개선에 나서기도 했다. 그러나 사회당이 정치적 영향력을 급격히 상실한 1990년대 말부터는 자민당 내에서 극우 정치의 영향력이 현저해지면서 역사 지우기로 방향을 틀었다.

21세기

21세기의 첫 십년간 한국을 둘러싼 국제적 갈등 구조의 중심축에 큰 변화가 있지는 않았다. 다만 2000년대 들어 중국이 세계경제 내에 더욱 깊숙이 자리를 잡으면서 동아시아 지역 내에서도 국가

간 경제적 상호 의존성이 확대된 측면은 있었다. 이 기간에도 대분단 체제라고 이름 붙일 만한 것은 작동하지 않았다.

1990년대와 2000년대의 약 20년간 미국은 중국을 세계 자본주의 체제 안으로 깊숙이 끌어들임으로써 중국식 사회주의의 '레짐 체인지'(체제 전복)를 이끌어낼 수 있으리라고 기대했다. 그러나 아들 조지 부시 행정부 내부적으로는 중국의 빠른 경제 성장과 군사력 현대화, 상하이 협력 기구라는 중러 연합의 출범을 목도하면서 중국을 견제하려는 신보수주의 네오콘의 입장이 차츰 강화되기에 이르렀다.

21세기의 두 번째 10년인 2010년대에 들어서자 미국 내에서 네오콘의 입김은 더욱 세졌다. 미국의 중국에 대한 입장은 뚜렷이 변하기 시작했다. 네오콘의 영향력이 확대되는 상황을 배경으로 중국과 북한에서 시진핑과 김정은의 체제가 확립되기도 했다. 이로써 동북아시아의 지정학이 근본적인 변화를 맞게 되었다. 2010년대에도 중국은 세계 어느 나라보다도 상대적으로 빠른 경제 성장을 거듭했다. 이제는 '일대일로'를 통해 대외적인 경제적 영향력까지 본격적으로 행사했다. 군사적으로는 핵전력을 강화했다. 해군력도 미일 연합의 해상 패권을 위협할 수준까지 증강했다. 이에 미국은 '아시아 재균형'을 내세우면서 드디어 본격적인 중국 견제에 돌입했다.

과거 20년간의 평화와 경제적 상호 의존의 시대는 2010년대 오바마 행정부 들어 막을 내렸다. 이 시기에 본격적인 궤도에 오른 새로운 국제적 갈등은 그 기축이 중미 갈등에 있었다. 동아시아 대분단 체제가 재등장한 것이었다. 그러나 갈등의 성격은 같지 않았다. 과거 미소 대립 시기와 같은 이념적 분단이 재현되지는 않았다. 1980년대까지의 동아시아 대분단과 2010년대 이후 동아시아 대분단은 연속성을 찾기 어려워 보인다.

일각에서는 2010년대의 중미 갈등을 강대국 간 일반적인 이해 대립 정도로 파악하지만, 2020년대로 이어진 대립의 양상을 보면 실제로는 거기서 그치지는 않았다. 동중국해 센카쿠 열도를 둘러싸고 중국과 일본이 충돌했고 남북 관계에서는 한국 보수 정권이 한미 동맹을 강조하며 북한에 대한 선제 타격을 공식화했다. 북한은 2017년에 핵무장을 완성했다. 한편 유라시아로의 확장 지향이 명백해진 나토와 푸틴 러시아 간 긴장도 함께 격화되었다. 2013년~2014년 '유로마이단' 사태와 크림 반도 병합이 그 과정에서 촉발되었다. 2010년대 미국의 중국 견제는 정치적 군사적 측면에 집중되었다. 놀랍게도 군사적 긴장이 격화되는 와중에도 경제 분야에서는 신자유주의 세계화와 다자간 자유 무역 기조가 지속되었다. 적어도 오바마 행정부까지는 그랬다.

2017년에 트럼프 1기 행정부가 들어서면서 많은 것이 달라졌다. 2020년대 들어 중미 갈등의 중심은 경제 영역으로 옮겨갔다. 군사적 갈등도 여전했기에 갈등의 범위가 늘어난 결과였다. 미국이 드디어 중국에 대한 경제 봉쇄를 노골적으로 표면화했다. 트럼프가 쌓은 관세 장벽은 바이든 행정부 들어 더욱 두터워지고 높아졌다. 2025년 트럼프 2기 행정부는 관세 전쟁에 다시금 불을 붙였다.

2010년대 중엽 동아시아 대분단 체제에서는 주로 군사적 측면에서 미일 연합의 결속력 높은 동맹 체제와 중러 간 느슨한 동맹 체제로 양극이 형성되었다. 2020년대에는 대립의 수준이 한층 높아졌다. 바이든 행정부는 첨단 기술 부문을 중심으로 동맹국들을 총동원해 중국을 경제적으로 고립시키고 미국 중심의 국제 무역 질서로부터 배제하는 전략을 추진했다. 한편 트럼프 2기 행정부는 중국 배제 기조는 이어가되 이번에는 거꾸로 동맹국부터 수탈하는 방식으로 자국 우선주의를 노골화하고 있다.

중국도 미국에 맞서면서 경쟁적으로 관세 장벽을 쌓고 각종 규제 조치로 비관세 장벽을 높였다. 그러나 다자주의와 자유 무역에 대한 지지를 이어가 미국과는 대조되었다. 시진핑 집권 기간에 들어 정치적으로 경직되는 모습이 연출되기도 했다. 그 점과 관련해서는 미국과 중국의 변화가 상호간에 상승작용을 강화시킨 측면이 없지 않았다. 다만 일련의 사건을 되돌아보면 갈등은 미국이 능동적으로 주도하고 있으며 중국은 그것에 수동적으로 반응하고 있다는 평가가 공정할 것이다. 중국이 미국을 봉쇄하는 게 아니라 미국이 중국을 봉쇄하고 있는 것이다.

어떤 이유로 경제와 통상의 영역이 2020년대 국제적 갈등의 중심 영역을 차지하게 되었는가. 그렇게 된 근본 원인은 결국 1980년대부터 시작해 2010년대까지 지배적인 세계경제 패러다임이었던 신자유주의가 미국 경제 내부적으로 모순을 축적해온 데에서 찾아야 옳을 것이다. 신자유주의 세계화는 미국 제조업의 공동화와 산업 생태계 몰락을 초래했다. 그로 인한 직접적인 타격은 중하층 백인 노동자들에게 집중되었다. 대외적으로는 몰라도 적어도 국내적으로는 진보적이고 개방적인 미국의 상징이었던 뉴딜의 다수자 연합이 그로 인해 붕괴되었다. 중하층 노동자계급이 뉴딜 연합으로부터 이탈하면서 이민 반대와 세계화 반대의 물결에 휩쓸린 결과였다. 이에 미국 정치는 공화당이든 민주당이든 가리지 않고 보호 무역과 신중상주의 정책을 선택하기에 이른 것이다. 그러나 그와 같은 변화는 궁극적으로는 미국이 유일 초강대국의 지위를 유지해온 단극 체제가 허물어지고 세계경제가 다극 체제로 진화하는 과정의 속도를 높이게 될 것이다. 세계경제는 '명청교체기'에 들어섰다.

분단, 안보 국가, 전쟁 정치

제2차 세계대전 후 독립한 국가들은 대개 전쟁의 산물이었다. 일제로부터의 해방 후 한반도는 내전과 전면전을 치른 후 분단되었다. 한국도, 북한도, 결과적으로는 한국전쟁으로 이어진 1940년대 후반의 일련의 내전, 그리고 한국전쟁이 낳은 산물이었다. 분단은 그와 같은 전면전이 일시적으로 중단된 상태, 그러나 상시적인 군사적 대결 하에서 내전이 동결된 상태로 잠복해 있는 정전 체제라고 할 수 있다. 한반도 분단 자체가 어떤 의미에서는 만성화된 전쟁 체제인 셈이다. 따지고 보면 한국전쟁은 북한과 미국 사이의 적대가 빚어낸 결과였다. 정전 협정도 북한과 미국, 중국이 서명했다. 한반도 분단은 남북한의 문제이기에 앞서 국제적인 성격을 가진 사건이었고 한국은 전쟁과 정전의 과정에서 독자적인 의사결정 주체가 되지는 못했던 것이다.

한국전쟁 이후 분단된 두 나라의 정치 경제는, 정전 상태의 지속이라는 상황적 요인의 영향을 강하게 반영하지 않을 수 없었다. 그렇게 두 나라의 정치 경제가 구조화되었다. 전쟁은 멈추었지만 남과 북은 늘 전쟁을 준비해야 했다. 두 나라 모두 전쟁 논리가 평소에도 작동한다. 한국은 국가 자체가 미국의 전쟁 준비 체제에 기초해 세워졌다. 한국 사회에서 반공이 절대적으로 중요한 국가 이념이 된 배경이다.

한국전쟁은 한국 사회 내에 그 흔적을 강하게 남겼다. 한국 사회는 전쟁 준비 체제를 벗어날 수 없다. 한국전쟁은 끝나지 않았다. 한국은 군사적 긴장이 만성화되어 있으며 안보가 상위 국가 목표를 차지하는 점에서 일종의 '안보 국가'이다. 이에 비해 북한은 제국주의 미국에 맞서 언제나 외롭게 농성 중인 깃발 같고 섬 같은 존재, 내지는 일본 학자 와다 하루키가 '유격대 국가'로 표현했던 의미에서의 '병영 국가'로 분류할 수 있을 법하다. 안보 국가든, 병영 국가든 결손을 안고 있는 국가이다.

한국의 안보 국가는 한편으로는 북한에 맞선 군사적 대결을 위해, 그리고 다른 한편으로는 경제 성장을 위해, 자원을 동원하고 이에 반대하는 세력을 억눌러 왔다. 산업화를 이끌었던 박정희 식 발전 국가 자체가 실은 안보 국가의 한 형태였던 것이다. 신자유주의 국가라고 다를까. 겉모습은 달라졌고 정도는 덜해도 안보와 성장을 목표로 국가적 동원과 통제가 이루어지는 것은 여전하다. 최근에는 중미 갈등이 겹쳐지면서 한국은 다시 동아시아 대분단의 최전선에 놓이게 되었다. 그런 사정으로 인해 한국의 안보 국가로서의 연속성이 재생산되는 측면도 있다.

한국의 국가 권력이 작동하는 방식 속에서도 한국전쟁은 끝나지 않았다. 반공과 북한 지우기는 국가 이념이 되어 국가가 '적'과 대치하고 있다는 인식이 시민들에게 주입된다. 한국의 국가는 반공과 반북을 시인할 것을 모두에게 강요하고 시인하지 않는 이들은 '종북'이라는 이름의 내부의 '적'으로 규정한다. 양심의 자유가 공공연히 부인된다. 즉 안보의 논리는 개인의 내면적 영역조차 거침없이 침범한다. 전쟁 준비 상태이므로 적에 대한 폭력도, 적에 대한 기본권 제한도 정당화된다는 논리다. 극우 세력의 영향력이 거세질수록 상황은 악화된다. 구체제 세력은 냉전적 지배 질서의 유지를 위해 진보 정치와 노동 운동을 상대로 국가 폭력을 서슴없이 행사해 왔다. 구체제 세력의 권력이 강할수록 그와 같은 국가 폭력도 더 두드러진다. 그것은 말하자면 내전의 국가 내부적인 제도화였다.

전쟁의 제도화는 한국 사회에서 국가보안법으로 구체적인 모습을 갖추었다. 북한과 단절된 남한에서 반공은 점차 시민사회 깊숙이 내면화되었다. 진보 정치마저 일정 부분 반공 국가의 이념에 포섭되었다. 한국 사회의 정치적 지형도에서는 좌파라도 선을 넘지 않으면서 착한 반공 좌파로 남는다. 그 선을 넘는 순간 '종북'이라는 낙인이 찍힌다. 전략 수준에서는 마땅히 장차 헌법 개정과 체제 전환의 주역이 되어야할 진보 정치가 스스로 헌법 안의 진보를 자처하면서 국가보안법을 위반하면 안 된다는 주장에 함께 한다. 국가보안법이 그어놓은 선 안에서 유순하게 길들여진 것이다. 앞으로 국가보안법이 사문화되는 날이 올 수도 있겠지만 그것은 국가보안법 철폐를 요구하는 반대가 끊임없이 조직될 때에나 가능한 일이다. 한국 사회에서 국가보안법이 갖는 상징성은 오래 지속되기 쉽다. 한국의 국가는 근본적인 체제 전환 없이는 안보 국가로서의 한계를 벗어나지 못한다. 국가보안법 폐지도 그런 이유로 쉽지 않다. 분단 질서에 토대를 두고 있는 안보 국가가 국가보안법의 기반인 탓이다.

그 점은 한국 민주주의의 취약성을 가리키는 것이기도 하다. 한국은 87년 민주 항쟁을 거치며 형식적 민주주의가 도입되었지만 안보 논리가 작동하는 순간, 정치적 비판이나 저항을 허용하지 않는 형태로 공권력이 행사되곤 한다. 한국 정치의 그와 같은 양상은 김동춘에 의해 '전쟁 정치'라는 이름으로 파악되기도 했다.[68] 김동춘의 지적에 따르면 한국에서 전쟁 정치의 실제 내용은 "1945년

---

68 김동춘 (2021), 『반공자유주의』 필요한책.

이전 파시즘의 계승자로서의 반^{反}혁명"이다. 다만 천황제나 반^{反}인종주의의 외피를 벗어던지고 남은 파시즘이다. 한국에서 파시즘적인 비이성적 차별 논리는 대표적으로 색깔론과 지역주의로 표출되어 왔다.

한국은 해소되지 않은 냉전의 최전선에 자리한 이유 때문에도 파시즘적 정치, 파시즘적 문화의 기반이 해소되기 어렵다. 한국은 시민들의 적극적인 저항으로 안보 국가가 이완되지 않는 이상, 안보 국가가 단단히 굳어지면서 쉽게 파시즘의 숨은 본모습을 드러내곤 한다. 그 점은 구체제 세력 집권 기간마다 예외 없이 두드러졌다. 87년 이후에도 국가와 시민사회 관계에 냉전과 반공주의 논리가 적용되어 왔다. 노동조합 활동에 국가 정보기관이 개입하고 국가 폭력이 동원되었던 사례들이 그 증거이다. 안기부에 노사관계를 담당하는 노사조정관이 있었다. 노사조정관들은 노조의 동향을 감시하면서 단위 사업장 임금 투쟁에까지 개입했다. 쟁의 활동은 정권에 의해 반체제 세력의 사주에 의한 것이라고 공격 받았다. 예를 들어 1991년 한진중공업 노조위원장 박창수의 의문사를 둘러싸고 안기부 요원이 관련되었다는 정황이 제기된 일이 있었다. 당시 박창수 위원장 사망 사건에 대해 경찰은 영안실 벽을 뚫고 시신을 침탈해 강제 부검한 끝에 비관 자살 사건으로 종결시켜 버렸다.

국가와 시민사회 관계에 대한 반공 국가의 규율은 구체제 세력 집권기에는 전면화했다가 민주정부 집권기에 이완되곤 했다. 이명박, 박근혜 정권 당시의 공안 통치나 윤석열 정권의 12.3 친위 쿠데타에서 안보 국가가 반공 논리를 앞세웠던 사실은 한국의 시민들에게는 반복된 경험 속에서 이젠 전혀 새삼스러운 일이 아니었다. 박근혜 정권 때까지도 대검찰청 공안부가 대공 사범과 노동 관련 사범을 함께 담당했다. 문재인 정권 들어 2019년 8월에 검찰청 사무기구에 관한 규정이 개정되면서 동 규정 제8조에 따라 노동 사범이 공안 사범으로부터 구별되었다. 그 전까지는 노동 사범과 학생 운동 관련 사범은 공안 3과에서 맡고 대공 사범과 남북교류협력 사범은 공안 1과에서 맡는 것으로 업무가 분장되어 있었다.

대검 공안부에 의한 파업 유도 공작이 들통 난 사례도 있었다. 심지어 민주정부 때의 일이었다. 1998년 말 조폐공사가 당초 구조조정 계획안을 무시하고 일방적으로 옥천조폐창의 조기 폐쇄를 발표하자 공사 노동조합은 파업에 나섰다. 이듬해 1월 노조 위원장이 분신을 시도하기도 했다. 그러나 사측은 공권력을 투입해 파업을 강경 진압했다. 구속과 대량 징계가 이어졌고 노동조합은 거액의 손배 가압류로 내몰렸다. 1999년 6월 대검 공안부장 진형구는 대검 출입기자들과 만난 자리에서 당시 조폐공사 파업을 검찰 자신들이 유도했다고 밝혔다. 구조조정 대상 공기업에서 파업이 있을 때 검찰이 노동조합을 어떻게 손봐줄 것인지 시범 삼아 보여주려고 했는데 노동조합이 너무 쉽게 무너지는 바람에 싱거웠다는 충격적인 발언이었다. 진형구가 당시 조폐공사 사장의 고등학교 선배였다. 그러나 김대중 정권은 진형구 개인 구속으로 사건을 축소시키며 공안 세력을 비호했다. 진형구의 아들이 후배 검사 성추행으로 유명해진 진동균 검사이고 진형구의 사위가 국민의힘 정치인 한동훈이다.

그런데 이런 주제를 다룰 때에는 한 가지 이론적인 비판이 제기되곤 한다. 분단이든 반공이든 마르크스주의의 전통적인 유물론 관점에서는 그것의 경제적 '토대'가 문제라는 비판이 그것이다. 그런 시각에서는 한국의 안보 국가와 전쟁 정치 현상을 '상부구조' 요소로 보고 경제적 '토대'인 한국 자본주의의 생산양식 특성으로부터 그것을 설명하려는 태도를 고수하기 쉽다. 만약 토대로부터 상부구조가 제대로 설명되지 못한다면 그런 상부구조 요소는 물질적 기초가 없기에 저절로 사멸한다는 생각이다.[69] 그러나 이와 같은 경제 결정론적인 시도들로는 현실의 생동하는 변화를 포착하는 데에 거의 늘 실패하기 마련이다. 오히려 한국 좌파들이 주목하지 않아 공

---

[69] 한 사회를 토대와 상부구조로 나누어 파악할 때 토대는 물질적인 생산관계와 생산력을 나타내고 상부구조는 그와 같은 토대에 조응하는 정치, 문화, 종교 등을 나타낸다. 단, 상부구조가 토대에 조응한다고는 해도 그 둘 사이의 관계가 기계적인 것은 아니며 특정 시점의 상부구조 요소는 자신의 역사적 과거로부터 오는 영향을 강하게 받는다. 그만큼 토대의 결정으로부터 상대적으로 자율적인 상부구조 자체의 논리가 작동한다. 따라서 한국의 파시즘적 정치에 대해서도 그것들이 토대에 속하는 어떤 특수한 경제적 관계에 기인하는지 반드시 일대일 대응하듯 특정 지을 수 있는 것도 아니고 또 반드시 그래야 하는 것도 아니다.

백으로 남아 있는 반대 방향의 논의, 즉 한국의 분단 체제에서 안보 국가와 전쟁 정치가 한국 자본주의 질서를 어떻게 구조화했고 87년 이후의 경제 질서에 어떤 지속적인 영향을 미쳤는지 파악하는 작업이 핵심에 훨씬 더 근접해 보인다. 온전히 마르크스주의 이론에 기초해 따지더라도, 상부구조 요소의 지속성을 강화시키는 체제적 질서가 작동하고 있을 때 그것은 토대에 반작용하며 특정한 생산양식 특성을 형성할 수 있다. 사회 세력들은 상부구조를 형성해 내는 활동을 통해 그들 사이의 물질적 관계 형성에 영향을 미치는 것이다.

유의할 점은, 구체제 세력이 대변해온 한국의 우익은 서양 역사에 등장하는 부르주아 계급처럼 봉건 체제나 제국주의에 대항해본 일이 없다는 사실이다. 대신에 한국의 우익은 해방 전까지는 일본에, 그리고 해방 후에는 미국에 철저히 복종했다. 제국주의 지배 질서에 편승해 이득을 누렸다. 서양 보수주의가 전통적 가치를 강조해온 반면 실상 한국의 보수주의는 그런 것과도 거리가 멀었다. 그들에게 보수주의란 차라리 자신들의 생존과 기득권을 지키기 위해 지배자인 외부의 강자에게 절대적으로 의지하려는 본능에 가까웠다. 김동춘의 표현을 빌려오면, "한국의 우익에게는 이념이나 사상이 없다." 그들은 자유를 내세우지만 그들의 자유는 실상 친일파들과 지주들이 공산주의의 공포로부터 자신의 이익을 지키기 위해 의

탁한 새 주인 미국에 대한 '굴종'이었다.

분단과 냉전을 배경으로 한국 우익의 공격적인 반공주의는 백색 테러와 국가 폭력의 형태로 정치적으로 동원되는 일이 잦았다. 그간에 세월이 많이 흘렀고 해방 공간이나 한국전쟁 직후에 비하면 한국 사회가 많이 달라지기도 했다. 그러나 김동춘은 한국 우익이 "방식은 바뀌었지만 그 생리는 지금까지 그대로 유지되고" 있다고 단언한다. 그들의 공격적인 반공주의는 박근혜 탄핵 과정에서 태극기라는 이름으로 부활했고 최근에도 윤석열의 난^亂에 등장했다. 과거 미국과 소련 간의 역사적인 동서 냉전이 막을 내린 뒤로도 한반도는 정전 체제가 장기화하면서 냉전 질서가 해소될 수 없었다. 그런 가운데 한국 우익은 미국의 세계 전략이 오바마 정권 이후 중국을 적대시하는 방향으로 재구성되자 이에 편승해 반공 반북을 혐중으로 확장하며 안보 국가와 전쟁 정치의 재강화를 기도하고 있다.

87년 항쟁 이후 한국의 구체제 세력은 군부 퇴진, 야당 집권, 남북 긴장 완화를 거치며 입지가 약화되었다. 다만 민주 대^對 반민주 구도를 희석시키고 그것을 종북 대 자유민주주의 구도로 재편하려는 기획은 지속시켰다. 군부라는 버팀목이 사라진 상태에서 권력 자원의 재구성에도 적극 나섰다. 과거에는 정치권력을 독점했으므로 국가 기구 자체를 자신들의 권력 자원으로 활용할 수 있었으나 더 이상 정치권력의 독점이 불가능해진 87년 체제에서 구체제 세력은 보수 개신교와 결합해 조직적인 대중 동원이 가능해진 태극기 세력, 현대사 왜곡을 위한 기획인 뉴라이트 운동, 유튜브를 포함한 우익 매체들 등으로 권력 자원을 재구성했다.

세계적인 냉전 구도가 해체된 지 오래고 한국 사회도 87년 이후 그간에 많이 발전했으므로 안보 국가, 반공 국가의 효과가 소멸되었거나 결정적으로 약화되었다고 할 수 있을까? 실제로 전쟁 정치의 영향력이 약해진 측면도 없지 않다. 그만큼 국내적으로 민주주의의 저변이 확대된 것도 틀림없이 맞다. 과거 안보 국가의 성장주의가 북한을 경쟁에서 이기고자 한 상위 목표에 부속된 것이었던 반면, 이제는 성장주의가 남북 관계에 연동되지 않는 점에서도 분명 차이가 있다. 남북 간 경제 격차가 벌어졌고 구체제 세력이 정치적으로 약화되었으니 말이다.

그런데 간과하지 말아야 할 사실은 민주정부 기간에 비해 구체제 세력이 집권했던 이명박, 박근혜, 윤석열 정권 기간이면 안보 국가와 전쟁 정치의 영향이 상대적으로 보다 확실하게 두드러졌다는 점이다. 당장 윤석열의 12.3 내란도 "북한 공산 세력의 위협으로부터 자유 대한민국을 수호"한다는 명분으로 자행되었다. 87년 이후 삼십여 년이 넘은 2024년에 그런 사태가 벌어졌다는 것은 어떤 의미에서는 87년 체제의 정치적 민주주의가 여전히 안보 국가와 전쟁 정치의 도전으로부터 자유롭지 않으며 87년의 싸움이 끝나지 않았음을 시사한다.

그런 점에서 반공주의의 물적 토대인 정전 상태 자체에는 전혀 달라진 바 없다는 사실을 상기할 필요가 있다. 전쟁 대비 체제라는 한국의 객관적인 현실에는 변한 것이 없다. 혹자는 남북 경쟁이 끝나지 않았느냐고 반박할지도 모르겠다. 그러나 남북 간 체제 대결에서 한국이 북한을 경제적으로 격차를 벌리며 앞섰다고 해서 그로 인해 한국의 반공주의가 약화되었다고 볼 증거는 없다. 구체제 세력의 정체성이 변하거나 득표 기반이 대폭 줄어들 기미도 보이지 않는다. 한국 사회가 아직도 정전 상태에 놓여있다는 사실이 한국 사회의 정치 경제 현실을 규정하는 힘은 아마도 민주화 이전보다는 약해졌을 법하다. 그러나 그렇다고 해도 그것이 이제 더 이상 중요치 않다고 보기는 어렵다. 한편 일각에서는 한국 자본주의의 일차적인 국가 목표가 북한과의 대결로부터 내부의 적인 노동자 계급과의 대결로 변했다고 진단하기도 하는데, 그렇게 볼 이유는 없다. 적어도 구체제 세력은 그 두 적을 여전히 의도적으로 결부시킨다. 그 점이야말로 한국 안보 국가의 특징이다.

분단 국가의 신자유주의

1949년 중국의 공산화와 1950년 한국전쟁 발발 이후 미국은 일본을 거점으로 동아시아 지역 내 자국 영향권을 하나로 묶는 지역 통합의 전략을 기획했다. 일본이 동아시아에서 지주 미국의 마름 역할을 맡게 되었다. 미국은 전범 국가 일본에 면죄부를 주었다. 동아시아 지역 통합의 거점으로 키웠다. 동아시아 지역 내 미국 영향권에 속해 있으면서 반공의 최전선에 서게 된 한국에 대해서도 원조를 제공하며 경제 성장을 관리했다. 한국과 일본에 안보 우산을 제공해 안보 부담을 덜어준 것은 물론이다.

미국은 한국의 산업화를 위한 국내적 동원과 외부 지원에 적극 개입했다. 동아시아 역내에서 일본의 경제적 역할을 높이면서 한국이 일본 주도의 동아시아 국제 분업 체계에 편입함으로써 수출 공업화를 달성하도록 했다. 한국 공업화의 성과는 미국이 의도했던 세계적인 차원의 냉전 전략의 일환이었다. 그런데 미국은 그 과정에서 다른 제3세계에서처럼 자신들이 후원하는 우익 정권이 성장 정책을 이끌게 하고자 했다. 공공 부문의 역할은 억제하며 없는 시장을 억지로 만들어내서라도 민간 기업이 경제의 중심에 서게끔 하는 방향성을 처음부터 고집했다. 재벌이 경제 성장의 주역이 되는 과정에 미국의 강한 권고가 작용했다. 경제 정책에 있어 재벌 및 신자유주의에 친화적인 접근법은 그렇게 미국의 요구에 의해 한국에서 일찍부터 채택되었다. 당시 한국에 적용된 미국의 전후 제3세계 발전 전략은 경제학자 월트 휘트먼 로스토우$^{Walt\ Whitman\ Rostow}$의 책 제목을 따라 '반^{反}공산당 선언'이라는 이름으로 요약할만한 것이었다. 여기서 반공산당 선언은 물론 마르크스주의 고전 『공산당 선언』을 비튼 제목이었다.

여기서는 한국의 발전 국가와 신자유주의 국가가 역사적으로 단절된 관계에 있지 않다는 점이 강조될 필요가 있다. 신자유주의는 외환위기 이전에도 이미 본격적으로 도입되고 있었다. 외환위기는 어떤 의미에서는 신자유주의화의 범위를 넓히고 속도를 가속시켰을 뿐이다. 심지어는 전두환 정권도 미국 레이건 정권의 영향 하에 경제 개방과 함께 신자유주의 기조를 받아들였다. 그 전에 1970년대 말부터 경제기획원은 경제 자유화 요구를 제기했는데 그 내용이 무역과 금융의 자유화, 개방으로 지금 보면 신자유주의적인 것이었다. 국가 기간산업이나 공기업의 민영화는 전두환 정권 이전부터 추진되고 있었다. 예를 들어 대한항공과 대한해운공사(훗날의 한진해운)는 박정희 정권에 의해, 대한석유공사(유공, 훗날의 SK)은 최규하 정권에 의해 재벌에 넘어갔다. 교육, 주택, 복지, 의료 등 서비스의 공급은 외환위기 훨씬 전부터 이미 시장에 상당 부분 의존하던 터였다. 당시 시장 공급이 모자랐던 부분은 가부장적인 가족 제도에 의해 보완되었다. 사회적 위험을 사적 책임으로 떠넘겨온 것은 한국에서 신자유주의만의 특징은 결코 아니었던 셈이다.

그랬기에 1980년대까지의 정치 경제 질서는 이후 한국 사회에서 신자유주의가 빠르게 안착되는 기반이 되었다. 분단에 뿌리를 둔 안보 국가와 전쟁 정치의 질서도 외환위기 이후 사라지지 않고 신자유주의 국가에 접목되어 변형된 모습으로 존속했다. 국가가 주도하는 재벌 중심의 불균형 성장이라는 전략적 목표가 역대 정권을 거치며 달라진 적도 없었다. 신자유주의 자체도 한국에서는 국가에 의해 폭력적으로, 파쇼적으로 강제되었다.

한국의 발전 국가를 상징해온 재벌체제는 말하자면 '국가 주도 신자유주의'와 성공적으로 결합했다. 군부 세력이 약화되면서 재벌의 파트너 자리로부터 밀려나긴 했지만 이는 어디까지나 구체제 세력 내부로부터 발단한 위로부터의 '수동 혁명'[70]의 결과였다. 김영삼 정권 이래 신자유주의 기조가 확실히 자리 잡으면서 구체제 세력과 재벌의 권력은 행정 관료와 검찰, 사법부 등 엘리트 집단의 지원 속에 강화되었다. IMF 사태를 계기로 한국의 재벌체제는 신자유주의를 전면적으로 수용하면서 재벌과 국내외 초국적 금융 자본의 새로운 과두제에 의해 지배되었다.

요컨대 한국의 국가 질서는 신자유주의로의 역사적 변형을 거쳤으나 미국의 세계 전략 속에서 국가 안보와 경제 성장을 최우선시하는 반공 체제의 틀을 벗어난 적 없다. 체제가 추구한 경제 성장은 대외 의존, 재벌 주도, 노동 억압이라는 특징을 유지했다. 미국은 한국의 국가 질서를 형성시켰고 이후 그것이 변형되는 과정에 줄곧 개입해 왔다. 그 과정에서 사회 개혁을 요구하는 목소리는 억눌리기 일쑤였다. 반공의 국가 이념이 사회 세력 간 경합의 지형을 한계 지었다. 이에 따라 사회적으로 허용되는 정치 세력화의 범위는 제한되었다. 진보 정치와 노동 운동은 체제 전복 세력으로 적대시되었다. 87년 6월은 수용되었어도 7,8,9월은 수용되기 어려웠던 배경이다.

---

70 수동 혁명은 지배 세력이 자신의 패권을 유지하고 민중의 도전을 예방적으로 차단하고자 국가 권력을 재조직화하는 것을 의미한다. 한국 현대사에서는 대표적으로 노태우의 6.29 선언을 수동 혁명의 예로 든다.

한국의 구체제 세력과 상류층은 미국의 울타리 속에서 정치적 경제적 기득권을 누려왔다. 그들이 미국에 대해 정신적, 심리적 노예 상태를 벗어나지 못하는 한 가지 이유다. 미국에 대한 종속에는 여러 측면이 있지만 이와 같은 한국 보수 세력의 종교적 맹신과 영혼의 의존도 무시하기는 어렵다.

마지막으로 이 책에서 이용한 '분단 체제'라는 용어의 의미 맥락에 대해 간단히 짚고자 한다. 분단 체제 개념은 본래 1980년대 후반 백낙청에 의해 고안되었다. 한국과 북한이 각자 자신의 관점에 갇히지 말고 그것을 넘어서서 한반도 전체 관점을 가질 것을 환기시킨 점에서 건강한 실천적 문제제기였다. 비록 분단 체제가 '체제'라고 부를 만큼 완결적이지 않고 고정된 것이 아니어서 해소될 수 있는(해소되어야 하는) 성질의 것이라고는 해도, 분단 체제 개념에 입각하면 한국과 북한이라는 이질성과 동질성을 동시에 갖춘 두 사회의 동학이 서로 무관하지 않고 연계되어 있다는 사실을 포착할 수 있어서 이론적으로 탁월한 측면이 있다.

그런데 분단 체제론은 남북 두 국가의 공생과 적대적 상호의존을 강조하면서 두 사회 모두에서 독재 권력의 재생산이 분단 체제 현실을 악용하는 방식으로 이루어져 왔다고 주장한다. 남북의 집권 세력 모두 겉으로는 대결하고 있지만 실제로는 안보 위기를 이용해

주민들을 결집시키는 방식으로 권력을 강화한다는 인식이다. 하지만 이와 같은 인식의 저변에는 일제 강점기 항일 운동과 분단 체제 형성의 역사적 과정에 대한 특정한 시각이 깔려 있음을 지적하지 않을 수 없다. 그 시각이란 기계적 양비론이다.

좌와 우를 통합해 중도 실용을 지향한다는 분단 체제론의 다소 관념적인 메시지는 어쩌면 그런 맥 빠지는 시각 탓인지도 모른다. 하지만 계급 대중에 뿌리내린 제대로 된 진보 정치라면 그래서는 안 될 것 같다. 한반도 근현대 역사에 피로 아로새겨진 아래로부터의 저항의 전통은 외세에 빌붙고 민중을 짓밟아온 지배계급과는 통합될 수 없는 것이기 때문이다.

분단 체제에서 복지국가는
어느 정도나 가능한가

 분단이라는 조건이 복지 확충을 막는다면 가장 직접적인 원인은 재정 자원이 제한된 데에서 찾을 수 있을 법하다. 한국에서 안보 국가 유지를 위한 국방비 지출 부담이 복지 재정을 제약하고 있을까? 국방지출이 늘면 복지지출이 줄 것이라는 이와 같은 가설은 '총과 빵'의 가설 혹은 '복지-전쟁'의 가설로 이름이 붙여진 생각이다.

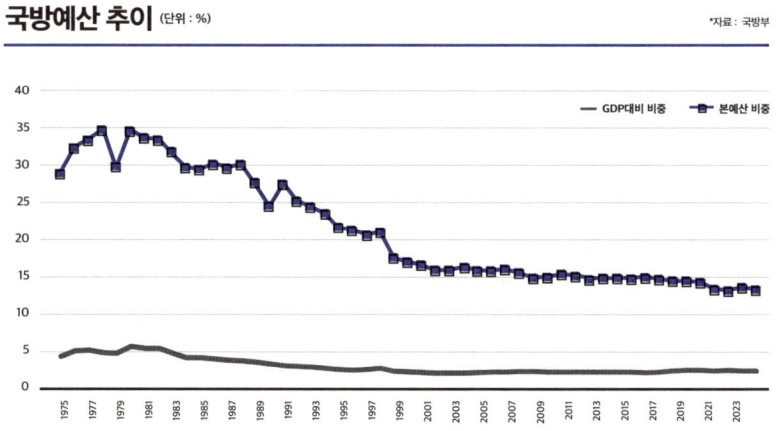

국방예산 추이 (단위 : %)   *자료 : 국방부

먼저 데이터를 보면, 한국의 국방예산은 1980년대 중반까지는 본예산의 30% 이상을 차지하는 높은 점유율을 유지했으며 경제성장과 민주화를 계기로 비중이 감소하면서 21세기 들어서는 15% 밑으로 떨어진 모습이다. 2025년의 경우 본예산의 12.9%이다. GDP 대비로는 1970년대 후반부터 1980년대 초까지는 5% 선이었다가 이후 완만히 조정되면서 최근에는 GDP의 2.32% 수준이다.

세계은행 그룹이 공개한 데이터로 한국의 국방비 부담을 OECD 국가들과 비교하면 안보 국가 특성을 반영해 한국이 상대적으로 큰 편이다. 각국 국방비를 GDP 대비 점유율로 비교하면, 가장 최근인 2023년의 경우 OECD 평균은 2.4%이고 한국은 2.8%로 나타났다. 정부 지출 대비 점유율로 비교하면 2023년에 OECD

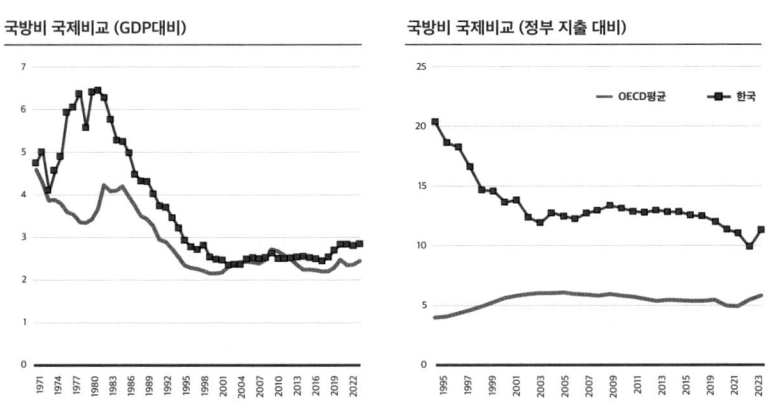

평균은 6.1%, 한국은 11.1%로 한국이 거의 두 배다.[71] GDP 대비 점유율로는 차이가 크지 않지만 정부 지출 대비 점유율로는 차이가 큰 이유는 한국은 정부 부문 비중이 작은 관계로 GDP 대비 정부 지출 비율이 낮기 때문이다.

반대로 복지예산은 OECD 평균에 비해 상대적으로 비중이 작다. 다음 그림의 좌측은 사회복지 공공지출의 GDP 대비 비중을 나타내고 우측은 사회복지 공공지출 및 법정민간지출[72] 합계의 GDP 대비 비중을 나타낸다. 사회복지 공공지출은 2024년 현재 한국

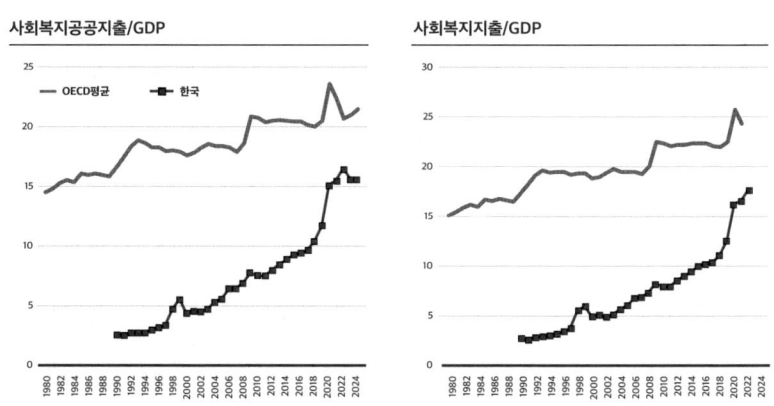

사회복지지출 국제 비교 (단위 : %)   *자료 : OECD Social Expenditure Database (SOCX)

---

[71] 국제 비교 목적으로 작성된 세계은행 그룹 데이터는 한국 국방부 데이터와 정확히 일치하지는 않지만 차이가 크지는 않다. 여기서는 전체적인 추이에 주목하면 충분하다.

[72] 사회복지 법정민간지출은 기업 등이 법률에 의해 의무적으로 지출해야 하는 사회복지 관련 비용을 뜻한다. 법정 퇴직금이나 산전/산후 휴가 급여 등이 이에 해당한다.

은 GDP의 15.3%, OECD 평균은 21.2%로 차이는 5.9%포인트이다. 법정민간지출까지 더하면 한국은 2021년과 2022년에 각각 16.3%, 17.4%였고 OECD 평균은 2021년에 24%였다.

한국의 복지지출이 제약된 이유는 일단 정부 지출 자체가, 즉 경제규모 대비 재정 총량 자체가 작은 점과 연관되어 있다. 한국의 역대 정권은 대체로 공공 부문을 작게 운영하며 작은 정부를 목표로 해 왔다. 복지에 있어서도 마찬가지였다. 복지 지출의 증가를 제한하는 쪽으로 관리해왔다. 그런데 그와 같은 전체 총량적인 효과가 전부였을까. 총량적인 효과 외에 총과 빵의 가설처럼 국방지출 때문에 복지지출이 제약되는 일은 없었을까.

복잡한 계량 분석 과정은 건너뛰고 이야기하자면, 결론은 한국에서 국방지출이 복지지출을 실제로 제약하는 효과가 존재한다는 것이다. 2008년~2013년 기간에 대해 OECD 국가들을 대상으로 국방지출과 복지지출의 결정 요인을 분석한 한 실증 연구[73]에 따르면, 먼저 한국을 포함한 OECD 데이터를 분석하면 국방지출이 늘어날수록 복지지출이 줄어들고, 반대로 복지지출이 늘어날수록 국방지출이 줄어드는 효과가 관측되었다. 그러나 한국을 제외한 OECD 데이터를 분석하면 국방지출이 늘어나더라도 복지지출이

---

73 박승준·권오성, 「패널 연립방정식 모형을 이용한 OECD 국가의 국방비 및 사회복지·보건비 결정요인과 상충관계 분석」,《국제경제연구》제22권 제4호, 2016.

이로 인해 줄어드는 효과는 관측되지 않았고, 또 복지지출이 늘어날 때 국방지출이 줄어드는 효과는 미미하게만 나타났다. 이는 총과 빵의 가설이 다른 OECD 국가에 비해 한국에서 더 강하다는 뜻으로 풀이된다. 요컨대 한국에서 복지지출을 그간에 충분히 늘리지 못했던 이유는 한편으로는 재정 총량을 상대적으로 작게 유지해온 '작은 정부' 정책에서 찾을 수 있지만, 다른 한편으로는 상대적으로 큰 국방지출을 요구해온 분단 체제 안보 국가 정책에서도 찾을 수 있다는 것이다.

그러나 그것은 단순히 정책 선택의 문제만은 아니었다. 정책 선택 자체가 반공 체제에 특수한 사회 세력 간, 계급 간 역관계를 반영하기 때문이다. 한국의 분단 체제에 뿌리내린 반공주의는 정책과 담론의 지형을 한쪽으로 잔뜩 기울여 놓았다. 상류층과 기업주의 소유권은 건드릴 수 없는 신성한 것으로 여겨졌다. 1987년 민주화 이전까지 오랫동안 노동조합 활동은 조직화 자체가 반체제적인 것으로 간주되었다. 잠재적으로 기업주의 소유권을 침해할 수도 있으리라는 두려움 때문이었다. 민주화 이후에도 비록 민주노조운동의 활동 공간이 넓어진 측면이 있었지만 단체행동에 대한 제약만큼은 여전히 컸다. 복지국가를 지지하는 진보 진영의 반[*]자본적 탈상품화(노동력을 시장에서 상품으로 팔지 않아도 인간의 기본적인 생활이 보장될 수 있도록 하는 것) 담론, 사회화(국유화) 담론이 주변화된 상황에서는 노동운동의 정치적 확장이 제한될 수밖에 없었다. 이에 따라 복지국가의 대중적 동력도 그만큼 미약한 수준을 벗어나기 힘들었다. 김동춘은 반공 체제 특성이 시장에 맞서는 사회적 대항력을 제한해왔으며 따라서 복지국가를 지향하는 의제 제기와 정치적 경합이 분단 체제에서는 근본적인 한계를 가진다고 주장했다.[74]

신자유주의 국가가 확립된 뒤에도 그런 사정이 딱히 달라진 것은 아니었다. 한국에서 신자유주의는 냉전 질서를 약화시키기보다는 현상 유지하는 방향으로 작동했다. 신자유주의의 재벌체제와의 결합은 비정규직을 남용하고 노동 현장이 파편화되는 결과를 초래했다. 이는 극심한 불평등과 양극화를 낳았는데 그것은 곧 민주주의의 사회경제적 기반을 무너뜨리는 결과로 이어졌다. 신자유주의가 민주주의의 사회경제적 기반을 공격함으로써 냉전적 파시즘 질서가 민주화 이후로도 온존할 수 있었던 것이다. 그 점은 역대 민주당 정권의 평가에 있어 남다른 의미가 있다. 민주정부 기간에는 한편으로는 정치적 민주화 덕에, 그리고 남북 화해와 평화를 지향하는 대북 정책 덕에 냉전 질서의 약화를 경험할 수 있었다. 그러나 사회경제정책에 있어서는 신자유주의라는 잘못된 이념에 스스로 갇혀 있음으로 인해 불평등과 양극화 추세를 중단시키지 못했다. 이는 냉전 질서의 약화를 지연시키는 효과가 있었다고 볼 일이다.

---

74 김동춘, 「분단·전쟁 체제에서 복지국가는 가능한가」, 『평화복지국가』, 참여사회연구소, 2013.

그렇다면 한국에서 복지국가를 강화하려면 한국전쟁의 완전한 종전과 한반도 평화 체제 구축이 반드시 선행되어야 할까. 냉전의 해체 없이는 복지국가가 불가능한 것일까. 시각에 따라서는 한국의 복지국가는 평화 국가를 필수 조건으로 한다고 볼 법도 하다. 남북 관계가 경색되고 전쟁 위험이 고조될 경우 한국 사회의 개혁 의제는 쉽게 무력해지거나 보류되기 마련이니 그렇다. 적어도 분단 체제가 예측 가능한 범위 내에서 관리되지 않는다면, 그리하여 한반도 정세의 급변 가능성이 남아 있다면, 그 경우 국방지출 부담의 확대를 피하기 어렵다. 그렇다면 본격적인 복지 확충은 쉽지 않은 과제가 될 수 있다. 가령 증세를 통해 재정 총량의 제약을 극복하는 것의 정치적 부담이 큰 상황이라면 한국에서 복지국가는 군비 축소를 통하지 않고서는 쉽지 않을 수 있다.

그런데 한국전쟁이 국제적인 성격을 가졌던 만큼이나 오늘날의 분단 체제 역시 국제적인 성격이 있다. 동아시아 지역 내 분쟁 위기가 상존해 있고 역내 평화 체제의 구축이 어렵다면 그런 여건에서 한반도 평화는 실제로는 달성이 어렵다. 특히 미국의 패권 약화와 다극화 흐름의 출현을 배경으로 중국과 미국 간 갈등이 격화되면서 이른바 동아시아 대분단 체제에 기인하는 대결 구도가 강화되는 흐름에서는 남북 관계 역시 경색 국면을 벗어나기 어렵다. 중국과 북한 간 관계가 유동적이긴 하지만, 최근 중미 갈등을 핵심 축으로 하는 동아시아 대분단 체제의 영향이 한반도 분단 체제를 더욱 공고히 할 수 있다는 우려가 제기되는 대목이다.

어쨌든 분단 체제가 강화되고 경색된다는 것은 단순히 통일이 더 먼 미래 일로 미루어지는 정도로 그치지 않는다. 그것은 국가 내부적인 전쟁의 제도화로 인해 일상적인 민주주의가 훼손될 위험이 커진다는 뜻이다. 반공을 내걸었던 12.3 계엄과 같은 사건이 다시 발생하기 쉬워진다는 의미이다. 그런 여건에서 과연 한국의 민중은 복지국가를 어느 수준까지 달성할 수 있을까.

한편 복지 확대에 대한 현실적인 반대는 재정 건전성에 대한 우려와도 연관이 없지 않다. 그런데 그 대부분은 헛소리에 불과하다. 반복지주의자들이나 보수적인 재정학자들은 나중에 통일 비용이 많이 소요될 것을 대비해 복지지출을 억제해야 한다는 망발도 일삼는다. 통일 비용이 그렇게 걱정되면 군축부터 하면 될 일이다. 우리는 통일을 대비한다는 반복지주의자들이 통일 운동에 떨쳐나서는 모습을 본 적이 없다. 이런 웃기는 짜장도 다 분단 질서의 억압적 요소를 드러낸다.

우리는 적어도 이 사실 하나만큼은 분명하다고 합의할 수 있을까. 분단이 복지국가를 제한하고 있다는 것 말이다. 만약 그 사실에 대해 합의가 가능하다면 복지국가 운동은 한반도 평화 체제, 그리고 더 나아가 동아시아 평화 체제 구축을 위한 구체적 실천과 결합해야 마땅하다. 분단 극복의 전략이 결여된 복지국가 운동은 어쩌면 이상적인 구호에 그치고 마는 것일 수도 있다.

그런데 이런 생각에도 반론이 제기되어 왔다. 분단이 복지국가의 발전에 제약이 된다는 점은 인정하더라도, 통일이 안 되는 한 복지국가의 구현은 불가능하다고 볼 일은 아니라는 주장이다.[75] 당장 과거 서독처럼 분단 하에서도 복지국가를 실현한 사례가 있고 독일 통일이 독일의 복지국가 발전에 결정적이지 않았다는 지적이다. 과거에는 분단 상황을 복지국가 발전에 결정적인 장애 요인으로 받아들였지만 그 중요성이 이젠 많이 줄어들었다는 것이다. 우리도 예전에는 분단 체제에서는 민주화도 불가능하다고 여겼지만, 막상 그동안 민주화가 진전되었지 않나 하는 반문이다. 이태수의 주장을 옮기자면, "분단 프레임에 복지국가 세력이 스스로 매몰될 필요가 없다"는 이야기다.

일리가 있다. 통일은 점점 더 어려운 과제가 되고 있다. 평화 체제를 넘어서는 보다 적극적인 통일 실현이 진보 정치의 전략에 있어 꼭 필요한지에 대해서는 논쟁이 있을 수 있다. 통일이 어려워진

---

75 이태수, 「복지국가는 분단과 함께 불가능하기도 하고 가능하기도 하다」, 『평화복지국가』, 참여사회연구소, 2013.

다고 해서 그만큼 복지국가도 더 어려워진다고 볼 일만은 아닌 것 같다. 다만 더 고민할 대목도 있다. 분단 때문에 민주화가 불가능한 것은 아니다. 하지만 분단이 민주화를 제약하는 것은 틀림없다. 마찬가지다. 분단 때문에 복지 확충이 안 되는 것은 아니다. 하지만 분단이 복지국가 발전을 제약하는 것은 틀림없다. 그런 점에서는 목표로 하는 민주화의 수준이, 그리고 목표로 하는 복지국가의 수준이 어느 정도인지가 중요해 보인다. 제약 없는 민주주의, 제약 없는 복지국가를 기획한다면 분단 질서가 강제하는 부정적인 요소들을 어떻게 제어할 수 있을지 충분히 고민해야 한다.

제8장 **분단과 전쟁의 나라**

생각해 볼 문제

1. 오바마 정권, 트럼프 1기 정권, 바이든 정권과 현재 트럼프 2기 정권의 동아시아 전략 및 한반도 전략을 비교하시오.

2. 최근 트럼프 2기 행정부는 나토, 일본, 한국 등 동맹국을 대상으로 국방예산 증액을 요구하고 있다. 이로 인해 향후 전 세계적으로나 동아시아 역내에서나 국방지출이 늘어날 전망이다. 이와 같은 변화가 향후 한반도 정세와 한국 복지 정책에 어떤 영향을 미칠 수 있을까?

3. 분단 현실에서 반공의 국가 이념은 사회 세력 간 경합에 있어 정치적 우익과 자본가 계급에 유리한 지형을 제공해왔다는 지적이 있다. 그렇다면 87년 6월 항쟁과 7,8,9월 노동자 대투쟁은 그와 같은 분단 및 반공의 질서에 어떤 영향을 미쳤는가? 6월 항쟁은 직선제 개헌을 위한 것이었고 7,8,9월 투쟁은 임금 인상을 위한 것이었으니 분단이나 반공의 질서와는 무관했다고 할 수 있을까?

4. 최근 주한미군의 전략적 유연성을 둘러싼 한미동맹 현대화 논의가 한창이다. 이어지는 물음에 답하시오.

   - 한미동맹 현대화는 향후 동아시아 대분단 체제에 어떤 영향을 미칠 수 있을까?
   - 위 문항의 영향을 고려하면서 한반도 평화 체제 확립을 위한 방안을 제안해 본다면?

5 작은 정부를 지향하는 신자유주의 국가이면서 동시에 안보가 상위 국가 목표를 차지하는 안보 국가라면, 복지국가 강화와 평화 체제 실현을 위해 어떤 정책적 실천들이 필요할까?

6 다음은 백낙청의 분단 체제론이 내세우는 핵심 주장이다. 이 주장에 대해 자신의 의견을 밝히고 그 근거를 제시하시오.

> "분단 체제는 남북한 각각의 지배층의 이익에 기여하고 있다. 따라서 분단 체제의 극복은 남북한 각각의 내적 개혁과 변혁 없이는 불가능한 과제이다."

제9장

87년 체제

87년 정치 체제의 변화

53년 체제, 61년 체제, 87년 체제

한국사회에서 87년 체제는 87년 6월 항쟁을 계기로 형성되어 오늘날까지 이어지고 있는 정치 체제를 가리킨다. 87년 체제의 첫 번째 특징은 아래로부터 민중이 들고 일어나 군부 독재의 비민주적 권력 재생산 구조를 붕괴시킨 점에 있었다. 그 결과는 절차적인, 그리고 형식적인 민주주의의 제도화였다. 그러나 87년 체제는 절충적이고 타협적이었다. 조희연은 이른바 '민주개혁'의 관점에서 볼 때 87년 체제는 한편으로는 "민주개혁이 시대적, 국민적 과제가 된 체제"이면서 동시에 다른 한편으로는 "구체제의 프레임이 일정하게 구속력을 가진 형태로 작용하면서 민주개혁의 철저한 전개를 제약하는 체제"로 파악된다고 주장했다.[76]

정치 체제로서의 87년 체제의 두 번째 특징은 기존 지배 세력이

---

[76] 조희연, 「87년 체제 '97년 체제'와 민주개혁운동의 전환적 위기」, 김종엽 엮음, 『87년 체제론』, 창비, 2009.

청산되지 않았다는 점이다. 그들은 오히려 자신들의 기득권을 온존시키면서 구체제를 변형 재생산할 수 있도록 허용되었다. 민중의 힘으로 민주주의의 공간이 열리자, 과거의 친일 세력과 군부 독재 세력은 위로부터의 응전에 나섰고 세력 관계의 타협적 재편을 추구했다. 그 일환으로 직선제 개헌을 받아들였던 노태우의 6.29 선언과 민주개혁진영의 한 축을 담당해온 김영삼을 포섭해낸 3당 합당이 이루어졌다. 이로 인해 87년 체제의 민주주의는 매우 제한되고 굴절된 좌절의 길을 걸어야 했다.

87년 체제는 구체제 세력과 민주개혁진영의 힘의 균형 상태에서 출현한 정치 질서였다. 이에 따라 필연적으로 과도기적인 성격을 지닌 것이었다. 그 점은 최근 2024년 12월 윤석열 정권의 친위 쿠데타를 통해 다시 한 번 분명히 드러나기도 했다. 한국 정치에서 보수 양당 구조가 굳어지는 현상은 진보 정치로서는 너무나도 안타까운 일이 아닐 수 없다. 그러나 구체제 세력과 민주당 세력 중 어느 한 쪽도 상대방을 제압할 수 없는 87년 체제의 잠정적인 세력 지형을 고려한다면 양당 구조의 고착화에는 그럴 수밖에 없는 측면 또한 없지 않다고 볼 일이다. 다만 사회역사운동은 주체가 있는 점에서 자연의 변화와 다른 것인 만큼, 진보 정치로서는 기존 구조를 넘어서는 새로운 균형을 창출해내기 위해서도 그만큼 앞으로의 과제가 더 막중한 셈이다.

87년 체제에서 구체제 세력은 한국전쟁을 거치며 확립된 남한의 안보 국가와 전쟁 정치를 대변하는 세력이다. 즉 87년 체제에는 한편으로 '53년 체제', 즉 정전과 분단의 역사적 구조가 내장되어 있다. 또한 구체제 세력은 60년대 이후 개발 독재를 대변해온 세력이기도 하다. 즉 87년 체제에는 다른 한편으로 '61년 체제', 즉 권위주의 발전 국가와 재벌 체제의 요소들도 포함되어 있다. 이들은 53년 체제와 61년 체제의 낡은 유물이기에 이 책에서는 구체제 세력이라는 정체성을 부여한다. 일찍이 청산되었어야 마땅한 그 구체제 세력이 여전히 기득권 세력으로 남은 점에서 87년 체제는 한국사회의 제반 모순을 극복하지 못한 가운데 그 한계 내에서 민주주의를 진전시켜온 질서라고 할 수 있다.

다만 87년 체제에 대한 53년 체제와 61년 체제의 영향력이 동일하지는 않았다. 53년 체제의 유산은 87년 체제에서도 해소되지 않고 남아 있다. 그러나 61년 체제는 87년 체제에서 뚜렷한 변화를 겪었다. 61년 체제의 약화는 기실 87년 체제가 성립되기 전부터 시작되었다. 한국경제에서는 신자유주의 요소가 이미 1980년대부터 부분적으로 등장했고 김영삼 정권 시기에 본격적으로 도입된 바 있다. 이후 87년 체제에서 신자유주의적 전환이 완성되면서 61년 체제 요소는 변형과 재구성을 거쳤다. 그 변형과 재구성의 한 측면은 정권과 재벌 간 역관계의 변화와 직결되어 있었다. 재벌은 61년 체제에서는 정권의 하수인에 불과했으나 87년 체제에서는 위상이 달라졌다. 이른바 경제의 민간화가 초래한 변화였다.

87년 체제, 97년 체제, 2008년 체제

그런데 일각에서는 61년 발전 국가 체제와 97년 신자유주의 체제는 존재하지만 87년 체제는 아예 존재하지 않았거나 내지는 이미 소위 97년 체제로 전환하면서 소멸했다는 주장을 제기해왔다. 손호철[77], 정일준[78], 김호기[79]가 대체로 그와 같은 입장이다. 그에 대한 반론도 제기되어왔다.[80] 손호철 등의 주장은 61년 박정희 정권의 등장이나 97년 외환위기가 한국경제의 구조적 전환과 연관된 것인 반면 87년 6월 항쟁이나 7,8,9월 노동자 대투쟁은 한국경제의 구조적 전환과는 무관하며 생산양식 상의 어떤 변화도 가져오지 못한 순전히 정치적인 사건이었다는 시각에 근거한다. 87년 체제가 아니라 신자유주의의 전면화가 이루어진 97년 체제가 중요하며, 87년 체제를 강조하면 할수록 신자유주의 반대 투쟁의 중요성이 실천적으로 희석되고 만다는 식이다.

---

77 손호철 (2009), 「'한국체제' 논쟁을 다시 생각한다: 87년 체제, 97년 체제, 08년 체제론을 중심으로」 ≪한국과 국제정치≫ 25권 2호.

78 정일준 (2007), 「87년 체제는 없다」 제10회 비판사회학대회 발표문.

79 김호기 (2007), 「87년 체제인가, 97년 체제인가 : 민주화 시대에서 세계화 시대로」 ≪사회비평≫ 136권.

80 반론은 조희연·서영표 (2009), 「체제논쟁과 헤게모니 전략 - 손호철의 97년 체제론에 대한 비판적 개입」 ≪마르크스주의 연구≫ 6권 3호. 김종엽 (2010), 「87년 체제론의 관점에서 본 사회체제논쟁」 ≪민주사회와 정책연구≫ 17호.

이 문제는 왜 중요한가. 만약 87년 체제는 실체가 없고 97년 체제가 중요하다면 진보 정치로서는 신자유주의 세력이 주요 극복 대상이 된다. 그 경우 민주당은 신자유주의 진영의 일원이기에 연대 연합의 대상이 될 수 없다. 따라서 주요 선거에서 진보 정당의 독자 후보가 완주해야 옳다. 반대로 87년 체제의 실체가 있고 중요하다면 구체제 세력이 우선 극복해야할 대상이 된다. 그 경우 여러 한계 속에서도 어쨌든 87년 이후 민주개혁을 이끌어온 민주당은 연대 연합의 대상이 될 수 있다. 이른바 민주대연합의 논의가 가능해지는 것이다.

하지만 87년 체제의 사회경제적 실체를 부정하는 시각은 역사적 사실과 충돌한다. 97년 체제를 87년 체제와는 질적으로 다른 것으로 따로 구분해 신자유주의로의 사회경제적 구조 전환 과정이 1997년 외환위기 전에는 없었던 것처럼 가정한다면 그런 가정은 사실 관계에 부합한다고 보기 어렵다. 손호철 등의 주장은 지나치게 경제적인 측면만 강조하는 것도 문제적이다. 토대와 상부구조의 관련에 있어 토대의 역할만 앞세우는 경제 결정론에 가깝다. 그러나 경제학자가 보기에도 한 사회의 내적 변화는 그보다 훨씬 더 복합적인 것이어서 경제적인 측면만 강조할 일은 아니다.

그뿐만이 아니다. 손호철 등의 시각에 따르면 외환위기 직전까지 한국사회에서는 마치 61년 체제의 발전 국가 틀이 강고히 유지되었던 것처럼 해석된다. 하지만 61년에 있었던 사건 자체는 실은 박정희의 사적 권력 욕구에서 비롯되어 정치군인들의 무단 권력 찬탈로 끝맺어진 반공 쿠데타였을 뿐이다. 수출 지향적인 발전 국가라는 경제적 기획이 61년 쿠데타의 동기가 되었다는 증거는 전혀 없다. 오히려 반대로 87년에 벌어졌던 사건이야말로 사회경제적 지향을 둘러싼 갈등의 표출이었다는 사실에 주목해야 한다. 군부 독재 타도라는 정치적 지향은 단순히 정권을 군인이 이어가면 안 된다는 문제의식만 담고 있었던 것이 아니다. 그것은 유철규가 지적했듯이 군정 종식으로 상징되는 개발 독재의 청산, 경제의 민간화 요구로 이어진 점에서 사회경제적 변화에 대한 지향을 포함하고 있었다.[81]

조희연은 이와 관련해 민중 세력은 6월 항쟁의 결과로 획득한 민주주의를 사회경제적 차원으로 확장하고자 했으나, 자본 및 보수 세력은 이에 반대해 민주주의를 정치의 형식적 차원에 한정하려고 함에 따라 이들 양대 세력 사이에 이어진 대립을 강조한다. 하지만 이와 같은 이분법도 설득력이 떨어진다. 왜냐하면 87년 6월 항쟁에서 주된 전선은 군정 종식과 정치적 민주주의 회복을 둘러싸고 형성되었고, 사회경제적 민주주의로의 확장이 일차적인 요구로 제기

81　유철규 (2005), 「80년대 후반 이후 경제구조 변화의 의미」, 《창작과 비평》 130호.

되었다고 보기는 어렵기 때문이다.

이후 민주당으로 수렴되는 당시 민주개혁진영의 중심 세력은 시장 지향적인 체제 내 민주개혁을 추진했고 사회경제적 급진성을 제한하고자 했다. 6월 항쟁의 한 축을 담당했던 자유주의 세력이 사회경제적 민주주의로의 확장을 의도했다는 증거는 없는 것이다. 반면 아래로부터의 급진적 민주개혁을 꿈꾸었던 민중운동 세력은 민주개혁진영의 일원으로 항쟁의 선봉에 섰지만 이후 제도권 정치에서 독자적인 주체로 구성되지 못했다. 민주개혁진영은 시장 지향적 흐름과 민중운동 진영으로 분화되었다. 전자는 자본 및 보수 세력과 결합하면서 87년 체제의 수호자가 되었다.

그런 점에서 조희연의 인식은 시장주의적 민주개혁세력의 사회경제적 민주주의 지향을 과대평가하는 오류를 내포한다. 그와 같은 오류는 민주당이면 충분하다는 인식과 노동자 민중의 독자적 정치세력화에 대해 회의적인 시각으로 이어진다. 그러나 특정 국면에 주된 전선이 민주개혁의 진전을 둘러싸고 형성된다 하더라도, 그것이 곧 노동자 민중의 독자적 정치 세력화를 부정하는 근거가 될 수는 없다고 할 것이다.

그렇다면 87년 체제와 97년 체제는 어떤 관계에 있는가. 1997년은 외환위기와 정권교체라는 두 사건이 일어난 해였다. 외환위기는 기존 신자유주의화의 범위를 넓히고 속도를 가속시켰다. 그로 인한 사회경제적 영향은 심대했다. 정권교체는 구체제 세력의 권력 독점을 처음으로 실질적으로 정지시켰다. 그런 점에서 이 두 사건은 사회경제적으로, 그리고 정치적으로 87년 체제의 진정한 완성을 가져왔다고 볼 법하다. 87년 체제의 진정한 성격이 보다 뚜렷하게 드러나면서 97년 체제가 자기 모습을 갖출 수 있었던 것이다. 따라서 97년 체제는 87년 체제와 질적으로 구별할만한 것은 아니었다. 그보다는 87년 체제의 보다 고양된 단계였다.

신자유주의 세계화라는 여건을 배경으로 김대중 정권과 노무현 정권의 97년 체제는 수출 경쟁력 강화라는 재벌 독점자본의 요구에 순응하며 사회경제적 민주주의를 조정하고 제한했다. 민주개혁진영의 중심 세력이 97년 체제에서 자본과 결합한 것은 이중적인 한계 때문이었다. 첫 번째 한계는 정치 주체로서의 민주당의 계급적 한계였다. 두 번째 한계는 53년 체제의 영향으로 미국 대외 정책에 볼모로 잡힌 신세를 벗어날 수 없는 체제적 한계였다. 신자유주의와 세계화라는 대세를 거스르는 것은 곧 미국이 부여한 한계를 넘어서는 길이었다. 민주주의와 평화통일을 지향한다고 하지만 민주당으로서는 도저히 그런 선택을 내릴 수 없었다. 미국의 영향으로부터 벗어나야 한다는 자주화의 과제는 체제 전환을 위한 필수적인 조건이었다. 그와 같은 체제 전환의 기획이 민주당의 몫은 아니었다.

되돌아보면 김대중, 노무현 정권은 민주개혁 의제들을 구분해 골치 아픈 의제는 사실상 거부하는 '나중에' 접근법을 취해 왔다. 시민들의 정치적 기본권 보장, 언론 자유, 정보기관 개혁, 복지 확대, 기업 지배구조 개선, 남북 간 긴장 완화 등은 우선적으로 달성할 개혁 과제로 삼아 집권 기간 중 진전을 일구고자 했다. 그러나 재벌, 미국 및 국내 보수 세력과의 갈등이 격화될 수 있는 의제는 미뤄 왔다. 노동 영역에서는 노동 기본권의 제한을 제도화했고 노동조합의 정치활동 금지, 기업별 노동조합 체계 등으로 개혁의 진전을 억제시켰다. 특히 안보 국가와 전쟁 정치를 뒷받침해온 분단 체제의 핵심 제도인 국가보안법은 철폐로 나아가지 않았다. 그런 와중에도 재벌과 미국의 신자유주의 세계화에 대한 요구는 적극 수용했다. 자본 질서와 분단 질서는 민주정부의 개혁을 한계 지었다. 정권은 재벌과 미국이 민주개혁 정권에 그어놓은 선을 넘지 않았다. 민주주의는 점점 더 형식화되었다.

신자유주의의 사회경제적 영향은 당장 심각한 양극화로 나타났다. 노무현 정권은 양극화에 대응하는 적극적인 사회 정책을 구사하지 못했다. 급진적인 비시장적, 탈상품적 민주개혁 의제는 배제되었다. 그래서는 신자유주의의 폐해를 더 이상 벗어날 길이 없다. 민주당의 제한된 민주개혁은 병목 지점을 맞았다. 개혁의 진전이 멈추었다. 새로운 출구가 보이지 않았다. 97년 체제는 그렇게 위기를 자초했다. 자연스럽게 민주개혁진영의 지지 기반이 이완되었다.

민주당은 나중에 박근혜 탄핵 후 제3기 민주정부 문재인 정권이 들어서면서 비로소 소득주도성장이라는 이름으로 경제 패러다임의 전환을 시도했다. 중간 계급 정당이 된 민주당은 탄핵 광장이 열리며 계급 간 역관계가 변하자 준비되지 않은 상태에서 의도치 않게 민중의 급진적인 개혁에 대한 열망을 받아 안게 되었다. 흥분의 도가니에서 잠깐 동안은 그것이 새로운 출구로 보였다. 그러나 그 길은 기존 민주당 정책에 비하면 잠재적으로 근본적인 민주개혁에 보다 가까운 것이었기에 이미 기득권화된 민주당이 갈 수 있는 길은 아니었다. 그러자 민주당은 소득주도성장의 개념을 왜곡하고 축소시켰다. 그러다가 결국 스스로 포기했다. 개혁은 다시 좌초되었다. 정권을 구체제 세력에게 내준 뒤 2022년 8월 16일 민주당의 당강령에서 소득주도성장은 삭제되었다.[82]

반대로 김대중, 노무현의 민주정부 십년간 권력에서 배제되면서

---

82 이와 관련해 다음 글을 참조할 수 있다. 나원준 (2022), 「임금주도성장의 논리와 그 한국적 변용의 의의와 한계」, ≪경제와 사회≫ 제135호.

독이 오를 대로 오른 구체제 세력은 경제 성장에 대한 대중들의 비뚤어진 열망을 포퓰리즘적으로 동원하는 데 성공했다. 그들은 한편으로는 신자유주의를 강화하면서 다른 한편으로는 87년 체제의 민주개혁 성과를 공격했다. 그렇게 구체제 세력의 총반격이 개시되었다.

구체제 세력은 권력 상실의 절망 속에 제도 정치 내에서, 시민 사회 내에서, 그리고 국가 기구 내에서 저항을 결집시켜갔다. 2007년 말 대선에서 민주개혁진영은 구체제 세력에 권력을 내줬다. 민주정부의 97년 체제가 막을 내리자 결과적으로 정치적 억압의 요소도 함께 부활했다. 이명박, 박근혜 정권에 의한 구체제 세력의 재집권은 일종의 역류逆流였다. 시대정신이었던 민주주의가 위기에 봉착했다. 87년 체제에 내재해 있던 잠정적 성격이 그렇게 드러났다. 그간의 민주개혁의 성과마저 하나씩 하나씩 되돌려졌다.

구체제 세력이 보수 개신교, 뉴라이트 등과 결합하면서 능동화되었던 반면 민주당은 전진도 후퇴도 할 수 없는 현상 유지 세력으로 전락하고 말았다. 87년 체제는 민중의 정치적 진출에 의해 세워졌다. 그러나 역설적이게도 87년 체제는, 체제가 정한 경계선을 넘지 못하게끔 민중의 더한 역동적인 진출에 스스로 제한을 가했다. 그렇게 체제는 내부에서부터 무너져 내렸다. 민주개혁의 제한 없는 확산은 오직 민중운동에 기초한 진보 정치에 의해서만 가능했고 그것은 필연적으로 87년 체제의 발전적 극복을 지향하는 것이었다. 그러나 그와 같은 민중의 열망은 준비된 정치적 리더십과 결합되지 못한 채 좌절되었다. 97년 체제가 무너진 자리에 2008년 권위주의 체제가 들어섰다.

한국경제 노동 체제의 변화

87년 체제와 87년 노동 체제

한 사회에서의 노동 관련 제도들, 노동 시장, 노동 정치, 노사 관계, 노동 운동 등은 서로 연결된 하나의 전체적인 시스템처럼 파악하는 것이 유용할 수 있다. '노동 체제'[83] 개념이 그런 목적으로 활용되어 왔다. 그런데 한 사회의 노동 체제가 그것 자체로 외따로 존재하지는 않는다. 노동 체제는 다시 해당 사회의 정치 경제 질서와 밀접한 상호 연관을 맺는다. 그런 점에서 노동 체제는 한 사회에 있어 하나의 '하부 체제'가 된다.

예를 들어 박정희 정권이나 전두환 정권 당시 정치 체제를 신식민지 군부 파시즘, 경제 체제를 재벌 중심의 종속적 발전 국가로 특징지을 수 있다면 그와 같은 연관 하에서 하나의 하부 체제로서 노

---

[83] 노중기 (2010), 「민주화 20년과 노동사회의 민주화」 ≪기억과 전망≫ 22호. 그리고 노중기 (2020), 「노동체제론의 재구성: 종속 신자유주의 노동체제를 중심으로」 ≪경제와 사회≫ 127호.

동 체제는 초과 착취를 위해 노동자들의 아래로부터의 요구를 억압하는 권위주의 체제로 분류할 수 있다. 노동은 보호의 대상이 아니라 배제의 대상이었다. 심지어는 87년 7,8,9월 노동자 대투쟁 당시 '두발 자율화', '복장 자유'가 구호였을 정도로 반[反]인권적인 병영적 노동 통제가 극심했다.

87년 노동자 대투쟁은 한국 노동 체제의 그와 같은 모습을 변화시켰다. 노동 체제의 모순이 폭발하면서 전국적으로 1,300여개의 노동조합이 조직되었다. 노동자 대투쟁은 직접적으로는 6월 항쟁을 계기로 촉발되었다. 6월의 투쟁으로 정치적 공간이 열리자 한국 사회는 과거의 계급 간, 사회 세력 간 역관계의 균형이 급격히 변화되기 시작했다. 노동자 대투쟁은 그와 같이 흔들리는 계급 지형에서 자생적으로 터져 나왔다. 그리고 노동자 대투쟁을 거친 결과, 노동 정치와 노동 운동을 둘러싼 지형이 다시 완전히 바뀌었다. 한국의 노동 체제는 그렇게 과거 권위주의 체제로부터 87년 노동 체제로 이행하면서 재구성되었다.

87년 노동 체제는 87년 체제의 하위 체제에 해당했다. 87년 체제가 민주개혁진영과 구체제 세력 간 힘의 균형 하에 형성된 절충적인 과도기 체제였기에 87년 노동 체제에서도 과거의 유산이 질긴 생명력을 이어갔다. 다소간의 변화에도 불구, 자본과 자본가 국가의 노동 지배는 기본적으로는 억압적인 성격을 이어갔다. 안보 국가 특유의 성장주의 논리에 따라 분단 질서와 자본 질서가 결합하면서 시민 사회 내부적으로 반(反)노동 이데올로기가 팽배해 있던 실정도 한몫 했다. 그것은 체제 전환이 불완전했던 탓이었다. 물론 87년 노동 체제가 지배적이었던 기간 중에도 다시 하위 기간마다 계급투쟁의 수준이 달랐고 시민사회 내 세력 관계가 변동을 거듭했다. 이에 따라 노동 체제의 특징 역시 하위 기간마다 사뭇 다른 양상을 띠곤 했다.

87년 노동 체제와 97년 노동 체제

87년 체제는 상이한 정치적 이상이 경합하는 공간이었다. 그런데 상이한 정치적 구상과 계획에는 상이한 사회경제적 함의가 내장되어 있기 마련이다. 87년의 열려진 공간에서 한국사회의 정치적 진화 방향은 처음에는 민주개혁과 분단 질서 약화의 확정적 추세가 지배했다. 그러나 20년이 경과한 시점부터는 권력 자원을 재편성한 구체제 세력의 반동으로 그와 같은 추세가 도전 받았다. 이런 정치적 진화와는 달리 사회경제적 진화는 처음에는 방향성 자체가 모호했다. 그랬다가 10년의 계급 전쟁 끝에 IMF 사태를 계기로 신자유주의가 전면화하면서 방향성이 확정되었다. 이와 같이 87년 체제는 한편으로는 큰 틀에서 통일성이 있지만 그러면서도 각각의 하위 체제마다, 즉 각 영역마다 고유의 진화 논리를 가진 채 접합되어 있다고 볼 일이다. 그 점에 있어서는 노동 체제도 마찬가지다.

노동 체제에 대한 한국노동연구원의 몇몇 연구 결과[84]를 살펴보면, 한국의 노동 체제는 1987년을 거치며 질적 변화를 겪어 87년 노동 체제가 형성되었고 이후 1997년을 기점으로 87년 노동 체제가 신자유주의적 요소의 확대라는 진화 과정을 겪었다는 입장으로 읽힌다. 앞에서 살펴보았듯이 한국에서 신자유주의 유연화는 이미 1980년대부터 싹을 틔웠고 김영삼 정권 기간에 강화되었으며 IMF 사태를 계기로 전면화했다. 그렇게 보면 97년 이후의 노동 체제가 87년 노동 체제로부터 질적으로 달라진 것은 아니었다. 그보다는 87년 노동 체제 기간을 하위 기간으로 구분해 97년 이전과 이후로 가르는 편이 더 적절할 수 있다. 1987년에 시작된 민주주의 이행기를 기점으로 형성된 노동 정치와 노사 관계의 현실과 과제가 이후 40년 가까이 여태껏 한국 사회에서 규정적 영향력을 행사하고 있다는 뜻이다.

이상의 관점은 1987년부터 10년간의 한국 노동 체제를 군부 독재 치하의 권위주의 노동 체제가 연장된 것으로 파악하는 노중기나

---

[84] 장홍근·김세움·김근주·정흥준·박준식 (2016), 『대안적 노동체제의 탐색: 1987년 이후 30년 한국 노동체제의 구조와 동학』, 한국노동연구원. 그리고 장홍근·박명준·정흥준·정승국·박준식·전병유·강성태 (2017), 『1987년 이후 30년: 새로운 노동체제의 탐색』, 한국노동연구원.

조효래[85]의 관점과는 차이가 있다. 노중기나 조효래의 주장을 해석하면 한국의 노동 체제는 1997년을 기점으로 신자유주의 노동 체제로 질적인 단절을 겪었다. 그러나 그와 같은 주장은 IMF 사태 이전부터 한국경제가 이미 신자유주의로의 길을 걸어왔다는 역사적 사실에 부합하지 않는다. 신자유주의 노동 체제가 1997년의 질적 단절을 거쳐 비로소 성립되었다는 주장으로는, 87년부터 97년까지 10년간의 계급투쟁이 갖는 의미에 대해 정당하게 평가하기도 어렵다. 왜냐하면 한국 노동자 계급은 그들이 말하는 신자유주의 노동 체제가 성립되기 이전부터 이미 신자유주의에 맞서 싸웠기 때문이다.

노동 체제 측면에서 87년은 권위주의 체제의 일각이 무너진 시점이었다. 이후 이른바 87년 노동 체제는 권위주의 요소와 신자유주의 요소가 혼재된 성격을 가졌다. 97년은 이 중 후자인 신자유주의 요소가 지배적 측면으로 자리 잡은 시점이었다. 하지만 97년 이후에도 권위주의 요소가 사라지지는 않았다. 노동 영역에서는 일반 제도 정치 영역에 비해서도 민주개혁의 속도와 범위가 더 더뎠고 더 좁았다. 비정규직, 간접고용, 특수고용, 불안정 노동자들의 노동 기본권 확보 투쟁은 2025년 바로 오늘의 일이다. 현실은, 노동 기본권 정도는 보장된 가운데 신자유주의적인 시장 질서로 노동이 규율

---

85 조효래 (2018), 「1987년 이후 민주 노조운동의 동학」, 《산업노동연구》 제24권 제1호.

되는 체제와는 거리가 먼 것이다.

87년 노동 체제와 97년 노동 체제 사이에 질적 단절을 상정하기보다는 97년 노동 체제를 87년 노동 체제의 하위 개념으로 파악하는 편이 자연스럽다. 그럼에도 불구하고 87년 노동 체제와 97년 노동 체제 간 질적 차이를 애써 강조하고자 한다면 그것은 민자당 계열과 민주당 계열의 정치 세력으로서의 차이를 부인하려는 시각과 연결된다. 97년부터 번갈아 집권해온 두 세력 모두 신자유주의 세력이라는 공통점이 있는 탓이다. 사실 그 두 세력은 노사 관계 법치주의라는 이름으로 국가 폭력을 주요 개입 수단으로 활용해온 점에서도 닮았다.

반대로 87년 노동 체제를 97년 노동 체제의 상위 개념으로 간주하는 시각에서는 민주적인 노동 개혁은 국가 전체 차원의 민주개혁 의제의 한 분야가 된다. 그런 점에서 제도적으로 민주개혁을 추진하는 세력과 퇴행적으로 민주개혁에 반대하는 구체제 세력 간 차이를 덮어놓고 무시하기는 어렵다. 한쪽은 계급 타협과 사회적 합의에 절차적 의미를 부여하면서 우선적으로는 신자유주의 확대와 민주적 제도 개혁 사이에 균형을 추구하는 입장이라면, 다른 한쪽은 반反노동 관점에서 신자유주의 확대를 공격적으로 추구하는 점에서 차이가 없지 않아서다. 한국노동연구원의 관련 보고서들은 이 중

87년 노동 체제와 97년 노동 체제 사이에 질적 단절보다는 연속성을 강조하는 쪽에 가깝다.

그런데 한국노동연구원이 제시하는 다른 내용 중에는 진보 정치 입장에서 선뜻 동의하기 어려운 지점들이 적지 않다. 87년 노동 체제의 노동 시장이 이중 구조를 넘어서서 구조적으로 분절이 심화되고 있다는 지적은 정확하다. 그런데 노동 시장 분절과 이에 따른 노동 시장 불평등이 대기업 정규직 노동자들의 조합주의 때문이라는 인식에는 진실을 왜곡하는 측면이 있다. 노동 시장 분절은 일차적으로 신자유주의 노동 유연화 정책의 산물이다. 따라서 그 책임은 노동 유연화에 사활을 걸어온 재벌과 신자유주의 국가에 먼저 물어야 옳다.

한국노동연구원이 노사정 간 사회적 대화에 상당한 가치를 부여하는 것에 대해서도 수긍할 지점은 있다. 하지만 사회적 대화가 왜 제대로 작동하지 않는지에 대한 원인 규명은 부족하다. 노동 운동으로서는 계급 간 타협 자체가 미덕일 수는 없다. 산업 평화와 조업 유지가 어떻게 노동자 계급의 목적일 수 있겠는가. 사회적 대화를 산업 평화의 달성 수단으로 여기는 것은 논의 구조가 이미 기울어있음을 의미한다. 그런 사회적 대화에 민주노조운동이 적극 참여하라고 요구해서는 안 된다. 노동이 참여하는 사회적 대화는 민주화의 마지막 성역인 노동 과정과 작업장 현장의 민주주의, 즉 산업 민주주의를 증진하기 위한 목적으로 조직되어야 마땅하다. 민주노조운동의 전투적 쟁의가 개혁을 어렵게 한다는 인식은 타당하지 않다. 역대 민주당 정권의 말로만 소위 '노동 존중'도 그 수준을 넘어선 적 없다.

87년 노동 체제 1기: 노태우 정권, 김영삼 정권

한국의 87년 노동 체제에는 종속적 재벌체제의 모순이 내재되어 있었다. 80년대 말경에는 고도성장의 배경이었던 3저 호황이 막을 내리면서 부동산 가격이 폭등하고 인플레이션이 구조화되었다. 이와 같은 경제적 변화는 초기 87년 체제의 물적 토대를 위협했다. 저임금에 기대어온 축적 구조가 한계에 봉착했다. 이는 민중 생존권의 위기로 이어졌다. 분배 개선을 요구하는 민주노조운동의 저항은 필연적이었다.

87년 노동 체제 1기에 해당하는 노태우 정권과 김영삼 정권은 복수 노조 금지, 제3자 개입 금지, 노조 정치 활동 금지, 공무원과 교원의 단결 금지의 4대 악법을 유지했고 민주노조운동에 대한 무자비한 파쇼적 탄압을 일삼았다. 87년 6월 이후 사회 전반적으로는 민주주의가 진전되었지만 그 와중에도 노동 영역만큼은 민주개혁에서 예외였다. 당시 정권은 노동을 배제한 민주화를 밀어붙였다. 민주노조운동은 3당 합당 반대에 나서며 정치 투쟁의 최전선을 지켰고 통일 운동에 적극 결합했다. 전투적인 민주노조운동이야말로 정권의 역행을 막는 최후의 보루였다. 그럼에도 최장집은 민주노조운동의 과도한 전투성이 전반적인 민주화에 걸림돌이 되었다고 억지 주장했다.[86]

김영삼 정권은 1996년 들어 최초로 사회적 대화를 시도했다. '노사관계개혁위원회'라는 명칭을 가진 기구를 통해 자본의 신자유주의 유연화 요구와 노동의 노동 악법 철폐 및 민주노조 합법화 요구를 맞교환하려는 시도였다. 김영삼 정권의 사회적 대화 시도는 그 해 말 정권의 날치기 노동 개악과 이에 맞선 겨울 총파업으로 무산되고 말았다. 그러나 87년 노동 체제 2기에 해당하는 김대중 정권, 노무현 정권의 사회적 합의 전략으로 계승되었다.

87년 노동 체제 2기 : 김대중 정권, 노무현 정권

한국 87년 체제의 민주정부는 민주주의 확대 및 복지 확충과 신자유주의화를 병행 추진했다. 그 점은 서유럽이나 미국의 과거 신자유주의화 경험에서는 찾아보기 어려운 한국만의 특징이었다. 이

---

[86] 최장집 (2005), 『위기의 노동』 후마니타스.

는 복지국가 경험이 없는 가운데 신자유주의 전면화로 노동 시장 양극화가 빠르게 진행되면서 사회적 완충 장치에 대한 요구가 한국 사회에서 그만큼 컸다는 증거다.

다만 민주정부 십년간 노동 분야 민주개혁 의제는 노동 유연화 의제와 뒤엉키면서 변질되는 경우가 적지 않았다. 노동 시간 단축이 변형근로시간제 확대로 귀결된 사례나 기간제 노동자 보호 명분의 입법이 비정규직 양산을 낳은 사례가 대표적이었다. 노동 기본권의 확보를 위한 민주개혁과 유연화라는 두 과제는 여러 면에서 서로 충돌하는 관계를 피할 수 없었다.

87년 노동 체제의 가장 두드러진 특징은 '노사정위원회'라는 합의 기구의 운영에서 찾을 수 있었다. 민주정부는 노동 영역의 민주개혁과 신자유주의 노동 유연화라는 모순적 요구 사이에 균형을 유지하는 수단으로 노사정위원회를 이용했다. 정권 입장에서 노사정위원회는 노동 측이 요구하는 민주주의적 노동 개혁을 제한적으로 수용하면서 그 반대급부로 자본 측이 요구하는 신자유주의적 조치를 정당화하려고 했다. 민주노총의 노사정위원회 참여는 그 점에서 악용될 소지가 농후했다. 정권이 민주노총과 한국노총을 갈라치기해 민주노총을 사회적으로 고립시키는 데에 이용한 측면도 있었다.

그럼에도 불구하고 노사정위원회가 신자유주의에만 고유한 국가 장치가 아니라는 점에 대해서는 고민이 필요하다. 노사정위원회 자체가 신자유주의 기구는 아니다. 복지국가 경험이 없는 안보 국가 한국에서는 노동자 계급을 참여시키고 통합시키는 장치가 부재했다. 그런 배경에서 민주정부로서는 신자유주의 확대를 밀어붙이되 그 범위와 속도를 노동 부문 민주개혁 의제의 실현에 어느 정도 연동시킴으로써 최소한의 명분은 잃지 않으려고 했던 것이다.

그러나 2000년대 중반에 들어서면 민주정부와 삼성을 위시로 한 재벌들 사이에 새로운 신자유주의 동맹이 형성되기에 이르렀다. 한미 FTA 추진이 그 대표적인 징후였다. 그렇게 된 배경이 있었다. 정권은 기본적인 민주개혁 과제는 이제 어느 정도 마무리되었다고 판단했다. 보다 근본적인 사회경제적 개혁 과제에 대해서는 선을 그었다. 민주정부는 예견되었던 계급적 한계를 드러냈고 민주개혁은 추진력을 잃었다. 민주당이 현상 유지 세력으로 전락한 것이었다.

87년 노동 체제 3기 : 이명박 정권, 박근혜 정권

민주당 계열이 집권하든 구체제 세력이 집권하든, 노동 유연화와 노사 관계 법치주의는 87년 노동 체제를 관통하는 공통점이었다. 노동 유연화는 상시적인 구조조정과 정리해고 제도화, 비정규직 확대와 노동 시장 분절, 민영화, 외주화 등으로 나타났다. 노사 관계 법치주의를 위해서는 단체행동권에 대한 협소한 해석에 기초한 쟁의 행위 불법화와 경찰력 투입 등 노골적인 국가 폭력, 국가보안법 위반이나 업무방해죄의 적용 및 손해배상 가압류 위협 등 수단이 활용되었다. 노동조합의 쟁의 행위에 대한 가혹한 대응에 있어서나 재벌의 불법 행위에 대한 관대한 처분에 있어 민주정부는 이전 노태우, 김영삼 정권과 크게 다르지 않았다. 노동 귀족, 철 밥그릇이나 노사 협조주의와 같은 이념적 공세도 마찬가지였다.

그러나 구체제 세력이 재집권한 2008년부터는 노동 정치의 지형이 다시 매우 단순해졌다. 민주개혁 의제는 사라졌다. 노사정위원회는 완전히 자율성을 상실했고 무의미해졌다. 구체제 세력은 사회적 합의를 통한 민주개혁에 적대적이었다. 민주노총으로서도 허울뿐인 사회적 합의 기구에 참여할 이유가 없었다. 복지국가의 후퇴도 역력했다. 민주정부 10년은 한국 역사상 처음으로 공적 복지가 나름의 체계를 갖추며 제도화된 시기였다. 그러나 이명박, 박근혜 정권 기간에 들어서면 복지국가는 다시 위축되었다. 사회경제적 차원의 민주주의는 그나마 미약한 진전마저 멈췄다.

2008년 이후 정보기관의 사찰과 개입 등으로 정치적 민주주의는 후퇴를 거듭했다. 그런 와중에 신자유주의는 한층 공세적으로 제한 없이 추진되었다. 노동 유연화에 더는 어떤 사회적 합의도 필요치 않았다. 노사 관계 법치주의는 더욱 강화되었고 자본에 일방적으로 유리한 구조가 자리 잡았다. 2009년 쌍용자동차 정리 해고 과정에서는 불법적인 국가 폭력이 자행되었다. 2011년에는 권력 기관이 유성기업 사측과 공모해 용역 폭력을 사주하며 노동조합 파괴에 나서는 일마저 벌어졌다. 정권은 복수 노조 창구 단일화와 공무원 및 교원의 노동 기본권 박탈에도 서슴없었다.

궁극적으로는 구체제 세력이든 민주당 계열이든 양대 정당 간 차이는 크지 않았다. 노동 운동의 사회적 개입을 확대해가야 한다는 점, 그리고 독자적인 진보 정치의 역량을 키워야 한다는 점은 그래서도 더욱 분명하다. 하지만 그렇다고 양대 정당 간 차이점을 간과할 일만도 아니다. 이미 많은 노동조합이나 연대체, 시민사회단체들이 민주당을 경유하는 입법적 실천에 주력해온지 오래다. 민주개혁진영의 중심 세력으로서 민주당과 절연할 수 없는 것은 87년 체제가 갖는 근본 한계에 가깝다. 오히려 관념적 절연이야말로 현실적 개혁의 전망을 도외시하는 길일 수 있다. 막연한 낙관이 답이 아니듯 숙명적 비관도 마찬가지로 좋지 않다. 사회적 합의에 있어 유연화가 전제된 구도라면 민주노조운동이 이용당할 위험이 크지만, 유연화가 전제되지 않은 구도를 창출해내는 것도 우리 운동의 실력일 터이다. 그리고 그 실력을 쌓기 위해서는 현장에서의 의식화 조직화 못지않게 정당 정치 역시 중시해야 한다는 것이 진실일 터이다.

이명박, 박근혜 정권 기간 동안 민주노조운동은 정권의 노동법 개악 시도에 강력히 저항했다. 산별 전환이 형식적으로나마 마무리되면서 미조직 부문을 중심으로 한 전략 조직화에 주력했고 비정규직 철폐 투쟁에도 적극 나섰다. 민주노총은 다양한 사회적 의제에 결합하면서 정치 투쟁도 강화했다. 광우병 촛불, 제주 해군기지 반대, 밀양 송전탑 반대, 국정 교과서 저지, 언론 장악 반대, 한일 과거사 문제 및 위안부 대책, 국정원 대선 개입 규탄, 사드 반대, 세월호 진상 규명, 박근혜 퇴진 촛불 등은 하나같이 민주노총에 의해 주도되었다. 계급적 저항으로 신자유주의 반대 기조를 분명히 하면서도 전반적인 민주개혁 의제에 있어서까지 민주노조운동이 선봉에 섰던 것이다.

박근혜 정권을 태워버린 촛불 항쟁은 구체제 세력에 대한 심판 성격이 강했다. 촛불 항쟁에 나섰던 한국 민중이 민주당을 심판과 극복의 대상으로 여겼다고 볼 여지는 없었다. 그보다는 상처뿐인 87년 체제의 민주주의를 지켜내겠다는 시민적 의지가 더 강했다. 하지만 그럼에도 불구하고 촛불은 '헬 조선'을 고발하는 것이었다. 신자유주의에 대한 반대 지향도 담고 있었다. 87년 체제의 수호와 체제 전환이라는 모순적 과제가 촛불 속에서 결합된 셈이었다. 그것은 또한 한국의 진보 정치에 숙명적으로 맡겨진 이중적 과제이기도 했다.

12.3 계엄

한국전쟁의 오랜 그늘에 갇혀온 한국 사회에서 군부 파시즘의 억압이 극에 달하자 민중은 6월 항쟁과 그해 7·8·9월 노동자 대투쟁으로 저항했다. 그 과정의 세력 관계 변화를 배경으로 87년 체제가 등장했다. 87년 체제로의 이행은 구체제의 이완을 낳았다. 힘에 밀린 구체제 세력은 제도 정치 영역에서 민주당 계열의 집권을 허용하는 절충을 택했다. 불가능해 보였던 정권 교체는 1997년 외환위기 사태를 계기로 현실이 됐고 이후 10년간 절차적 민주주의의 진전과 남북 간 긴장 완화로 87년 체제는 안착에 성공했다.

그러나 87년 체제는 불완전한 승리의 소산이었기에 타협적이고 과도적이었다. '신식민지 파시즘'이라고 부르던 구체제의 이완도 전체 사회 구성을 이루며 접합된 하부 체제마다 양상이 불균등했다. 남북관계는 온탕과 냉탕을 오갔으나 국가보안법이 강제하는 한계는 역력했고 구체제 세력의 2008년 재집권을 계기로 다시 경색

됐다. 노동 체제는 전노협과 민주노총의 출범, 해방 이후 최대 규모였던 1996년 겨울 총파업으로 상징되는 87년 체제 첫 10년의 계급투쟁을 거친 후 외환위기 사태로 신자유주의 전면화에 길을 내주고 말았다. 신자유주의의 극복을 위한 민주노조운동의 대항 담론 제시가 당시 미흡했던 가운데 노동과 자본 간 세력 균형이 무너졌다.

노동 체제에 있어 구체제 세력과 민주당 사이에 질적인 차이를 찾기는 어려웠다. 노동 유연화로 구조조정과 정리해고, 외주화가 일상이 됐고 비정규직과 각종 불안정 노동의 사용이 확대됐다. 다만 한국의 신자유주의 노동 체제는 저임금 장시간 노동의 초과 착취를 지속하려는 재벌과 제국주의 금융자본의 선택이었기에 역설적이지만 구체제로부터 물려받은 파쇼적 억압도 동시에 강화됐다. 노조의 단체행동에 공권력이 개입하는 가혹한 국가폭력 사례가 이어졌다. 수많은 노동자들이 노동기본권 사각지대의 무권리 상태에 고착됐고 노조 활동은 손해배상 가압류와 업무방해죄 적용으로 재갈이 물려졌다. 산업재해의 사망 대열은 끝이 없었다. 87년 체제의 민주주의도 공장 문 앞에서는 멈추었다.

세력 균형의 재편은 2016년 겨울의 일이었다. 개성공단 폐쇄, 철도 파업 진압, 민주노총 침탈, 양대 지침의 노동개악 등 박근혜 정권 공안 통치의 폭압이 극에 달하자 민중은 다시 촛불을 들었다. 수세에 몰렸던 노동이 반격을 재개했다. 광장에서는 '최저임금 1만원' '재벌도 공범'과 같은 구호가 함께 울려 퍼졌다. 촛불의 신자유주의 반대 지향은 문재인 정권 초기 소득주도성장 시도로 연결되었다. 박근혜 탄핵이 초래한 잠정적인 역관계 변동 덕분이었다.

한편 구체제 세력은 한국 사회를 질식시켜온 극우 이념이 시민들 사이에서 점차 무력해지는 현상을 목도하면서 정치 자원의 재구성에 나섰다. 과거에 그들은 반공 교육, 교련, 관제 데모 같은 국가 장치를 이용해 시민들의 내면을 지배했지만 87년 체제에서 그런 통치는 불가능하거나 한계가 있었다. 그들은 뉴라이트에 의한 역사 패러다임 재정립과 보수 개신교와의 재결합을 통한 우익 대중 동원을 대안에 포함시켰다. 멸공은 혐중으로 확장됐다. 구체제 세력의 새 정치 자원은 박근혜 탄핵 시점에 실체를 드러냈다.

촛불의 힘으로 바뀐 노동과 자본 간 세력 균형은 곧 다시 무너졌다. 문재인 정권은 광장에서 조기 철수한 뒤 개혁 실패로 구체제 세력에 정권을 내줬다. 윤석열 정권은 건폭 몰이 등 노동 탄압과 긴축 정책의 폭주를 거듭했고 남북관계를 87년 체제 이전으로 역주행시켜 전쟁 위기를 자초했다. 반동은 거기서 그치지 않았다. 구체제 세력은 12·3 계엄을 통해 최종적으로 제도 정치 영역마저 87년 이전 질서로 되돌리려는 복고를 감행했다. 통합진보당을 강제 해산시킨 그들에게 다음 타격 목표는 민주당이었다. 12·3 계엄은 파시즘 정치의 논리적 수순이었다. 87년 체제를 지탱해온 불안했던 타협이 깨지는 순간이었다.

 2016년 겨울 촛불은 미완의 것이었다. 그 촛불이 2024년 겨울의 응원봉으로 부활했다. 광장의 요구를 모아낼 진보 정치는 그러나 이번에도 미약했다. 촛불의 반대편은 그대로 응원봉의 반대편이 되었다. 싸움의 상대는 그 때 그 사람들 그대로였다. 2016년에도 2024년에도 그 싸움은 87년 체제가 청산하지 못한 과거와의 싸움이었다. 과거의 사람들은 이 사회에서 오랫동안 다수였고 지금 이 순간에도 정권만 내줬을 뿐 그들은 사회 곳곳에서 권력을 갖고 있다. 기득권은 그들 것이다. 촛불에 패배했던 기억으로 순순히 물러나지 않았던 그들은 한국전쟁의 그늘에 스스로를 가둔 채 2024년 12.3 계엄을 일으키고 2025년 1월 19일 극우 세력의 서부지법 난동을 조종해 우리 시대의 불완전한 민주주의마저 회수하려고 들었다. 그것은 87년 체제를 끝내 뒤엎고 87년 이전으로 복귀하고자 했던, 구체제 세력의 백색 테러였다. 아직도 끝나지 않은 싸움이다.

제9장 87년 체제
생각해 볼 문제

1 다음 주장에 대해 평가하시오.

> 시민들의 정치적 기본권과 같은 민주개혁 의제에 비하면 국가보안법 철폐 과제는 지지 기반이 협소하고 보수 세력이 절대적으로 반대하므로 단계적으로 접근할 일이라고 볼 여지가 상당하다. 따라서 국민적 합의를 충분히 이끌어내지 못하는 이상 국가보안법 철폐는 시도해서는 안 된다.

2 지난 12.3 친위 쿠데타라는 구체제 세력의 도전에 맞서며 광장에서는 87년 체제를 수호하자는 대중적 요구와 함께 87년 체제를 극복하자는 목소리도 동시에 제기되었다. 진보 정치는 87년 체제에 대해 어떤 입장을 가져야(가졌어야) 하는가? 단, 다음 진술을 참고하라.

> 광장은 87년 체제에서 지켜내고자 하는 가치와 87년 체제의 한계 지점을 동시에 인식하고 있었다. 87년 체제에서 어떤 점을 지켜내고 어떤 점을 개혁으로 넘어서야 할지가 문제이다.

3 민주노조운동은 노동 과정과 작업장 현장에서의 민주주의 증진을 위해 국가와 자본이 주도하는 사회적 합의 기구에 참가할 수 있다. 그렇다면 국가와 자본이 신자유주의적 노동 유연화를 요구할 때 민주노총은 노사정위원회에 불참하는 편이 어떤 조건에서든 항상 옳은가? 민주노총의 사회적 합의 기구 참여는 어떤 경우에 정당화될 수 있는가?

4 한국사회의 심각한 노동 시장 이중 구조화에 있어 대기업 정규직 노동조합은 어떤 잘못도 없는가? 민주노조운동은 대기업 정규직 노동조합을 상대로 어떤 실천을 요구할 수 있다고 보는가?

5 이른바 민주정부 기간에 정치적 민주주의는 확대되었고 분단 질서가 다소 약화되었으며 복지국가도 일정 정도 발전했다. 하지만 노동 체제에 있어서만큼은 구체제 세력 집권 기간과 질적으로 차이가 뚜렷하지 않다는 지적이 제기되어 왔다. 그와 같은 판단은 옳은가? 만약 옳다고 본다면 그 원인은 집권 민주정부 세력의 어떤 한계 때문인가?